続々

庄司博信

北鹿地方史論考集

無明舎出版

続々　庄司博信　北鹿地方史論考集＊目次

続々　庄司博信　北鹿地方史論考集

I

内藤湖南と郷土

1　湖南在学時の秋田師範学校寄宿舎

一、生徒数の増加と寄宿舎の増設

寄宿舎は、明治一六年新築校舎の落成と共に建てられたもので、北舎・中舎・南舎、そして南舎の次に新築された新南舎の三棟からなる大寄宿舎であった（新南舎の増築は、初等科師範生徒の教場開設による生徒数の増加によるものであった）。

湖南が寄宿舎に入舎したのは、明治一六年三月二一日であった。入舎当時の寄宿舎は一番大きく騒がしい南舎、道路に面した北舎、和風造りで静かな新南舎などの棟に分かれていた。鹿角から入学した、泉澤恒蔵と内藤練八郎は北舎、井上米次郎は南舎、湖南は新南舎で、隣りの部屋には大欠からきていた米澤直之助がそれぞれ入ることとなった。

湖南が入舎した明治一六年の寄宿舎はすでに狭隘となっており、師範学校側から県に学校修繕費の一部を使い旧賃舎を寄宿舎に模様替えしたい旨の伺が出されていた。

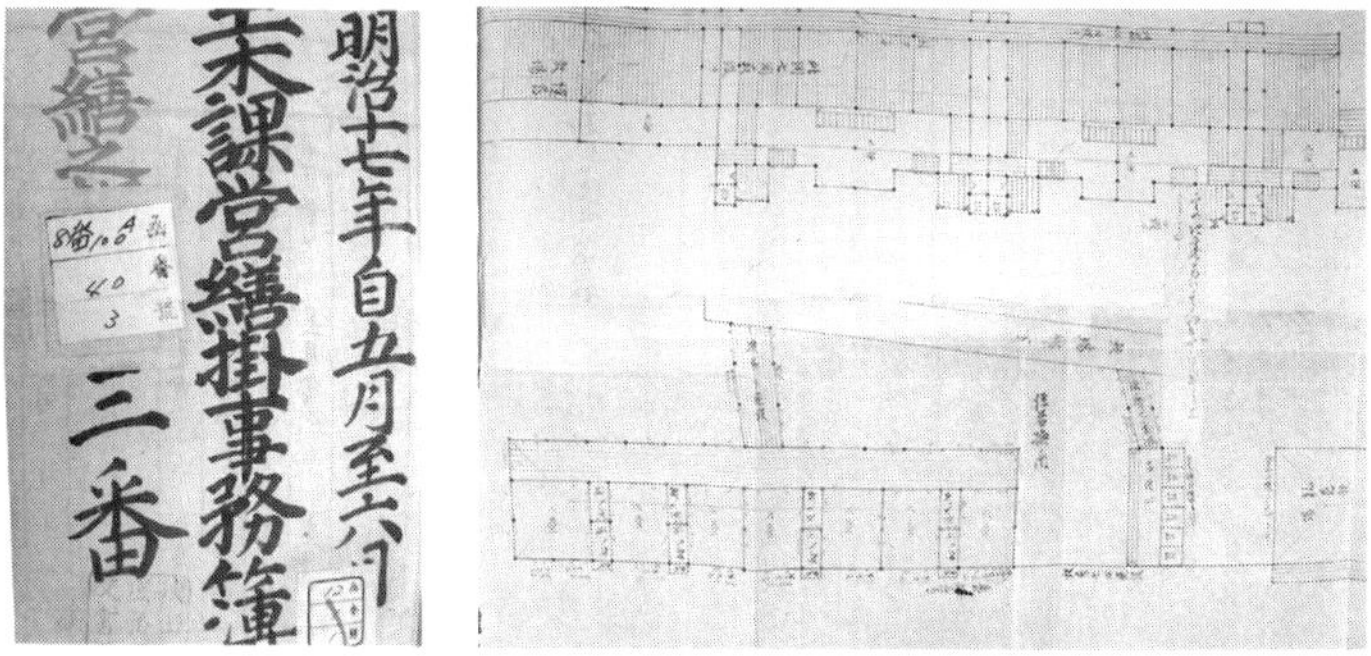

明治17年秋田師範学校生徒寄宿舎修繕資料と寄宿舎（前舎）図面（『明治17年自５月至６月土木課営繕掛事務簿』県公文書館蔵　資料番号930103 - 06168）

寄宿舎はそれまで三二室であったが、明治一六年七月この旧賃舎を修繕し寄宿舎に模様替えしたことで四二室に増加されたのは湖南が入舎して四カ月余りのことであった。またこの頃は、宿舎西側柵欄の痛みも激しく、その都度破損個所の修繕を重ねて対応していたが、いよいよ柱の根の腐朽に及び管理上差支えるということで、五二間二歩八厘（約九三・六一m）の修築伺を校長代理の鳥居休夫から赤川県令に出され、修築工事が行われていた時でもあった。その後生徒数は更に増加し、明治一七年三月には寄宿生が一二五名（一室平均三名）に達し、一室の空きもなく、十分対応できず一部生徒には外宿させている状況であった。

　このようなことから関藤成緒校長は赤川県令に明治一七年三月二六日付で、小学校の礼節教場と接続している旧賃舎を（上記寄宿舎図面）修繕して寄宿舎に充ててもらうことを要請し、旧賃舎の七部屋（六畳間六室、八畳間一室にそれぞれ押入れが二カ所）が寄宿舎に模様替えされることとなった。また教場とは渡り廊下で繋げられて、四月から寄宿舎（前舎）として使用されることとなったのである。

湖南は卒業までの寄宿舎生活で、四回部屋を変えている（一回目明治一六年三月新南舎、二回目明治一六年九月中舎、三回目明治一七年三月北舎、四回目明治一八年四月前舎）。実に落着かない部屋の移動で、入学期や卒業期の生徒の出入りが多くなる時期に移動がおこなわれていることを考えるとこれは湖南の意志というよりも学校側の方針でおこなわれたものと思われる。

これらの、北舎、中舎、南舎（含新南舎）、前舎も明治一六年九月には寄宿舎の呼称も秋田師範学校寄宿舎として認可されるようになったといわれている。いずれにしても湖南の寄宿舎生活

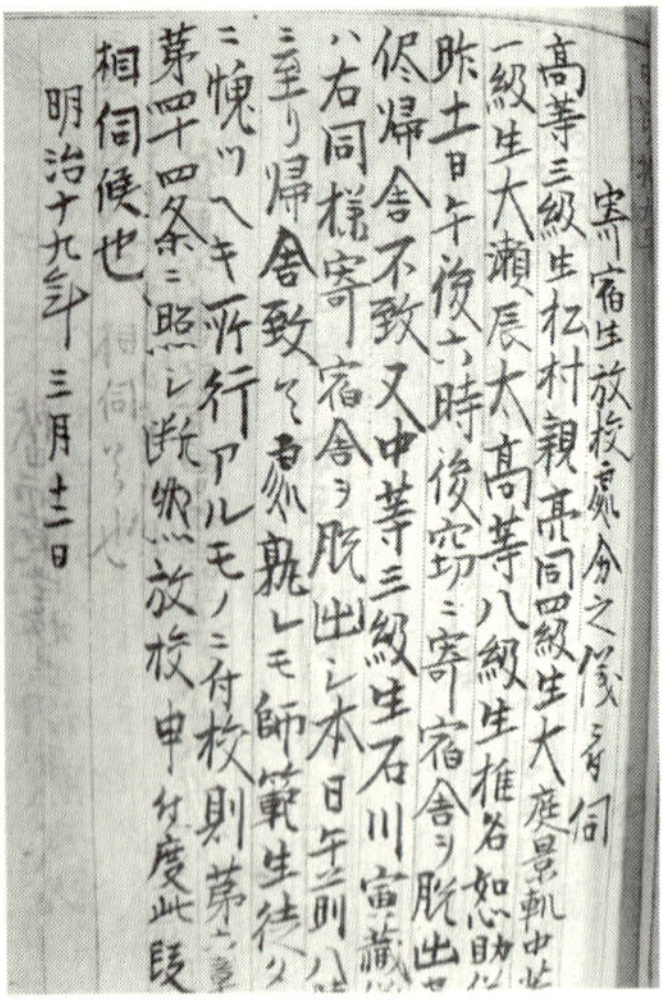

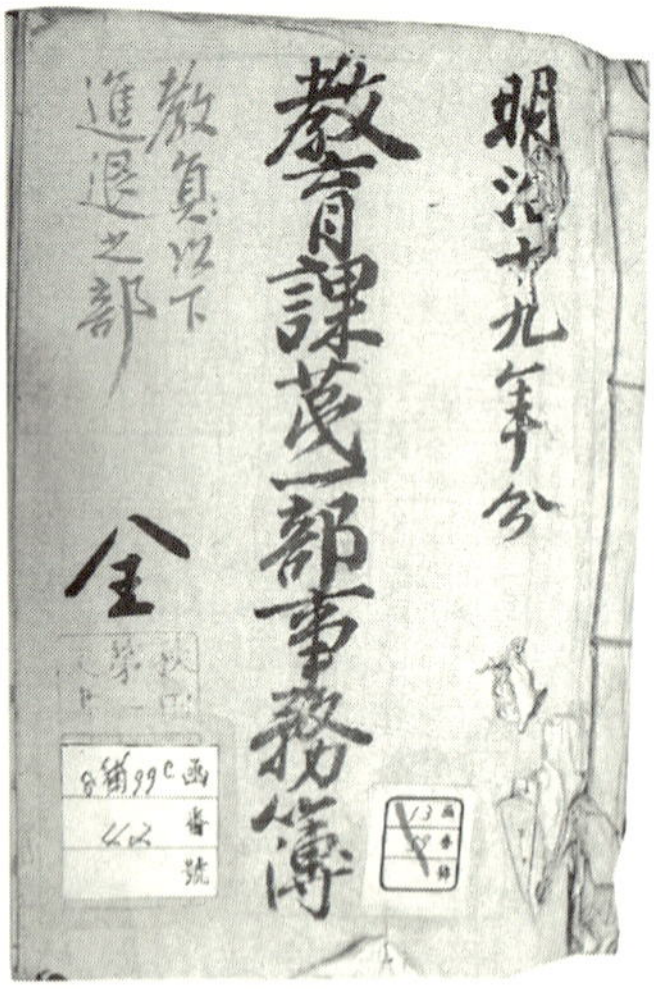

寄宿生放校処分伺（『明治19年分教育課第一部事務簿』県公文書館蔵　資料番号930103－03746）

は全棟（四棟）にも及ぶものであったことがわかる。

二、厳しかった寄宿舎生活

寄宿生活の厳しさを示す資料がある。明治一九年三月一二日付で秋田師範学校長関藤成緒から秋田県令青山貞代理秋田県少書記官曽我部道夫宛に出された寄宿生放校処分伺である。その内容は次のようなものであった。

> 寄宿生放校處分之儀ニ付伺
>
> 高等三級生松村同四級生大庭中等一級生大瀬高等八級生椎名儀昨十一日午後六時後窃ニ寄宿舎ヲ脱出セル侭帰舎不致又中等三級石川儀ハ右同様寄宿舎ヲ脱出シ本日午前八時ニ至リ帰舎致候之處孰レモ師範生徒タルニ愧ツヘキ所行アルモノニ付校則第六章第四十四条ニ照シ断然放校申付度此段相伺候也
>
> 明治十九年三月十二日
>
> 秋田師範学校長関藤成緒
>
> 秋田県令青山貞代理秋田県少書記官曽我部道夫殿

明治一九年三月一一日、高等師範部の生徒三名と中等師範部の生徒一名の四名が午後六時に寄宿舎をそっと逃げ出し帰舎しなかったこと。また中等師範部の生徒一名も同様に寄宿舎を逃げ出し翌日午前八時に帰舎したことに対していずれも師範生として恥じずべき所行であるとしたものであった。したがって校則第六章第四四条に則り放校（退学）を申付けたいという校長から県への伺である。

大変厳しい処分の申付けであるが、湖南も書簡で寄宿舎の生活について「滝沢菊太郎校長は、寄宿舎の生徒たちの夜中の動静に厳しく、舎長の相沢敞八郎先生は、夜中に二、三回巡視するのが常であった。寄宿舎の管理は、教員の中から学校長が任命する舎監と、生徒の互選、または抽選によって決められる副舎監、そして舎長と各室の室長がいて統制がとられていた。最初は具体的な規定は設けられていなかったようだが、夜の外出などは許可されなかった。明治一六年終り頃から明治一七年初め頃にかけ詳細な規則が設けられ行動が律せられるようになった。起床午前六時、就寝午後一〇時、朝食八時、夕食午後五時、門限午後六時か七時（時によって伸縮）、八時から勉学、午後八時と午後一〇時には舎長が全生徒の点呼を行い門限遅刻者の有無や勉強の状況を確認、午後一〇時以降勉強する者は豆ランプを個人で購入し、覆いをかけて勉強することができた」と述べている。これらのことからもこの処分の意図も十分伺えるところである。

一方、授業中に教師に対する抗論や無礼な言動による生徒の対応についても次の伺がだされている。

「明治十九年三月三十一日　師範生放校処分之義ニ付伺　秋田師範学校長関藤成緒　此伺書ヲ審按スルニ授業中教師ニ対シ抗論服セズ或ハ無礼ノ言辞ヲ加フル等ノ挙動アリト云フト雖トモ此ハ其都度相当ノ処シ可然又行状減点ノ多キモノハ放校スベキ規則上明文モ無之為左案ヲ以テ本課長ヨリ照会致シ可然哉此段相伺候也」

「明治十九年　貴校中等師範科第三級放校処分之義ニ付伺書御進達相成候処此ハ授業中教師ニ対シ抗論服セズ或ハ言辞ノ無禮ヲ加フル等ノ挙動有之趣旨得共不都合ノ行為アルモノハ其都度相当之罰ニ処セラレ可然将タ又舎則ニ違犯スルコト数回ニシテ行状減点之多キ百八十二点ニ及ブトノ事ニ有之得共斯ク行状減点ノ多キモノハ放校セシムルベキ規則上明文モ無之為ニ此処分之義ハ御見合可然ト思考致シ上局経伺之上書面相添此段申進候也」

これは、師範学校教育課長から関藤成緒師範学校長への伺文である。中等師範科三級生について、授業中教師に対し抗論し礼儀の欠く言葉を発するなど、不届きな行為をするなど指導にも従わないというものである。またこの生徒は、舎則に違反することも数回あり、品行の減点も多く一八二点にも及ぶものであるとしている。ところが、放校させるべき規則上の明文もないということで、その対策についての伺である。

学校での生活態度も悪く、授業では暴言を吐き、指導に従わない生徒への対応に苦慮している姿が伺える内容となっている。中でも注目されるのが、舎則違反や品行について点数化されていたことである。いずれにしても、湖南の書簡の中にもみられるように、招魂社祭礼への参加問題で二名の生徒が退学処分を受けたり、高等師範部に退学者が出て欠員が生ずるなど、また当時の放校処分伺等からも学校、寄宿舎生活の厳しさの一端が伺える。

2　三等訓導内藤湖南の月俸について

一、はじめに

この資料『明治十八年七月　師範学科卒業生人名簿　教育課』（県公文書館蔵　資料番号九三〇一〇三-〇四〇一七）は中に、高等科を卒業した一一名と卒業後の動向（赴任先）が記され、特に月俸は興味深い内容となっている。

湖南が秋田師範中等科に入学したのは明治一六年三月（三月二三日授業開始）で、高等科を卒業したのは明治一八年七月（七月一八日卒業式。卒業生人名簿は七月二〇日卒業となっている）であった。この間、湖南は明治一六年九月、高等科に退学者が出て欠員が生じ補欠試験（九月二四日）を受験し、受験者六名中湖南一名だけが合格して一〇月から高等科二年に編入（岸田吉蔵、又新学校時代の知人吉田秀方の級に入る）している。したがって湖南は高等科の四年課程を二年三カ月一八日余りで卒業したことになり、秋田師範史上例がないといわれているところである。

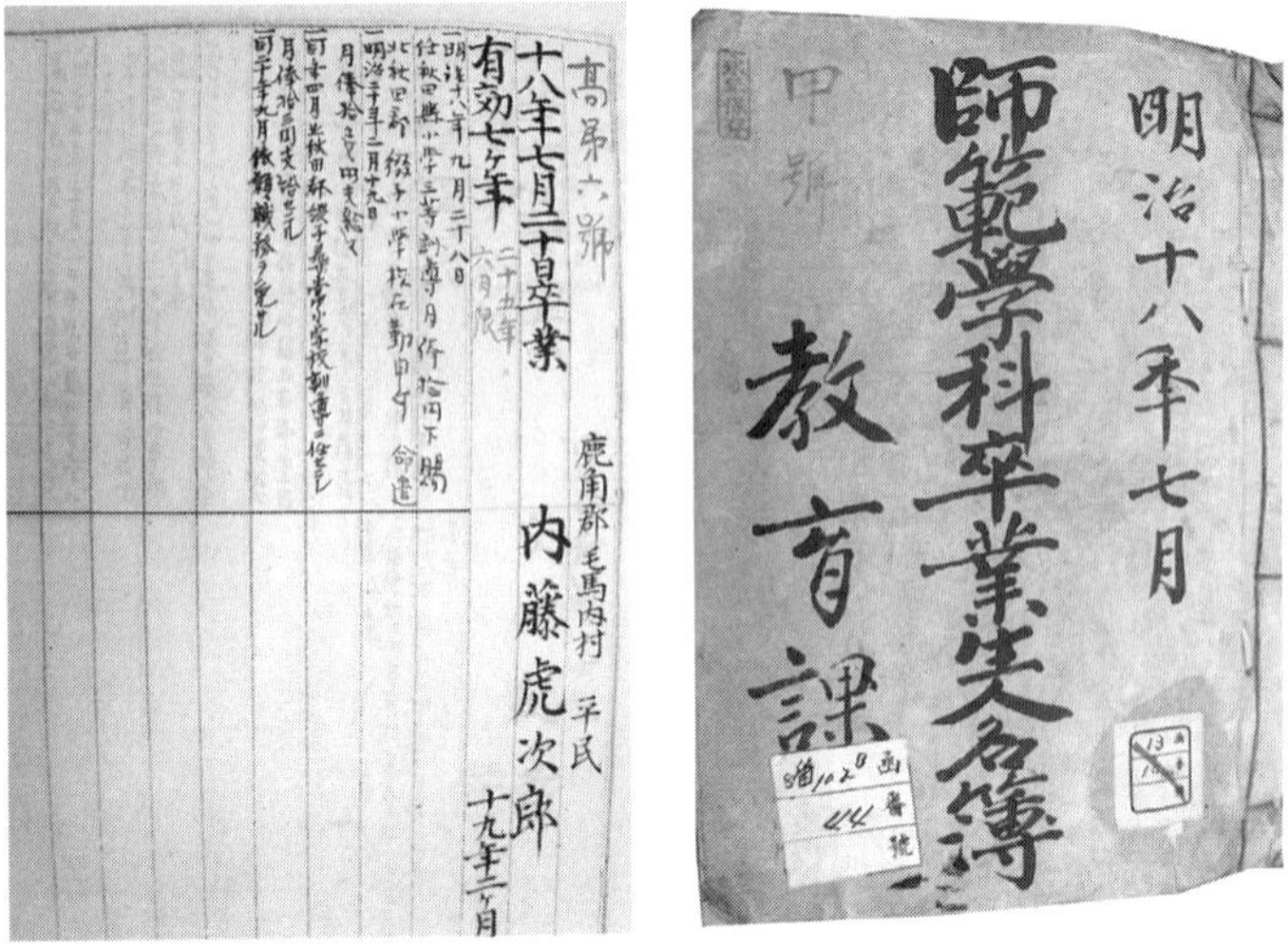

『明治18年７月　師範学科卒業生人名簿　教育課』（県公文書館蔵）

さて秋田師範高等科卒業生一一人の赴任先についてみると、斎藤山三郎（明治一八年九月一日秋田師範附属小学校）、岸田吉蔵（明治一八年七月三〇日秋田師範学校）、後藤祐助（卒業後上京。明治二八年土崎小学校赴任）、星山經就（明治一八年八月一日南秋田郡旭北小学校）、吉田秀方（明治一八年九月八日北秋田郡荒瀬小学校）、内藤虎次郎（明治一八年九月二八日北秋田郡綴子小学校）、矢口総吉（明治一八年九月一二日山本郡水沢小学校）、小池庫治（明治一八年一一月一二日北秋田郡大館小学校）、川瀬波治（明治一八年一〇月二〇日河辺郡四ツ小屋小学校）、忍宇太郎（明治一九年一月一四日北秋田郡鎌沢小学校）、森川忠（明治一八年九月一二日南秋田郡高清水小学校）となっている。

これをみると卒業後すぐ決まった者、中に

は年を越した者もいたようだが大方二カ月足らずで決まっているのをみると、湖南の焦りもわかるような気がする。また書簡からは帰郷を促す十湾に多少のいらだちを覚えながら心の揺れ動く湖南の心境も知ることができる。

このようにして決まった秋田師範高等科一期生の待遇ははたしてどのようなものであったか次にみることにしたい。

二、秋田師範高等科一期生の月俸について

赴任先については、各郡市町からの申請をもとに師範学校教育課で決定していた。湖南は卒業のさい秋田師範附属小学校から「授業生勤務」（卒業時首席の斉藤山三郎は卒業後「授業生」として付属小学校に月俸五円で二カ月余り勤務している）としての申し入れがあったが、月俸が五円だったことから断わっている。つまり湖南は就職の条件として、「私等は新則高等の第一期なれば十分の月俸にて雇われるべき」といっているように、十分な月俸でなければ当局（教育課）も自分たち（高等科一期生）も願わないとするものであったことも伺える。

そして、帰郷せず秋田で待機していた湖南の赴任先（綴子小学校）が決まったのは卒業して二カ月後であった。命遣（派遣を命ずる）の申付けは明治一八年九月二八日となっている。

資料1　明治一八年七月秋田師範高等科卒業生の月俸比較

No.	氏名	等訓導（月俸）	尋常訓導（月俸）	出身地
一	齋藤山三郎	八円（四等訓導）	一二円	由利郡亀田町
二	岸田吉蔵	八円（四等訓導）		由利郡館町
三	後藤祐助	—卒業後上京—（明治二八年土崎小学校赴任）		南秋田郡保戸野中丁
四	星山經就	一〇円（三等訓導）	一二円	仙北郡本堂城回村
五	吉田秀方	一〇円（三等訓導）	一一円	山本郡桧山町
六	内藤虎次郎	一〇円（三等訓導）	一三円	鹿角郡毛馬内村
七	矢口総吉	八円（四等訓導）	一〇円	山本郡桧山町
八	小池庫治	一〇円（三等訓導）	一一円	由利郡亀田愛宕町
九	川瀬波治	一〇円（三等訓導）	八円	由利郡金浦村
一〇	忍宇太郎	一〇円（三等訓導）	一一円	北秋田郡十二所町
一一	森川忠	一〇円（三等訓導）	一〇円	南秋田郡西根小屋町
備考	No.四明治一九年一一月改氏（照井）。No.八明治一九年二月改名（尚耕）			

『明治一八年七月　師範学科卒業生人名簿　教育課』（県公文書館蔵）より作成

資料2　訓導の月俸（一等～七等）

町村立小学校	一等訓導	二等訓導	三等訓導	四等訓導	五等訓導	六等訓導	七等訓導
月　俸（円）	二〇～三〇	一五～二五	一二～二〇	一〇～一七	九～一四	八～一二	七～一〇

「小学校教員の待遇についての規則」（明治一五年三月二七日本県布達留）

さて月俸であるが、湖南は三等訓導として月俸一〇円支給された。当時の月俸については、資料2の「小学校教員の待遇についての規則」（明治一五年三月二七日本県布達留）にあるように、三等訓導（一二円以上二〇円以下）、四等訓導（一〇円以上一七円以下）となっていることと、資料1の高等科卒業生一期生三等訓導の月俸からみても、湖南が必ずしも高待遇で迎えられたということではないことがわかる。

そして明治二〇年二月二九日には月俸一一円、四月にはさらに綴子尋常小学校訓導に任じられ月俸一三円支給されたとなっている。これは、明治一九年四月九日に公布された小学校令（第一次）により尋常小学校（修業年限四年の義務教育）の設置に伴う教員俸給の待遇改善によるもので月俸も一律に上昇していることがわかる。当時の尋常訓導の月俸は一二円～一三円が一般的で尋常小学校訓導兼校長の場合は一円程が上乗せられていたことを考えると、湖南の一三円は卒業生の中では確かに一番高い数値を示しているがだからといって特別高額であったというわけでもなく、むしろ適正であったと考えるべきである。

三、泉澤恒蔵、内藤続八郎の高等科から中等科への編入について

明治一六年毛馬内から秋田師範を受験したのは四名で、内藤湖南は中等科に一番、泉澤恒蔵・内藤続八郎・井上米次郎は高等科に三番・五番・一三番の成績でそれぞれ合格している。湖南が中等科を受験したのは、十湾の意見で高等科は四年もかかり長すぎるからであったとされている。泉澤恒蔵は湖南にとっては母方の従弟にあたり、一歳年下で泉澤家との行き来はもちろん子供のころから勉強を教え合う仲であった。明治一七年二月高等科から中等科に転入、明治一八年七月二〇日卒業している。編入によって二年半の中等科課程を二年三カ月足らずで卒業したことになる。

卒業後は明治一八年八月二五日鹿角郡毛馬内小学校（五等訓導月俸七円）、明治二〇年四月北秋田郡綴子尋常小学校（月俸九円）、明治二一年八月二八日鹿角郡柴内尋常小学校（月俸九円）に勤務する。綴子小学校勤務時は、湖南の下宿に同居し、湖南が綴子から上京するまでの四カ月余りを共に過ごしている。

一方、内藤続八郎は明治一六年七月高等科から中等科に編入、明治一八年七月二〇日卒業している。

卒業後は明治一八年八月二七日山本郡湖北小学校（五等訓導月俸八円）、明治二〇年四月山本郡湖北尋常小学校（月俸八円）、明治二〇年一二月鹿角郡末広尋常小学校（月俸九円）、明治二二

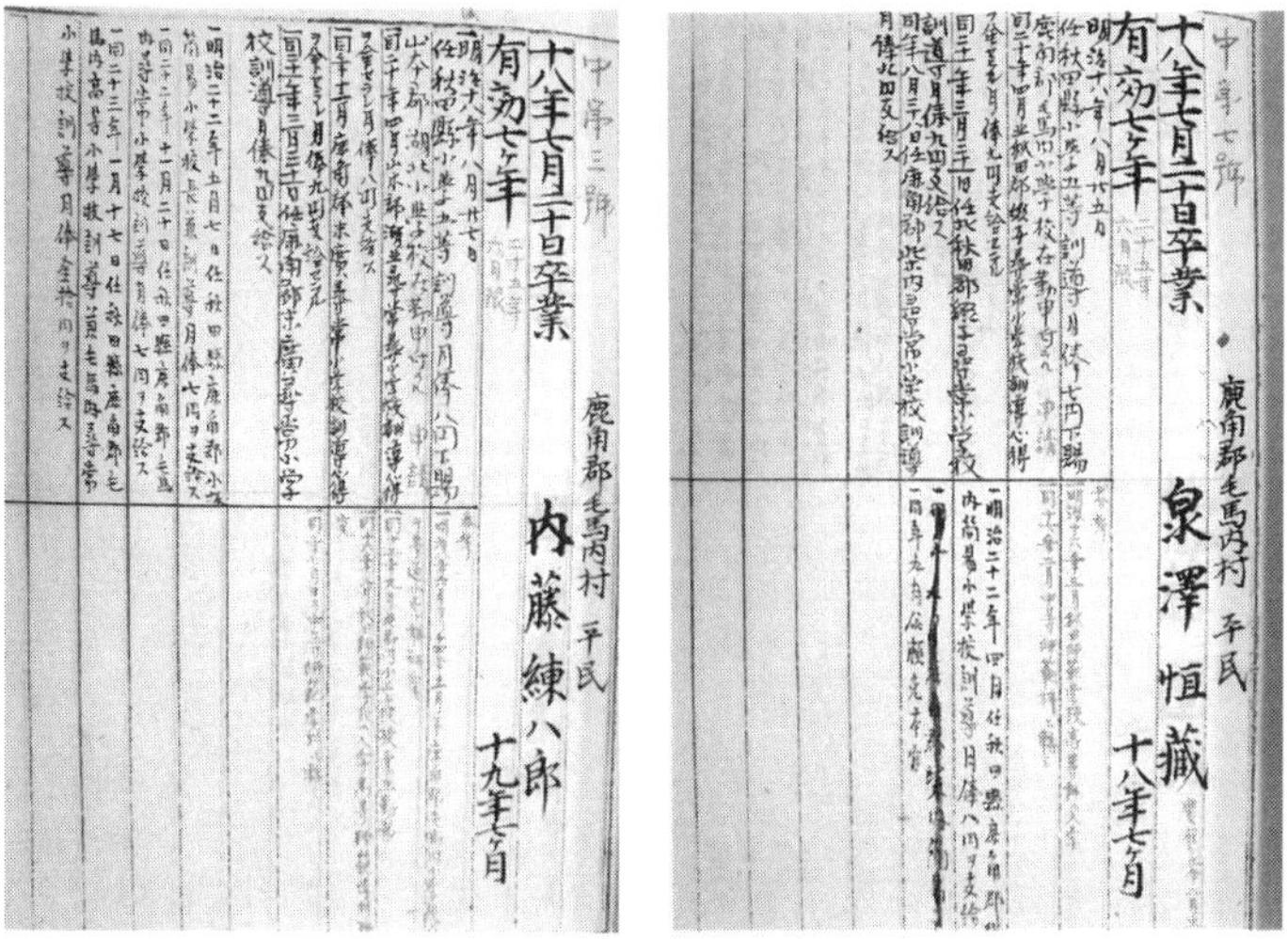

十八年七月二十日卒業
有効七年
鹿角郡毛馬内村　平民
泉澤恒藏
十八年七月

十八年七月二十日卒業
有効七年
鹿角郡毛馬内村　平民
内藤練八郎

泉澤恒蔵、内藤練八郎の高等科から中等科編入の記録（『明治18年７月師範学科卒業生人名簿』県公文書館蔵）

年五月七日鹿角郡小坂簡易小学校訓導兼校長（月俸七円）、明治二二年一一月二〇日鹿角郡毛馬内高等小学校兼毛馬内尋常小学校（月俸七円）、明治二三年一月一七日鹿角郡毛馬内高等小学校訓導兼毛馬内尋常小学校訓導（月俸一〇円）に勤務。

　また湖南が綴子小学校在職時の明治一九年八月下旬、例年であれば、夏季休業も終わり八月二一日から始業の予定であったが、悪疫（コレラ）の流行で三週間休業となっているところ、湖南の下宿に内藤練八郎が山本郡赴任小学校へ帰る途中立寄り会食するも、湖南が急性胃腸加答児を起こしたため、それを振り捨てて出発するわけにもいかず看病して足止めとなったこと。また小坂鉱山鉱毒除害期成同盟会会長として煙害問題の解決に尽力するとともに湖南が提案した木析会（育英事業）の創設にもかかわる。

このように、明治一六年三月高等科に同じく入学した二人が、それぞれ中等科への編入を経て、高等科の四年課程から中等科二年半の課程を二年三カ月余りで卒業。何故この二人は高等科に成績上位で入学していながら途中で中等科に編入しなければならなかったのか、加えてこの三人が同時に卒業を迎えたのは、偶然であったとも思えないのである。

四、おわりに

最後に高等科卒業生一一名の身分についてである。九名が士族で平民は岸田吉蔵、内藤虎次郎の二名（中等科卒の泉澤恒蔵、内藤綀八郎も平民）であった。たしかに内藤家は一〇石程度の生活で豊とはいえなかったが祖父天爵は家老職を、父十湾も用人をそれぞれ務めるなど主家櫻庭氏士族の系譜であった。

しかし、南部藩は戊辰戦争後、家臣団の整理は余儀なくされ、士籍からの離脱と同時に家禄に見合う土地をもらい地主となる。まさに湖南が自伝で述べているように「藩主不在の百姓でも武士でもない身分」とはこのような状態をさすものであった。そして鹿角郡に士族の復籍が許されたのは明治三一年であったことからもうなずける。

以上のように『明治一八年七月　師範学科卒業生人名簿　教育課』は湖南の月俸を考える貴重な資料といえよう。

3　綴子小学校辞職、そして上京

――書簡から読み取る湖南の心境――

一、はじめに

明治一八年七月一八日秋田師範学校を卒業した湖南の奉職先が決まったのは、二カ月余りたった後であった。一〇月、三等訓導として綴子小学校に赴任（湖南は卒業後の配属先学校について、明治一八年七月九日付の調一宛書簡で、郷里の近くになればいいのだがという希望を述べている。また七月二〇付の調一宛書簡では、卒業の際付属小学校より申し入れがあったが、月俸五円であったことから家計が困難で十分な仕送りができないということで辞したということも伝えている）。明治七年七月三〇日創立の郡内では最も古い学校での教員生活の始まりであった。

五代目首席訓導（校長）として、自ら「物也者所以養性也非所以性養也今世之人惑者多以性養物則不知軽重也」（物というのは、もともと精神、心を養うためのもので、心で物を養うべきものではない。今の人は、多くそれを間違い、心で物を養っているのは、その重んずべきものを知らないからである）を校訓として職員室に掲げ、弱冠二十歳になったばかりの青年教師は地域の教育に新風を吹き込んだとされている。

今稿では、奉職から上京するまでの間に父調一に宛てた明治一八年から明治二一年の書簡（この当時の資料は極めて少なく、この書簡は湖南自身の証ともいうべき貴重なものになっている）を通して当時の状況や湖南の心境を探ることにする。

二、綴子小学校在職時の書簡から読み取る学校の様子

秋田師範時代に頻繁に父調一へ送付されていた書簡も、綴子小学校在職時には殆どみられなくなる。現在確認されている書簡は、明治一九年四月九日付・明治二〇年七月二八日付・明治二〇年八月六日付の三通だけであり、在職時の様子を知る貴重な資料となっている。

最初の書簡は、赴任して七カ月が過ぎた頃のもので（明治一九年四月九日付）、ペンで書かれた極めて珍しいものである。その内容は「日増しに暖気に相成り候処、益々ご機嫌克く恐賀し奉り候。私無事罷り在り候間、ご安心願上げ奉り候。月俸先頃相渡り候へども、此の二、三日当地郵便局切手切れ候ものにて、書状差し上げ兼ね候。①只今三円差し上げ候。残りの分は近日差し上げ申すべく候。本月分月俸相渡り候へば、追々前々の残り悉皆差し上げ申すべく候。先月末、②髙橋戸長の子宇一郎、中学募集に応じ候て登県致し候。私も一寸送序書き候へども、此後更に写し取りお目に掛け申すべく候。同人は登県以前毎日私方へ参り読書致し候が、中々敏才なり。

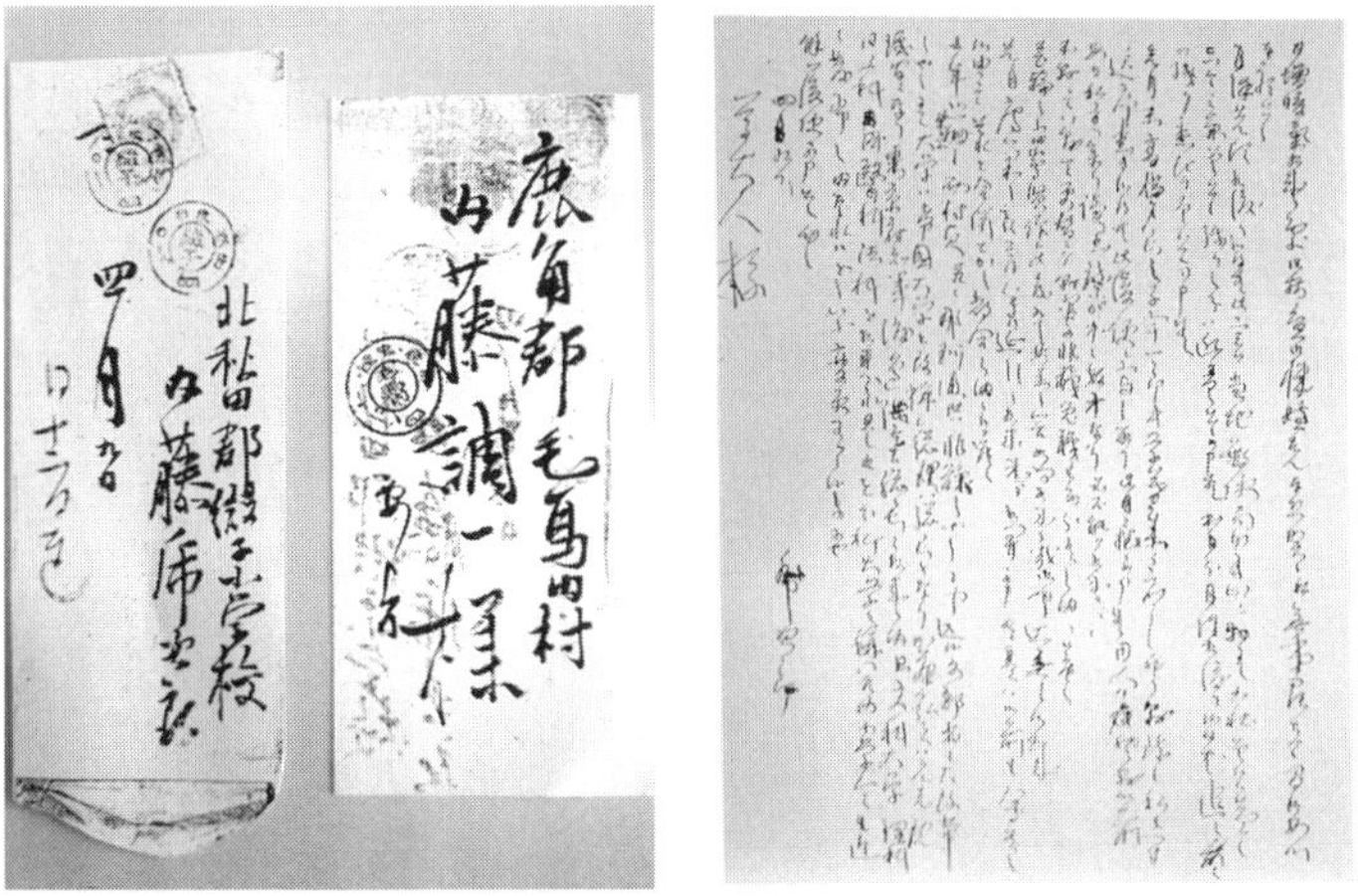

綴子小学校時代の書簡〈ペン書〉、明治19年4月9日付
（関西大学所蔵・先人顕彰館複写）

必ず能く相成るべし。本県にては県首更替にて、県官の非職免職も多分これ有る由に御座候。花輪の小田嶋賢作は此の度卒業の筈。いかが相成り候哉、お聞き込みこれ無く候哉。③先月、鷹巣の教育会は延引に相成り、未だ相開き申さず候。是れは以前も会これ有り候由にて、それと合併とかの都合の由に御座候。④去年、巡回の西村貞並びに那珂通世は非職のやうに聞き込み候。文部省も大改革のやうにて〈東京〉大学は帝国大学と改称し、総理は総長となり、加藤弘之は元老院議官になり、東京府知事渡辺洪基総長に相成り候由。且つ文科大学理科同工科同医科同法科と相成り分かれ、是れを分科大学と称へ候由。⑤小学令も近々発布の由なれば、どういう変更これ有り候ものにや。余は後便申し上ぐべく候。匆々　四月九日　虎次郎
　尊大人様」となっている。（線筆者）

この書簡をもとに湖南の綴子での生活や学校の

様子を文中の線部①から⑤に沿って探ってみることにする。

①俸給とその遣い道

これについて湖南は『湖南自傳　幼少期の回顧〈下〉』（学海第一巻七月号：秋田屋）で「……綴子小学校では月給拾圓貰うたが、今ならば約百圓に相当しよう。下宿代に三圓を支拂ひ、寝具など皆貸して呉れた。拾圓の中から家から金を送れと言はれたので毎月四圓送金したから、六圓で生活して居った譯で、三圓の小遣いだった。一寸した本位は此の金で買った。讀みたい本も皆……」と記している。……三年目の春（明治二〇年）には月給を三圓も増やして呉れた。二十銭か三十銭位であった。

この月俸の額につては、当時の小学校教員の待遇についての規則（明治一五年三月二七日本県布達留）では三等訓導の月俸は拾圓以上貳拾圓以下とされていることからして必ずしも高給待遇ではなかったといえるのではないか。また実家への送金についても、毎月四圓の送金に加えて、余金も送っていたことなども読み取ることができる。

②教育と教え子

湖南は青年子弟の指導に意を尽くし、課外や夜間（下宿）等での指導、上級学校への入学を大いに奨励したので、秋田・東京方面に遊学する者が多く、幾多の人材を輩出することとなった。その主な教え子には綴子上町の髙橋宇一郎（県会議員）、髙橋本吉（代議士）、武内成雄、菅原弥一郎、佐藤徳治（大中教頭）。綴子下町の藤島喜久雄。綴子大堤の三沢彦治、三沢昭忠。綴子田

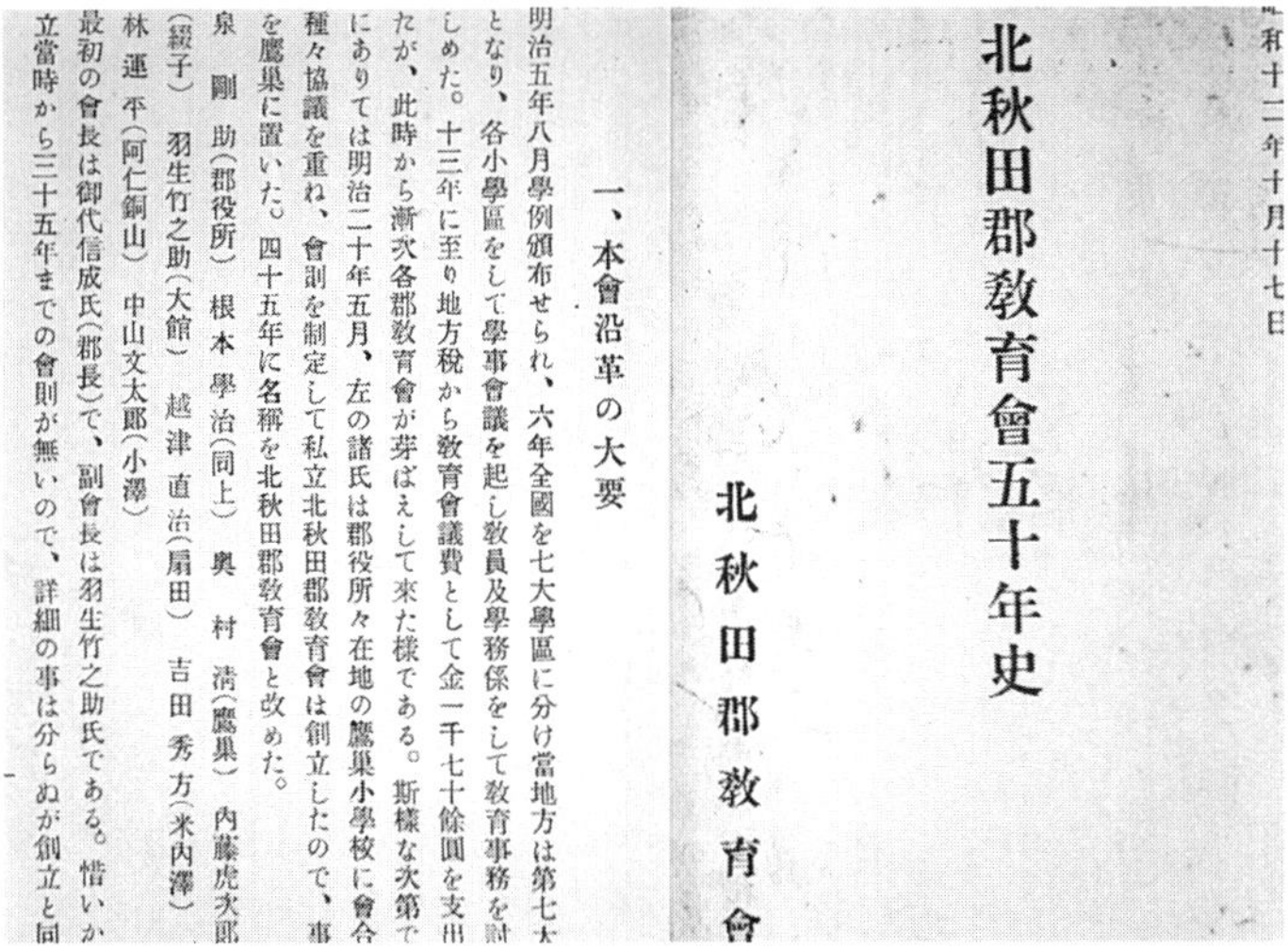
和十二年十月十七日

北秋田郡教育會五十年史

北秋田郡教育會

一、本會沿革の大要

明治五年八月學例頒布せられ、六年全國を七大學區に分け當地方は第七大
となり、各小學區をして學事會議を起し教員及學務係をして教育事務を掛
しめた。十三年に至り地方税から教育會議費として金一千七十餘圓を支出
たが、此時から漸次各郡教育會が芽ばえして來た様である。斯様な次第で
にありては明治二十年五月、左の諸氏は郡役所々在地の鷹巣小學校に會合
種々協議を重ね、會則を制定して私立北秋田郡教育會は創立したので、事
を鷹巣に置いた。四十五年に名稱を北秋田郡教育會と改めた。

泉　剛　助（郡役所）　根本學治（同上）　奥　村　清（鷹巣）　内藤虎次郎
（綴子）　羽生竹之助（大館）　越津直治（扇田）　吉田秀方（米内澤）
林　運　平（阿仁銅山）　中山文太郎（小澤）

最初の會長は御代信成氏（郡長）で、副會長は羽生竹之助氏である。惜いか
立當時から三十五年までの會則が無いので、詳細の事は分らぬが創立と同

『北秋田郡教育会五十年史』北秋田郡教育会編　昭和12年10月17日発行

中の九島源之亟、九島堅之助、佐藤福治（陸軍大尉）等がいる。

なかでも湖南は、明治二一年、高橋宇一郎（湖南より五歳年下。秋田尋常中学校〈現秋田高校〉卒業後明治専門学校〈現早稲田大学〉入学）が東京遊学の時、上野駅まで出迎え、入学する学校の世話や宿泊先（東京都麹町区有楽町桑名方）に同居させるなどして面倒をみている。

③私立北秋田郡教育会（明治四四年北秋田郡教育会に改称）の設立

郡教育会の設立に湖南が深くかかわっていたことについてはあまり知られていないところである。この教育会設立の動きは、明治五年八月学制発布に始まったもので、「学制」は明治政府が定めた学校制度や教員養成に関する基本的な規定で、初等教育については、国民のすべてが就学すべきことを定め、発布から数年間に全

国で二万校以上の小学校が整備され、約四〇％の就学率が達成されたといわれている。

これによって全国の学校が七大学区に分けられ、北秋田郡は第七大学区となり、各小学区で学事会議がもたれるようになった（全国を学区に分け、それぞれ大学校・中学校・小学校を設置することを計画する。明治六年の改定学区で全国を七大学区とし中学区を二三九区、小学区を四二、四五一区に分ける。秋田県は第七区となり、一〇四小区に分画することとなる。それによって北秋田地域は、鷹巣全域〈第二小区〉・合川、上小阿仁全域、米内沢〈第三小区〉・浦田以南阿仁合〈第四小区〉・三枚、小沢以南比立内方面全域〈第五小区〉となる。したがって綴子村は、綴子、大堤、糠沢、向黒沢、大畑、二本杉、岩谷、一通、田子ケ沢、小田、田中、掛泥の一二カ部落よりなり、独立した学区は一村一区と定める。このような経過を経て綴子小学校は創立している）。明治一三年からは地方税から教育会議費が支出されるようになり、次第に県内各郡（秋田管内の郡役所と設置場所：鹿角〈花輪町〉・北秋田〈鷹巣村〉・山本〈能代町〉・南秋田〈秋田町〉・河辺〈牛島村〉・由利〈本荘町〉・仙北〈大曲村〉・平鹿〈横手町〉・雄勝〈湯沢町〉）に教育会設立の動きがみられるようになった。

このような教育界の動きの中で、湖南は明治二〇年七月二八日、綴子から毛馬内の父調一宛に二通目の書簡を送りその中で自分は今、「……私は二、三カ月前（明治二〇年四月二八日頃）から教育会設立に向けて重要な立場におり、（明治二〇年）四月一八日は全郡教員の殆どが鷹巣に集まった時、根本郡書記と相談し、私は教育会設立について提案したところ、その有益性に誰一人反対するものはいなかった。即日（明治二〇年四月一八日）鷹巣小学校において相談会を開き私はその計画の概略を述べたところ、羽生（大館校）、越津（扇田校）も賛成して直接私は根本郡書記、奥村（鷹巣）と学案委員の任に当たることになった。……」（カッコ書筆者）と記している。そして明治二〇年六月一九日、郡内各部会から委員として選出された泉剛助（郡役所）・根本学治（郡役所）・奥村清（鷹巣校）・内藤虎次郎（綴子校）・羽生竹之助（大館校）・越津直治（扇田校）・吉田秀方（米内沢校、湖南と高等科の同期）・小林運平（阿仁合校）・中山文太郎（小澤校）の九名が鷹巣小学校に集まり協議を重ね、会則を制定して私立北秋田郡教育会の設立（事務局を鷹巣）を決定し、県庁へ設立の出願（申請）を行ったとしている。また書簡では、最初の総会の開催予定を八月九日としている。

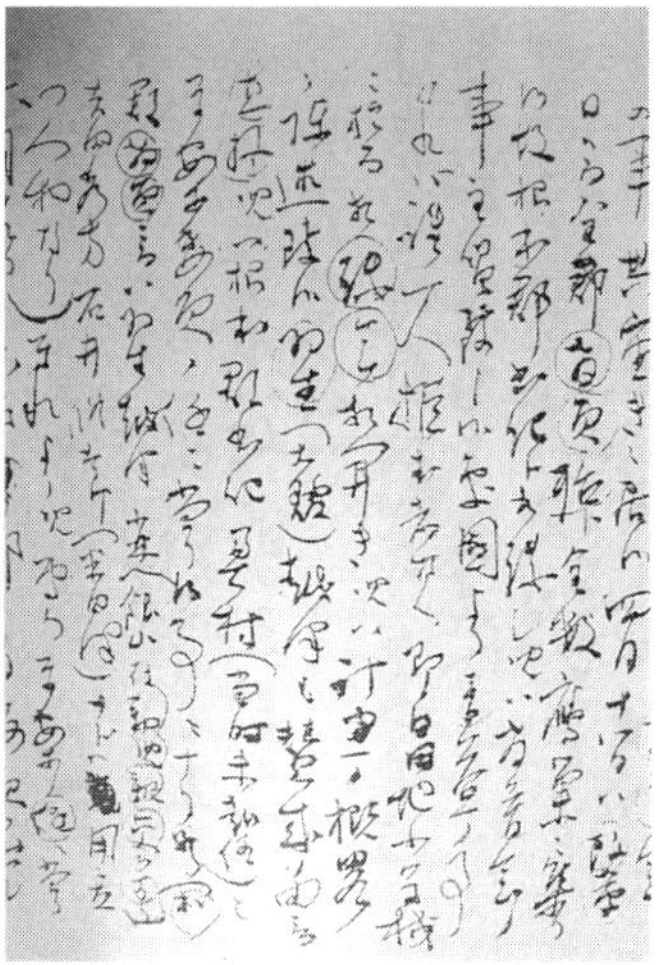

郡教育会設立時の様子が書かれている書簡、明治20年７月28日付（関西大学所蔵・先人顕彰館複写）

しかしながら、日程の調整がつかず、夏休み休業明けの八月末になったということを上京直前の書簡（明治二〇年八月六日）で述べている。

したがって湖南は最初の総会に参加することはできなかったが、初代会長・御代信成氏（郡長）、副会長・羽生竹之助氏、第一部会（鷹巣、早口村を含む）・第二部会

（大館、矢立・山瀬村を含む）・第三部会（扇田、二井田・十二所を含む）・第四部会（米内沢）・第五部会（阿仁合、前田村・荒瀬村を含む）の五部会の設置や、会費（拾銭）等が決まる。

設立当時の会議は、定例会は春季に、臨時会は秋季に開催され、期日は各二日間であったが時には三日にわたったこともあったという。時間は午前九時または一〇時に開き午後は三時から五時まで行われ、稀に九時まで行われることもあったようだ。最初は五部会輪番に開かれていたが、明治二四年頃から鷹巣で開催されることになったとされている。教育現場の諸活動は部会毎に実践。郡全体の事業としては、研究調査等の展示会、教育に関する講習会、教職員の総会、研究部会などの年中行事が行われるようになったとされている。

書簡の文面から、教育会設立に向けてその中心的役割りを担っていたことがわかる。これについて『旭水会誌一七四号内藤湖南博士追悼号』で成田源助（大館町）は「北秋田郡教育会は実に先生の主唱により設立せられたもので其初会において年少気鋭の先生が短躯を壇上に運び郡内百数十の会衆を睥睨して発起人を代表して堂々と設立の主旨を辯じた事は壮観であった。爾来同会は現在に存続し発展し居れば大に其遺徳を感謝せねばならぬ」と述べている。また和田喜八郎（鷹巣町）は、「私は当時鷹巣で代用教員をしていたが、先生が部会などで鷹巣に来られたのを覚えています。丈は低く頭が大きくていつも海軍帽の様な形の帽を被っていました。問題があれば諄々として意見を述べられました。二〇年八月に小学校教員を止めて上京されましたが、その後でも屢々教育会に細かに中央の教育状況を通報されました」というように、湖南は綴子を去ってからも郡教育会のこのを心配されていた様子を伺い知ることができる。

一方、那珂通世（「江幡梧楼の養子。江幡梧楼の祖は常陸国那珂郷に住み〈那珂〉姓を称したが、のちに秋田に移って〈江幡〉と改姓。もともとは常陸佐竹氏の家臣であり、秋田では大館の佐竹西家に仕えたが、父道春が南部藩医となるに及んで、盛岡に移った。安政六年頃、十湾は梧楼に師事した。梧楼は維新後〈那珂〉姓に復し、教え子の一人である藤村宗次郎〈通世〉を養子にした」〈『内藤湖南とその時代』千葉三郎　著〉といわれている）は東洋史の権威で盛岡の人であるが、祖先は大館に縁故があり遠い姻戚関係もあり、共に東洋史学の研究者で年齢の差を越え親交を深める間柄となった人物である。湖南は明治一九年四月九日の書簡で、日時は記していないが明治一八年の彼の巡回訪問を伝えている。
④教育視察、巡回について
西村貞は文部省書記官である。明治一八年一一月巡視に来られ、高橋戸長・教員は郡役所に召集され教育令の事についての説明を受ける。次年度改正される小学校令の実施にともなうもので、従前の高等科を廃し学年を六カ年とし、高等尋常の二科に分け、四月より翌年三月までの一カ年間を年度制に定めるものである。また、明治二〇年七月二八日の書簡の中で、湖南は西村貞氏からの便りで、北畠道龍（明治時代の西本願寺系仏教改革運動者）が近いうちに秋田に来ることを知らされていることから、北畠師の綴子訪問は、この頃（七月末から八月初）と推測される。全国巡回の際に羽州街道沿いの綴子の湖南や高橋武三郎戸長と会食などもされたようである。その

時の会食費（接待費壹圓）と礼状を湖南は後で戸長に届けている。
⑤最初の小学校令公布（明治一九年四月一〇日）
これは小学校の編成・修業年限・学科・児童数・授業日数および各学科の要旨を掲げて小学校教育の内容に関する基準を示したものである。これによって綴子小学校ではこれまでの初等三年、中等三年、高等二年の八年制が短縮されて、尋常四年、高等二年の六年制となり、学校の授業年度も初めて四月一日から始業して翌年三月末日に終了する年度制となった。湖南はそれまで、主に高等科の七年・八年（高等科二年）を教えていたので、六年制に短縮されても大きな変化はなかったものと思われる。

三、辞職から上京

次に綴子からの三通目の書簡（明治二〇年八月六日付）である。本日より学校が夏休みの休暇に入り、四月から綴子小学校に転勤して同じ部屋に同居していた泉澤恒蔵（母方の従弟で湖南より一歳下）は帰郷したが、自分は四、五日遅れることを伝えている。湖南の東京出立のことについて泉澤は後に「虎さんは、俺は思い切って東京へ行くから後始末の方は村長がやるから心配はないが、家の方は君が巧くやってくれ。俺が落着けば家へ手紙をやるからそれまで東京へ行ったとはい言わないでくれ、秋田まで行ったと言っておいてくれ。下宿のものは夏休みが終わったらすぐ処分してくれ。くれるものはくれてやり、金になるものはいくらでもよいから金に換えて東京に送ってくれといって、同じ日に自分は毛馬内に帰ることにした」と述べている。

　文面は「本日ヨリ休暇ニ相成泉澤者歸宅致候私ハ少々近地漫遊い多し度四五日後れ可申候　教育會ハ本月末ニ延ひ候間如此過日申上候のことハ相違相生じ候譯ニ御座候　八月六日　乕二郎　尊大人膝下」となっており、封筒には表（内藤調一様）・裏（内藤乕二郎）と記載されているだけで住所は書かれていないものとなっている。

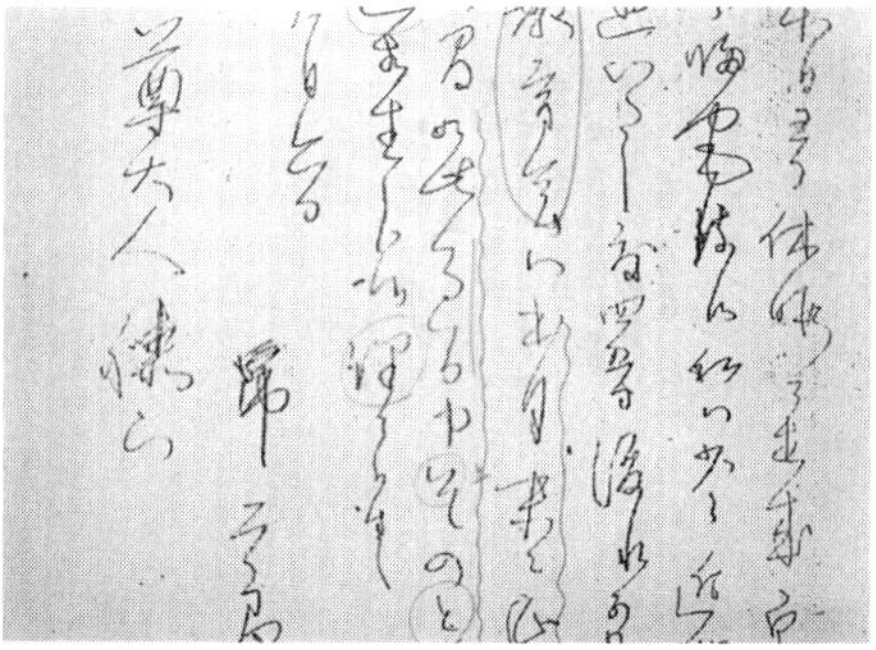
上京直前の書簡〈ペン書〉明治20年８月６日付（関西大学所蔵・先人顕彰館複写）

　同居の泉澤恒蔵の帰郷、自分が四、五日遅れる事に加えて教育会総会が開かれる予定であった八月九日が八月末に延期になったことなども記されている。夏季休業中に上京を決めていた湖南は、思い入れの深い教育会総会の八月九日を終えてからと考えていたのではないだろうか。それが、学校の夏季休暇明けに変更になったことで、先の泉澤の談との整合性から考えると、まさに泉澤の帰郷とのタイミングをみて綴子を去ったのではないかと考えられることから、この書簡はまさに、上京直前の八月六日に書きその日に帰郷した泉澤に手紙を託したのではないかと思われる。
　綴子を後にした湖南は最初の宿泊先であった南秋田郡秋田中長町の村上方から父調一宛に書簡を出し八月八日着い

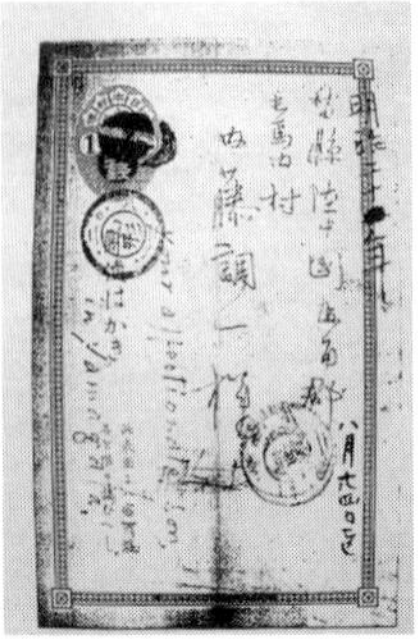

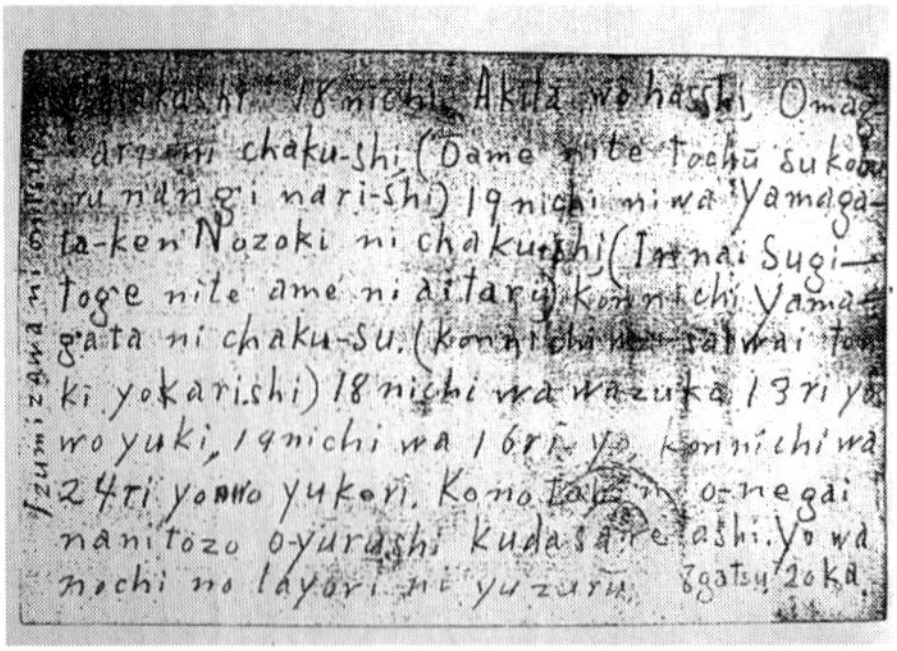

Akita wo hasshi, Omagari ni chaku-shi (Dame nite tochū sukoburu nangi nari-shi) 19 nichi niwa Yamagata-ken Nozoki ni chaku-shi (Innai Sugitoge nite ame ni aitari) konnichi Yamagata ni chaku-su. (konnichi wa saiwai tenki yokarishi) 18 nichi wa wazuka 13 ri yo wo yuki, 19 nichi wa 16 ri yo, konnichi wa 24 ri yo wo yukeri. Kono tabi no o-negai nanitozo o-yurushi kudasare tashi. Yo wa nochi no tayori ni yuzuru.
8 gatsu 20 ka.

秋田を出発、山形に到着した連絡のハガキ〈ローマ字書〉明治20年8月20日付　山形から湖南より調一宛（関西大学所蔵・先人顕彰館複写）

たことを知らせている。当時この間の距離を湖南は秋田師範学校受験時二日間を費やしている（秋田師範受験時〈明治一六年三月〉の秋田迄の行程は、一日目毛馬内から綴子まで徒歩一二里、二日目能代近郊まで徒歩・舟・馬九里半、三日目能代近郊から秋田までとなっていて、この間を三日かかっている）。

明治二〇年八月八日上村方に着いた湖南は、一七日までの一〇日間滞在することになるが、この間九日～一三日には体調不良（胃病）で医薬の面倒になるが、一五日、一六日の両日には高橋勝衛氏を訪問している。湖南から勉学のために上京する旨を聞かされた高橋は賛成の意を表し、東京の知友に湖南への計らいを約束するとともに、東京へ着いてからの心得などを示している。

東京での宿泊先が決まった湖南は、八月一八日いよいよ秋田を出発し、一日目は大雨の中一三里余（五二キロ）の道のりを経て大曲に着く。

八月一九日大曲を出発し、途中高低続きで荒地の院内峠

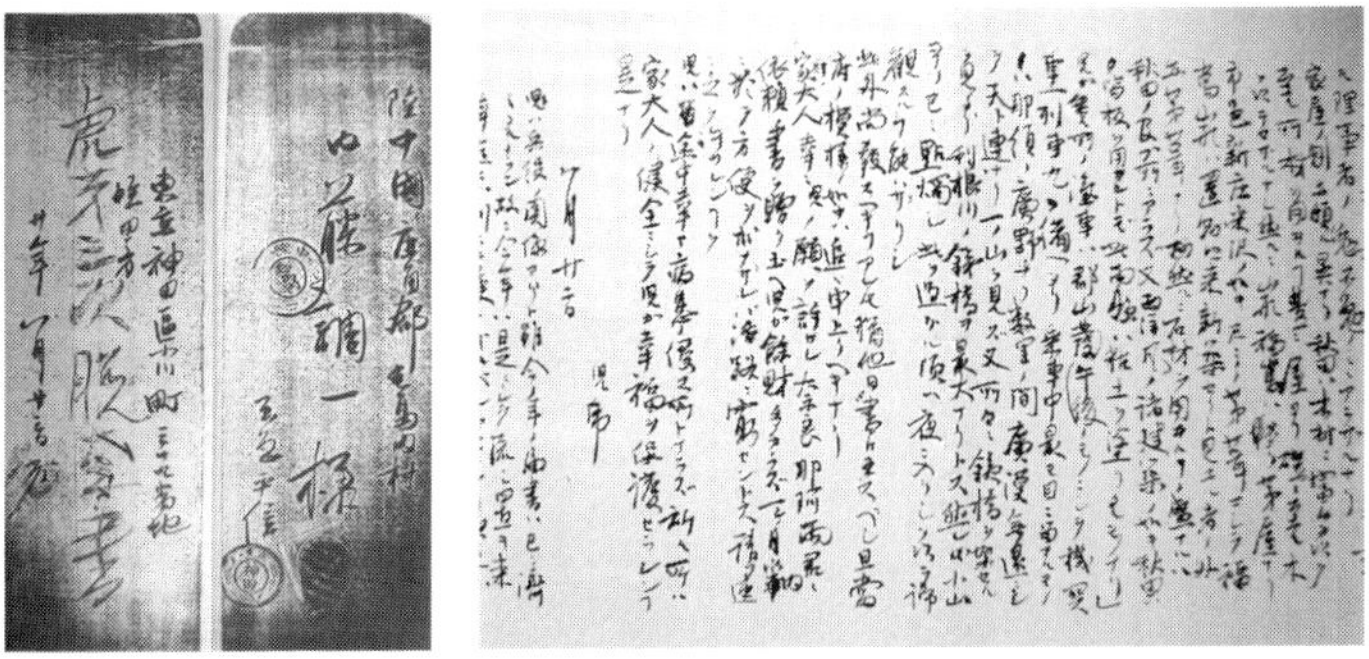

上京時の様子〈山形～上野〉を記した書簡　明治20年８月22日付東京から湖南より調一宛（関西大学所蔵・先人顕彰館複写）

は数日の大雨で崩れ歩行に難儀しながら山形県及位駅に到着する。修繕したような古ぼけた駅であったが、宿泊は丁寧な待遇を受ける。行程一六里余（六四キロ）の二日目であった。

八月二〇日は、天候にも恵まれ、及位から山を登り降りしながら金山に至り、平坦な新庄、尾花沢を通って山形に到着する。三日目は二四里（九六キロ）の行程であった。

八月二一日四日目。山形を出発。米沢までは峻険もなく、米沢からは東に折れて高く嶮しい栗木峠を越えて福島に至る二四、五里（約一〇〇キロ）の行程であった。福島ではまだ開業されていない鉄道の工事が行われていた。

八月二二日最終日。福島を出発し平坦な地を午前に郡山に着く。午後一時三〇分発汽車（九両で等級の低い切符一円九〇銭）で須賀川、矢吹、白川、黒磯、那須、矢坂、長窪、宇都宮、石橋、小山、古河、栗橋、大宮、浦和、王子を通り九時三〇分上野に着く。上野からは、宿泊地（東京都神田区小川町三九番地蛭田孝三郎宅）まで人力車を使用する。

四、おわりに

明治一九年・二〇年の書簡から、綴子小学校辞職時の綴子での生活や上京時の様子をみることができた。

僅か二カ年足らずの奉職であったが、学校の施設・経営・管理・教育実践に至るまで大いに画策し校舎の新設はじめ部下教員を督励し、教育の面目を一変させた。

湖南は明治二〇年八月に入って間もなく、遠大な志をいだいて上京の途に就いた。二カ年の奉職義務年限は九月いっぱいまでであったが、髙橋武三郎戸長の計らいで九月いっぱいは病気欠勤として処理され、後任の校長として神部恕平（湯沢）が九月二六日に着任した。

湖南が綴子を去った後、下宿の後始末を頼まれた泉澤恒蔵は「夜具と羽織のみを残し換金した六円は為替を組んで東京へ送った」としている。

二、三カ月分の生活費しかない湖南にとって、まず糊口の資を得るための東京でのあらたな生活がこうしてはじまったのである。

参考資料

・明治一九年四月 九日付 内藤庠二郎から内藤調一宛 書簡
・明治二〇年七月二 八日付 内藤庠二郎から内藤調一宛 書簡
・明治二〇年八月 六日付 内藤庠二郎から内藤調一宛 書簡
・明治二〇年八月二 〇日付 内藤庠二郎から内藤調一宛 書簡

以上 関西大学図書館所蔵 （鹿角市先人顕彰館複写）

コラム(1)
内藤湖南生誕一五〇周年記念講演

煙害問題と湖南の育英事業

平成28年10月8日(土)15:00〜
於、大湯ストンサークル館

一、はじめに

内藤湖南と郷土の関わりについて調べるようになり三〇年が過ぎ、その一部をこれまで『湖南』誌(内藤湖南先生顕彰会発行)に発表するなど勉強させていただいているところである。今日はその中から、「煙害問題と湖南の育英事業」を取上げてお話ししたいと思う。

この木柝会《もくたくかい》は、今から一〇〇年前の育英事業でありまして、湖南のこのような識見には驚かされるわけであります。

私が木析会の存在を知ったのは、大正二年一一月に作製された『毛馬内町誌』であります。これは当時、髙橋克三先生を中心に毛馬内小学校の職員によって編集されたものであり、この年に花輪で開催された秋田県種苗交換会に鹿角郡教育会が協賛し作品として出品し高い評価を受けたものであります。審査に当ったのは秋田師範学校の先生たちで、この先進的な取り組みに感心されたといわれております。

この作品が、種苗交換会記念講演の講師として来町していた新渡戸稲造の目に触れたわけであります。新渡戸はかつて同じ南部藩であった鹿角の歴史にも関心が持たれ、立派な郷土誌であるということで絶賛し、序文を書くから出版しなさいということで発刊された『毛馬内町誌』は当時県内で、このような郷土誌は最初のものといわれているわけであります。

序文で新渡戸は「交通の発達による郷土への観念や、愛郷心の稀薄化に対する憂慮と、郷土の尊厳と愛情について」訴えているわけであります。新渡戸の序文が寄せられているということでも話題となった町誌でもあります。

この中に木析会について、創設の目的から事業の概略まで記録されているわけであります。

二、煙害の発生

木析会の創設の背後には、煙害問題があったわけであります。

明治中期以降の北鹿一帯は、阿仁・花岡・小坂・尾去沢鉱山の近代化と増産体制の推進とともに、明治末期から大正初期にかけて鉱煙毒が深刻な問題となってまいります。やがてその問題が表面化すると、これらの自治体は、「①公害実態調査の実施②除害設備の設置③除害不能の場合の溶鉱炉閉鎖」などを求めて県や国へ請願活動を展開することになります。

これらの請願活動の記録は県公文書館に保存されているここに提示した写真の「鉱山煙害関係書類」からも確認することができます。昨年、これらの資料をまとめさせていただいたが、時間の関係でその詳細はお話しすることはでないが、これらの請願は、やがて国会でも採択され、国は「燻煙《くんえん》試験場」や「水田煙害試作地」を設置し、専門技術者を派遣して調査するなどして対応することになります。

「燻煙試験場」は北鹿では県立農林高校付近（現在の北鷹高校・鷹巣農林高校の前身で七日市に創設）へ設置されます。また「水田煙害試作地」は、「佐藤喜代治所有地・花輪町下川原家ノ下三番地、諏訪綱俊所有地・大湯村湯脇一七番地、田中虎次郎所有地・毛馬内町字中陣場三三番地、成田米松所有地・山瀬村山田字小三郎台地五番地、工藤祐三所有地・大館町字有浦道上、同所有地・大館町字壹宮」の水田に設置され、調査されています。

しかし、これらの調査においては、煙害被害の広範囲とその深刻さが指摘されるも、鉱・農両立を基本とする姿勢が見受けられるものであったということであります。つまり、国・県としても国情を考慮した場合、鉱業を衰退させるわけにもいかないという苦しい事情があったことはいうまでもないことであります。

さて、湖南と関係した小坂鉱山の煙害問題であります。

明治一七年、藤田組に払下げられた小坂鉱山は、明治三四年頃から産銅が顕著になり、買鉱も加わり明治四二年には足尾銅山に次ぐ産銅額を示し、新技術の開発で産銅は激増し、鉱山は沸きたっていました。しかし、その裏側では鉱毒の被害が鉱山周辺の山野に広がり、住民、主として農民の生産と生活を圧迫しはじめていたのであります。

こうした中、小坂で最初に煙害問題が表面化したのは明治三四年、煙突直下にあった七滝村でありました。鉱山側では他町村に波及するのを恐れ、小坂村と七滝村に賠償金が支払われたといわれております。被害激甚地の七滝村は後の大正七年に大湯村の大清水沢に四二戸一三〇人が移転入植したことは知られているところであります。

併せて、国の鉱毒調査委員会は、翌年の明治三五年から明治四一年にかけて四回の調査を実施しております。その結果がここに示した①～④であります。①は煙害被害が広範に及んでおり深刻である事。しかし、②の官林（直山）への被害については賠償を求めない事。そして③の溶鉱炉の移転についても消極的であった事。また、④の鉱毒撒布に対しても防止に努めることにとどめている事など、極めてその対応が消極的であったというか、むしろ鉱業者に好意的にもとれるこのような国側の姿勢が被害民の直接行動を導かせる結果となったわけであります。

三、小坂鉱山鉱毒除害期成同盟会

直接運動は、明治四一年八月二三日、毛馬内仁叟寺集会にはじまります。被害補償を求め、小坂鉱山事務所への直接交渉などを決め、運動がはじまるわけであります。

両者の直接交渉は主に、①除害工事の早急な完成②作物被害に対する補償の二点でありましたが、明治四二年九月一三日毛馬内町長と小坂鉱山との間で賠償協定が成立。つまりこの賠償協定は、明治四二年～明治四四年までの三カ年補償協定であります。明治三四年当初の単年度補償から、表面化してきたことによって長期間の補償形態に鉱山側が変化してまいります。

しかし、この賠償協定が成立しても、すべてが解決されたわけではありません。特に被害の程度と、それに見合った賠償金の正当性については強く対立しておりましたし、穀物価格の変動による差額の支払い、賠償金の公表、被害民と鉱山双方の基礎資料による話し合いなどの問題などもあります。

このような問題を含みながら引き継がれて大正三年三月に結成されたのが、「小坂鉱山鉱毒除害期成同盟会」であります。会長が、秋田師範で湖南と同期の内藤練八郎であります。副会長が小坂町町長の工藤茂太郎、幹事が後の県議会議長になる山本修太郎、その外、勝又次郎、豊口一蔵、石川正治、髙橋七郎兵衛、浅利成一であります。

この同盟会は、ここに上がっている幹部の名前を見てもわかるように、毛馬内の地主たちによって立ち上げられたものであります。また、会員の農民の中には鉱山労働者もいることから、農民組合と労働組合の要素を含むもので、内容的には農鉱両立論の立場に立ながら、さらに人体への被害補償や稲の出穂期の製錬中止などの要求を掲げ、被害民一、二三五名の署名を得て、鉱山側や農商務省に運動を行うわけであります。

こうした同盟会の動きも、鉱山側との妥協を図る上で、湖南がその仲介に加わったことで転機を迎えることになったわけであります。

四、補償交渉と湖南

藤田組大阪本社との交渉に関係する湖南からの書簡は現在、五通確認することができます。これらの書簡を通して、交渉の状況と仲介役としての湖南の果たした役割について知ることができます。

それによると、湖南は小坂の煙害闘争を新聞等でも知っていたことがわかります。書簡では、東京朝日新聞・大阪時事新報などの名前も上げております。湖南は、同じくその動向を心配する在京の衆議院議員で国民党の中村千代松、同じく衆議院議員で民政党の田中隆三、この二人は県北を選挙区として当選した国会議員であります。それと鉱山側の田村精一と四人で、大正四年七月下旬、藤田組を訪問し、その解決方法を申し出、お互いの意見を述べ合ったのが交渉の始まりであります。湖南は大学の夏季講義中で多忙であったが、湖南はその時の交渉について書簡で予備の交渉と書いているわけであります。

交渉は、第一回五カ年補償契約、これは明治四五年から大正五年までの契約でありますが、来年で切れることから、藤田組としても、第二回五カ年補償契約の交渉も必要とされていた時期でもあります。湖南は、交渉はすぐにでもできる旨を藤田組に伝えるとともに、三つの要求を提示したことを伝えているのがここに提示した山本修太郎並びに同盟会幹部に宛てた書簡であります。この手紙の消印は百万遍坂郵便局となっております。京都大学の坂を下りたところにある郵便局から投函されたと思われます。

その要求とは、①点目として、寄附行為その他の曖昧な名目を改め全てに権利義務の関係を条件とする事（つまり、寄附ではなく、補償ということでしょうか。寄附となると被害に対する会社側の加害意識が薄れてしまうのではないかと考えます）。②点目は、鉱山に於いては、大正二年以降の田地の被害を認める事（これは、第一回五カ年補償契約が締結されておりますので、つまりその中にあって、新たに発生した被害の補償ということだと考えます）。③点目として、被害賠償総額に於いては従来の賠償額より増加する事（大正六年度からの第二回五カ年補償契約の煙害賠償額を増やす様に)。という三点であります。それに加えて、交渉参加人員について同盟会の意向と賠償額交渉にあたって調査資料等の準備や同盟会幹部の出向を打診しているわけであります。

交渉の日時ははっきりしませんが、山本修太郎宛書簡の日付からして大正四年八月二八日以降行われたものと考えられます。湖南は第三者(仲介者)として、藤田組と調停案つまり、妥協の条件を作り、被害町村と鉱山の確執を去って過去の関係も一掃させたいという希望を持って、感情に走り、平静さを失わないよう同盟会幹部に促しているわけであります。

同盟会側からは山本修太郎、勝又次郎、豊口一蔵、石川正治の幹部四名の代表と湖南で鉱山側との交渉を行ったのであります。交渉のため同盟会代表の大阪滞在は月余に及んだとありますから、一カ月を超えるものだったこともわかります。

この交渉の中で、その妥協の条件として、①妥協の前提として、同盟会の解散。②解散しても、今後の交渉は従来通り町村長を中心として委員を決め交渉する事。③今後五カ年の補償契約、つまり明治四一年まで行われてきた単年度補償から、明治四二年から明治四四年までの三カ年補償契約、そして明治四五年から大正五年までの五カ年補償契約に代わって、第二回の五カ年補償契約について言っているわけです。それについては本年度内に協定して現金を支払うということであります。④これまでの未補償であった山林・果樹園についても速やかに補償する事。そして⑤鉱山は同盟会の経費を支払うという条件であります。

したがって、後に同盟会に三万円、そして交渉団の滞在費用五千円が支払われたのもこの条件に沿ったものだと考えます。そして最後に、お金の収支は内藤虎次郎に一任し、会員、農民等に配布させることとあります。

このようにして、湖南の仲介によって交渉が大きく進展したわけであります。

その結果、ご覧のように、第二回五カ年契約では煙害賠償金額が六九％増加、追加額が五七％、全体の合計額が二三、四〇七円と全体で六七％の増加をみております。

したがって、第二回五カ年契約が、大正五年三月に締結されたのを受けて、次の月の四月には、妥協の条件にあったように、そこで、「小坂鉱山鉱毒除害期成同盟会」は解散されたのであります。

この同盟会の特徴としては、先にも述べましたように、地主・農民・鉱山労働者の組織であったこと。農鉱両立という立場から、農民たちには必ずしも満足のいくものではなかったが、契約に向けて大きく進展させた湖南の役割は大きかったのではないかと考えるわけであります。

これがきっかけとなって、当時としては、まさに進歩的な事業であったといわれる育英事業に進展していくわけであります。

五、木柝会（育英会）の創設

大正五年三月、第二回五カ年契約締結、そして四月に期成同盟会が解散され、同盟会としての活動にも一区切りがついたころ、藤田組から交渉団の大阪滞在費用として五千円が送られてきたわけであります。それから少したった大正五年一一月二三日付の湖南から勝又次郎宛の書簡であります。ここに提示した書簡でありますが、その中で湖南は、藤田組から戴いたというか、湖南は書簡で粗品料と書いてありますが、仲介手数料とでもいったらいいのでしょうか、その二千円を「……毛馬内青年基金に使って欲しいのでそのことについてみなさんと相談してもらいたい。そしてこの二千円を送金するので、取引銀行を知らせて欲しい。そして最後の方に、「交渉も延びそうに思っていたが解決に至った」と書かれております。これらの書簡からは、複雑な事情や外交的な駆け引きを書面で残すことへの配慮等交渉というデリケートな問題に対する湖南の心の内を読み取ることができますが、ここで育英資金への活用という大きな提案がなされたのであります。

しかし、湖南から提案されたものの、実行に移されるまでには時間が必要とされたわけであります。これはスムーズに育英事業の立ち上げに向けて事が進まなかったことが読み取れるわけであります。湖南は、大正六年七月二五日付内藤錬八郎宛の書簡で速やかに使途を確定してくれるよう伝えているわけであります。

そこで、期成同盟会の幹部で、交渉に参加した山本修太郎と勝又次郎、豊口一蔵、石川正治の四人が話し合い、湖南の意を汲んで先に藤田組から送られた、滞在費用の五千円を加え七千円を原資として育英事業をやることに決め、規約の整備や体制を整えて創設されたのが木析会であります。

創設されたのは、湖南から提案されてちょうど四年後の大正九年一一月二四日であります。事務所は、毛馬内小学校に置かれ、初代会長は内藤錬八郎でありました。この時、事務取扱者であった髙橋克三氏は当所寄付を補足して一万円を目標にして育英の範囲を拡大しようとしたが、それを待たずに貸与が開始されたと述べております。

その規約等については、髙橋克三氏が編纂した『毛馬内町誌』の中に、ここに提示した写真にありますように、「木析会」の創設目的から、その運用に至るまでとまたそれまでの貸与者の名簿も載せられておりまして、湖南の意図した郷土の人材育成に大きな役割を果たしている事が記載されているわけであります。

六、おわりに

最後になります。今から一〇〇年前に郷土の育英を考えられたことは識見であったことは先にも述べたが、湖南の教え子であった貝塚茂樹博士が『湖南全集』ちなみに、この写真は湖南が綴子小学校に在職した明治二〇年、二二歳の時の写真であります。湖南の一番若い写真ではないかと思います。湖南全集編集の最中に、鷹巣で一番古い長谷川写真館からこの写真の原版が発見され、全集の第一巻に急遽載せられたといわれております。この全集が完成した昭和五一年に朝日新聞に貝塚博士が寄せた文化欄の中で「預言者内藤湖南」といっているように、湖南の提案は向学に燃える青年への熱き眼差しであるとともに、預言者でもあったわけであります。そして、このような発想は、なぜか私には官費学生（奨学生）として過した湖南の秋田師範時代と重なるように思えてならないのであります。ということを付け加えて終わります。

Ⅱ

北秋、鷹阿に刻んだ歴史の証

1　阿仁合町銀山鍰（カラミ）売却事件

一、はじめに

明治四一年、阿仁合町銀山部落にあった鍰の売買をめぐり買人と銀山部落（畑町・上新町・下新町）民の対立は阿仁合町議会から北秋田郡役所そして仙台鉱務署を巻き込む問題にまでなった。

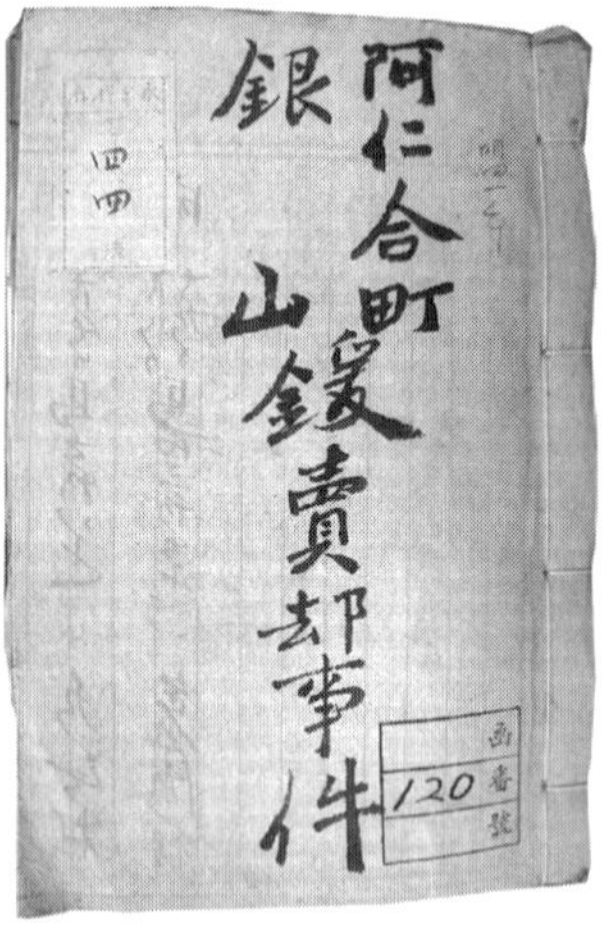

『阿仁合町銀山鍰売却事件』
（県公文書館蔵）

はたしてその問題の発端は何であったのか、抗争の背景にあるものは何であったのか、そしてどのような経過をたどり解決に至ったのか。

大正四年六月までの七年余りの経過を資料『阿仁合町銀山鍰売却事件』（県公文書館蔵　資

料番号九三〇一〇三‐〇一四八一）を通してみることにする。

二、問題の発端

鍰は当時の鉱山では、石灰の代用品として使用されていたもので、価格も安価なものとされていた。古河鉱山では、銅を取ったあとに残ったこの滓（鍰）は近辺の鉱山で使用される事も少なく、また仮に売却するとしても運賃代にもならなかったうえ捨て場所の確保にも困っていた。

こんな中、鍰払下げの願が出されたのは明治四一年一〇月一九日であった。場所は、銀山部落に放棄されていた鍰であった。その鍰払げ下願書は次のようになっている。

> 願　書
>
> 一、銀山上新町東裏カラミ売却但弁天堂前ヨリ善勝寺境迄最モ現在居宅地及墓地ヲ除ク右カラミ代金百五拾円ヲ以テ御払下被奉願上候也
>
> 明治四十一年十月十九日
>
> 阿仁合町水無　山田（米）　阿仁合町銀山　高橋
>
> 阿仁合町長　殿

この願書は一〇月三一日に開催された阿仁合町議会に諮られ審議されることとなった。町会議事録からその会議の様子をみてみると、出席したのは全議員一八の内八名であった。町長代理で助役が議長役を務めている。提出された願書は、書記によって朗読され、それについての意見が求められるものであった。審議の中で、鍰売却に異論を唱える議員はいなかった。廃物同様の物が金になるし、又労働力の創出にもなり好ましいことであるという認識に立っていた。

この議会の議決を受けて、願人（山田米・高橋）に通知されたのは一一月四日であった。その通知は次のようになっている。

通　知　書

本年十月十九日出願ノ阿仁合町銀山上新町東裏七十二番九十三番ノ内居宅地鍰ヲ除クノ外払下ノ件ハ十月三十一日願ノ通リ払下ノ事ニ当町会ノ決議ニ相成候儀此段及通知候也

明治四十一年十一月四日

阿仁合町町長代理助役　松橋

山田（米）・高橋　殿

これを受けて、翌日の一一月五日、鍰代金一五〇円が山田（米）より町役場へ納付されている。ところが、この町会決議を不服として反対する人たちとの間に対立を生むこととなったのである。この問題が以後どのように展開されていったのか、提出された願出や上申書を通してみることにする。

三、「願出」、「上申書」「陳情」等からみる反対運動の動向

鍰払下げに対して最初に異を唱えたのは銀山部落民一二名による「願出」であった。これは、明治四一年一〇月三一日に阿仁合町議会、阿仁合町長宛に出されたもので、この日に開催される町会議会に於ける鍰売却議決の反対、延期を求めるものであったが、議会では議長の判断で議会に諮るべきものではないとされ、ただ朗読して紹介されただけであった。

また、この鍰売却決議から一カ月の間に町会決議を不当だとする反対派が八九名の連名・捺印で郡長に上申している。その内容は次のようなものであった。

> 上申書
>
> 今般当阿仁合町銀山部落所有鍰当町水無山田（米）外貳名ヨリ買受出願ノ趣ニテ去月三十一日町会開会ト聞及依テ部落民一同協議ノ上町村制

ノ本旨ニ基キ公賣ニ附スルノ心意ヨリ同日ノ町会決議御延期方部落民志渡外拾余名ニテ別紙写ノ通リ町会ニ出願候所理由ナク採用セズ察シルニ部落出身ノ議員十二名ノ意向ニテ運動シ部落ヲ壓制シテ自由ニ特賣ノ方針ヲ取リタル結果ニ外ナラズ若シ是ヲ売却シルニモ夫レ実地ノ調査ヲ遂ゲ代価ノ標準見積リ及ビ賣却ノ理由等一應示シベキノ如秘密ニ附シ置キ急々決議シタルハ實ニ不穏当ノ所為ト被考候間右町会御審議被下可然御所理被下度銀山町民連署ヲス此段上申候也

印　八九名

北秋田郡長前田復二郎　殿

これに対して、町長は前田復二郎郡長宛に一二月三日、町会決議反対で町民騒ぎになっていることへの深謝と、五、六名の怨みを持つ者が町会に難題を申立、願書が採用されなかったのを憾み、無理に町民に捺印させ、偽書を作成するなどして上申したことに対しての処置のお願いを書簡で送っている。

また一二月四日には、阿仁合銀山部落二二名連名・捺印で上申書の無効を前田復二郎郡長宛に願書で訴えている。その内容は次のようになっている。

願　書

先般当町加賀谷（弥）ナル者私共方へ来リ此書付ニ捺印スレバ今回阿仁合町会ニ於テ百五拾円ニ払下ゲタル鍰ハ加賀谷（源）カ千円ニ買入ル故是ニ捺印スヘク談セラレ無筆文盲ナル私共ノ考モナク其言ニ應ズ捺印致タルニ其後世評ニヨレバ右ハ偽リナル噂モ有之故私共一同協議ノ上其實否ヲ確ムル為加賀谷（弥）ヲ其席ニ呼出シ談ズタルニ全ク加賀谷（源）外数名ヨリ申付ラレタル為ニヨリ其真偽ヲ取糺スニ去月二十三日伊藤山田（梅）加賀谷（弥）三名ヲ加賀谷（源）外五名当町工藤方ニ会合ノ場ニ遣シタルニ彼為并ニハ今回ノ事ハ鍰代金ノ高下ノ関係ニ非ズ町会ノ決議不当ナルニヨリ権利問題ニシテ金銭ノ故ニ非ズ其方等ノ知ル處デナイト暴言ヲ吐候故然ハ調印ハ私共ノ意ニ反スルカラ消印スベク談ズタルモ應ゼズ不法ニモ私共ノ名義ヲ乱用ス且御役所ニ提出スタル書面ハ元私共ハ捺印スタル趣意書ヲ変更シ捺印ノ部分ノミヲ連続セス者ナリトノ噂モアリ従テ其内情ヲ深聞スルニ彼等私怨ヨリ起リタル次第ニ候条加賀谷（源）外数名ヨリ差上ケタル書面中私共ノ名義ト捺印

明治四十一年　十二月四日

北秋田郡阿仁合町銀山　菊池　印（外二一名　氏名・印）

北秋田郡長前田復二郎殿

同じ一二月四日には、阿仁合町銀山三団体（銀山部落民は天真社・和連合・正義会のいずれかの団体に加盟していた）の惣代九名が、怨みのある一部の者による挙動の鍰反対運動に対する処置の陳情を行っている。その内容は次のようになっている。

陳情書

承ル処ニヨレハ阿仁合町銀山部落有鍰当町会ニ於テ賣却決議ニ対シ何者カ貴所ニ上申スタル由右町会ノ決議ニ対シテハ或ル数名ノ町民ヲ除ク外町民多数ノ異議ナキ而已ナラズ大ニ歓喜スル處ニ御座候元来鍰ハ数百年前ヨリ居宅裏付近ニ散在ス耕作ハ勿論植樹モ一切不能ニ候処幸ニ買人アリテヲ持去バ植樹等モ出来又其賣却代金其他ノ収入金ヲ以テ町有地ニ植杉ス百年ノ計画ヲ持テ事ニ決シ天真社正義者和連合ト唱スル町民百七十餘名ノ三団隊首トナリ鍰賣却ノ事ニ賛成致シタル者ニ御座候然ル處或五六名ノ者某之議員又ハ買受人ニ私怨アルヲ以テ今回ノ事ヲ好機トス平常懇意ノ者数名ト謀リ不穏ノ挙動ニ及タル事ト思考致サレ候間深ク町ノ

陳情御詮議ノ上可然御処置被成下度此義陳情仕候也
明治四拾壱年十二月四日
阿仁合町銀山
天真社惣代（三名・印）和合連惣代（三名・印）正義会惣代（三名・印）
北秋田郡長前田復二郎　殿

こうしてみると、この事件は、その背後にある人的関係の拗れが政治の場で表面化した問題であることがわかる。山田（米）は、町長の息子であり、山田（理）町会議員は町長の本家である。一方、反対派の加賀谷（長）と加賀谷（源）は兄弟で、山田家と加賀谷家は土地の売買や境界で争う間柄でもあった。また、髙橋は、銀山町三団体（天真社・和連合・正義会）の共同事業を提案していた人物、三井は山田（米）には懇意にしている町会議員であったことも資料から読み取ることができる。

四、山田（米）と銀山部落民との契約

鍰売却決議によって手続きは履行されてきたが、それが転売されることになり、鍰転売による山田（米）と銀山部落との次の契約がなされた。

北秋田郡阿仁阿仁合町字上新町東裏現在左ノ鍰全部山田（米）へ賣渡ノ件ニ付山田（米）ト銀

山部落民ノ間ニ左ノ契約ヲ為ス

一、字上新町東裏地七拾壱番七拾貳番九拾三番九拾四番（墓地）地ノ鍰全部ヲ山田米吉ニ於テ採掘運搬他へ賣却事ニ対ス銀山部落ニ於テ異議苦情之無事

二、町会ニ於テ山田（米）へ鍰売却決議外ノ七拾壱番九拾四番地ニ現在スル鍰山（米）へ何等ノ名義ニテモ所有権移転ノ町会決議ヲ求ムル事ニ銀山部落ハ同意致タル事

三、前記契約致シタルニ付山田（米）ヨリ銀山部へ山田（米）ガ他ニ賣渡ノ代金ニ対ス左ノ割合ニ依リ銀山部落ニ代金ヲ支払フ事

四、賣渡代金拾貫ニ付四銭迠百分ノ六、五則六歩五厘四銭五フ迠百分ノ九則九歩四銭五厘以上百分ノ拾則壱割但シ一部ハ代金百円ニ対ス則壱円ナリ

五、前記土地ニ対ス山田（米）ニ租税其他借地料等ヲ負担セスメザル事

六、鍰搬出間ハ貳拾五カ年トス

七、本契約ノ鍰貫目ヲ改メデ其儘山田（米）ニ於テ他ニ賣渡シ時ハ賣却代金ノ百分ノ拾則一割ヲ銀山部落ニ山田（米）ヨリ支払フ事

八、鍰売却又ハ採掘事業其他総而山田（米）ノ為銀山部落ニ於テ便宜ヲ與へ不便ノ所置ヲセザル事

九、第四項山田（米）ヨリ銀山部落へ支払金へ買受人ヨリ直チニ支払フ事

十、鍰賣渡其他ノ所分総テ山田（米）ノ権利タル事ハ勿論タル事

右契約証二通作製ス各壱通ヲ保存ス

明治四拾二年二月一日

山田（米）　山田（理）　濱田　三井　湊猪　八田

以上の契約のもと、転売が具体化されたのは、五年後の大正三年七月であった。

この頃の銀山部落の自治は三町（畑町・上新町・下新町）それぞれの町から選出された三〇名（各町から一〇名）の委員で構成され、その中から、委員長一名、惣代六名、合せて七名の責任者が選出されていた。鍰問題や部落境問題などの重要課題もこの委員会に付託されていた。

五、町会決議の取消

この後この問題はどのように展開されていったのか、郡役所や仙台鉱務署とのやりとりの中からその推移をみることにする。

請願、上申等に対し郡役所がその対応に苦慮した点は、鍰そのものは不動産でないということであった。実際大正三年七月二四日には、このようなことから郡役所では郡参事会に掛けるべき性質のものではないとして、願書は阿仁町役場に差し戻されている。

また町側や銀山部落の新たな動きとして、町会決議の取消の伺いが郡役所や仙台鉱務署に出されたということである。それをみると阿仁町役場は「大正三年九月二七日、売却を決議したが、その後鉱業権の所有はなく、鉱業法第三条にもとずく採掘ができない状況にあること。廃鉱、鉱滓等は国の所管に属するものであるとすれば、決議は違法行為であり、決議を取消すべきとする」提案が阿仁町町長代理助役から郡長宛に出されたのである。一方銀山部落からは「大正三年一〇月四日、鋖売却決議は、鉱業法第三条、第九四条に抵触の恐れがあり、よって町会の不法決議の取消」の願が、銀山部落委員長から仙台鉱務署長宛にだされていた（これは後の大正三年一〇月一〇日付「町会決議取消の願は、町村の上級監督官庁〈郡役所〉に差し出されるべきもの」として返却されている）。

そして、大正四年六月七日には、次の五つの理由による不法決議であるということで、監督官庁の職権をもって取消を行うよう、郡長宛に提出された。

御取消願

明治四十壱年十月三十一日阿仁合町会ニ於テ左記理由ニ該当セル不法決議ヲ致セシモノト被存候ニ付監督官庁タル御所ノ職権ヲ以テ該決議御調査ノ上御取消相成度別紙仙台鉱務署ヨリ返付相成タル願書相添へ此段奉願上候也

（一）阿仁合町長ガ利害関係ノ一致セシ倅山田（米）外一名ニ当銀山部落ニ存在シテ銀山部落ノ利害関係ヲ有スル鋖ヲ当日ノ町会ニ

於テ縁故特賣ニ付議セシヲ黙認セシハ不法決議ト被存候

（二）前項ノ鍰価格ハ数千円ノモノナルニ僅ニ百五十円ニテ賣買ノコトニ議決セシヲ黙認セシハ不法決議ノ被存候

（三）正式ニ銀山部落一同ノ承諾ヲ得ズシテ一部有志代表者タル高橋外十数名ノ連署ノミヲ以テ部落一同又ハ惣代ノ権能ト誤認セシハ不法決議ト被存候

（四）当日ノ阿仁合町会ニ前項ノ如キ不法決議アランコトヲ懼レ銀山部落民タル志渡外十二名連署ヲ以テ該議決延期ノ願書ヲ提出セシモ如斯願書ハ取上グル必要ナシトシテ一部与党ノ議員ノミヲ以テ倉皇決議セシ行績アルハ不法議決ト被存候

（五）当日ノ町会ニ町長自身出席スベキヲ縁故特賣及ビ不法決議ノ責任ヲ免レンガ為メ故意ニ助役ヲ代理セシメタル行績アルハ不法行為ニシテ且ツ不法決議ト被存候　以上

大正四年六月七日

北秋田郡阿仁合町銀山　銀山部落委員長　印

北秋田郡長　殿

当時鍰が置かれていた銀山上新町東裏地域（現在保育園などの施設が建てられている）

このようにみてくると、買人であり売人の山田（米）にも、そして反対した加賀谷（源）にもそれぞれに問題があったことがわかる。

六、おわりに

以降、解決に向けた話し合いは重ねられ、大正四年六月一九日今後鍰売却町会決議に対しての異議申立てをしない事、鍰有地の活用代を銀山部落に支払う事、鍰の搬出を銀山部落に負わせない事などの契約書が山田（米）と銀山部落会員で交わされた。

そして、大正四年六月二二日には、郡書記から阿仁合町長に「本町ニ於ケル先年来ノ懸案タル鍰問題今回無事円満ニ解決シタルヤ……」としてその照会を求めている。

鍰の売却をめぐり買人、賛成派、反対派、

町議会、郡役所、銀山部落の中で展開された鍰問題も七年余りを経て終えたのである。

2　阿仁鉱山三ノ又貯水池決壊事故

——一〇〇年前におきた阿仁合町小様川の氾濫——

一、はじめに

大正五年四月二〇日融雪期の洪水に伴い、阿仁鉱山所属の三ノ又貯水池堤防が決壊し泥土を押流して橋梁流失し小児が溺死するなど、小様川沿岸に多大な被害（被害反別三町四反五畝二八歩、石垣二九五間、用水堰一五〇間、橋梁五カ所流出、その他道路、水受桶数カ所）を及ぼした。また、稲苗の植付け時期も迫ってその復旧を急がれたことから被害反別に対して当事者間に於いて協定が結ばれ泥土は除去されるとともに鉱業所より補助金（田地石垣等復旧手当一七二円、香典及手当一五円、橋梁材料三〇〇円）が交付された。補助金の支出割は、反別に対する泥土侵入の程度によりその差等を付したもので、被害者二五名のうち補助金を受けた者は二三名であった。

概要については、この決壊による鉱毒調査のため県から出張を命じられた秋田県鉱業技師神澤勝也（大正五年六月五日出発六月八日帰庁）の復命書から、また詳細については、北秋田郡吏員

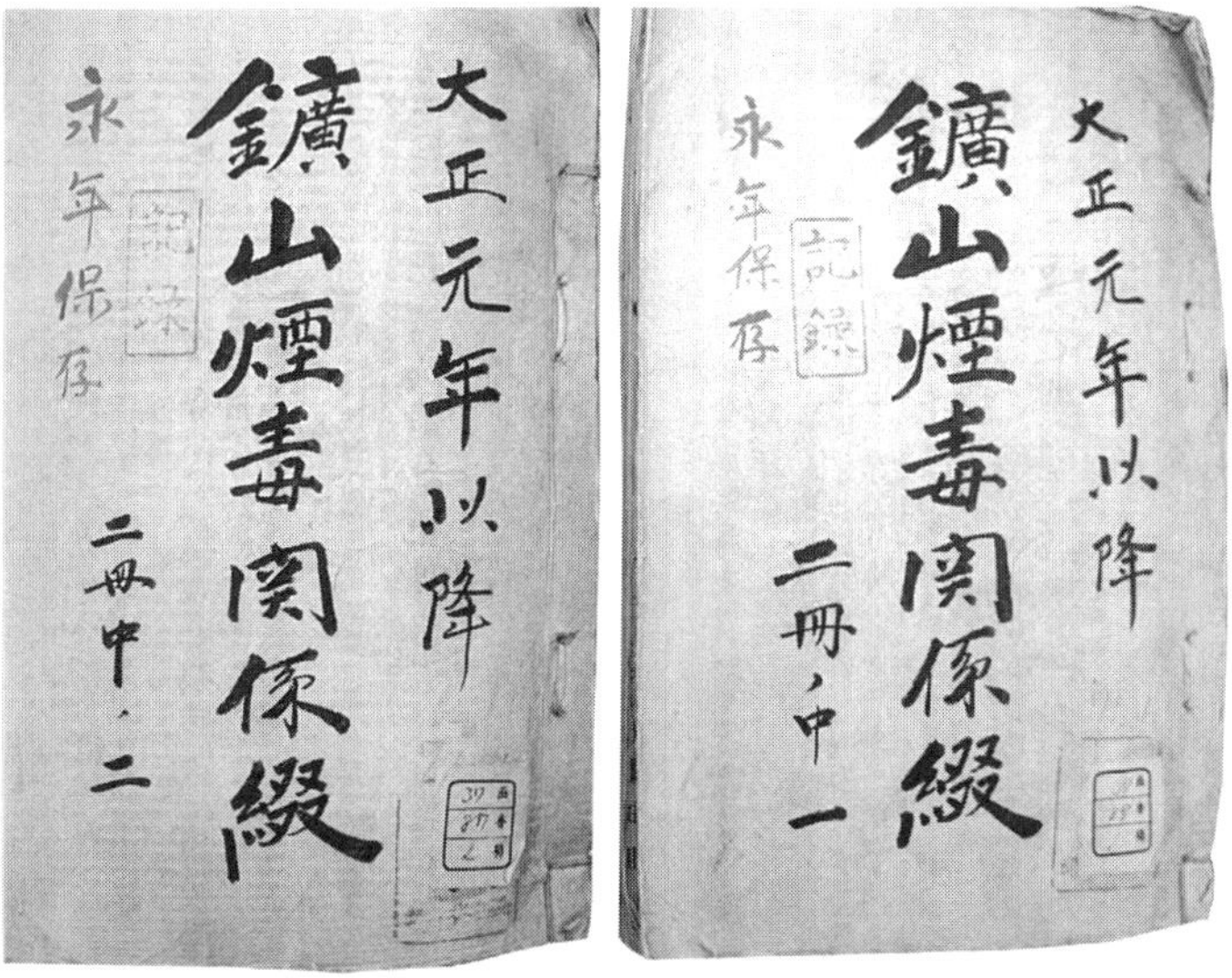

『鉱山煙毒関係綴』（県公文書館蔵）

（成田重三郎、沼田彬治）が古川鉱業所（六月三日）及び小様部落（六月六日）を視察し、郡長へ提出した復命書から知ることができる。

当時の状況を知ることのできるこれら資料（『鉱山煙毒関係綴―北秋田郡阿仁合町小様川洪水被害地調査―』県公文書館蔵・資料番号九三〇一〇三-〇八一四六）を通して、阿仁鉱山三ノ又貯水池決壊の被害をみることにしたい。

二、変災の発生と経過

大正五年四月二〇日、夜明け来の降雨に加えて阿仁鉱山に於いて元発電所として森吉山の中腹三ノ又の谷間を利用していた貯水池（約五、六町歩・水深一丈五尺〈約四・五m〉）の一部幅五、六間（約一〇・

八ｍ）が決壊し下流の小様川に注いだ。

貯水池の決壊は、明治三九年四月二五日にもあって、今回は二回目で鉱山では修繕する予定であった。午後一時小様川が出水、赤色を帯びた濁水は、平常より増水の高さは五尺（一・五ｍ）以上にもなり河床全面にわたり流下する。合流する大石沢の架橋は流失、向林橋は流失を免れる。さらに下流の土倉橋、小様上様の里道の架橋は流失。その他塚岱橋、小様下様、上土倉橋の三本が流出。土倉橋長さ五三尺（一五・九ｍ）、釣木三本、両岸の橋脚が流出。小様上橋長さ四六尺（一三・八ｍ）、釣木二本、両岸の橋脚流出。灌漑田は上土倉、中下土倉、塚岱合せて二〇町歩。田地への泥土三反歩。灌漑水路の堰口一五間（二七ｍ）、灌漑水路の留一〇間（一八ｍ）流出。中土倉の道路二反歩に泥土。下土倉の田一町歩に泥土。中土倉の道路脇石垣三〇間（五四ｍ）と道路二〇間（三六ｍ）流出。土倉川向田地へ泥土。石垣五〇間（九〇ｍ）流出。泥土の上がった田地約一町歩。土倉川向部落田地五畝泥土と被害状況が詳細に記録されている。

これらの被害地域は阿仁川の支流小様川に沿う合流部落より小様部落に至る二里（八km）余りにわたる流域で被害田地の高さはすべて河身に比べて三～四尺（九〇cm～一二〇cm）以下で多くはもと河床であった所を開拓したものであり、洪水の時には常に浸水する位置にあった。

ただ今回は土砂の侵入によって被害の増大は免れたことに加え鉱滓等の如き鉱毒が含まれていなかったことが幸いとなった。土砂の侵入した状況を見ると土砂の深さ一尺以上（三〇cm以上）に及ぶものもあり、稲苗の植付期が迫っていたため鉱業所の補助を得て土砂の除去をしたこと。

その他濁水の流入も多かったが流入土砂には著しい毒害はないということであった。しかし被害者の一部は鉱業所の処置に不満を示す者もいた。

石垣、水受桶等は高さ二〜三尺（六〇cm〜九〇cm）に復旧するもので手数労力は僅かで足りた。小児一人の溺死については鉱業所より手当金が交付され、父兄に於いても不満を訴えることもなかった。橋梁流出五カ所はいずれも橋と云うべきほどのものではなく、鉱業所から材木二本の寄付を受け架橋された。

堤防の決壊がこのような被害の要因になったとしても融雪期に伴う大雨後の出水も大きかった。現に小様川合流以外の阿仁川に於いても当日は五尺（一五〇cm）以上の増水していることからも、今回の事変は一部天災とすべきとしても鉱業所に於いてはその責任はないとはいえないものであり、かつ崩壊箇所の防備を至急施さなければならないことなどから、鉱山では近々本社から林業技師を呼び芝生の植付等の方法を講ずる計画とのことであった。

三、貯水池の状況

貯水池は阿仁合町より一三里（五二km）、森吉山中腹に近い凹所を修築したもので、明治二二年頃に増築された。萱草鉱区の原動力として使用していたもので、茶屋倉発電所が建設されてからは渇水に対する予備として十数年来殆ど注意が払われていなかった。

この貯水池は長さ約二〇〇間（約三六〇ｍ）・幅約一〇〇間（約一八〇ｍ）・深さ約一五尺（約

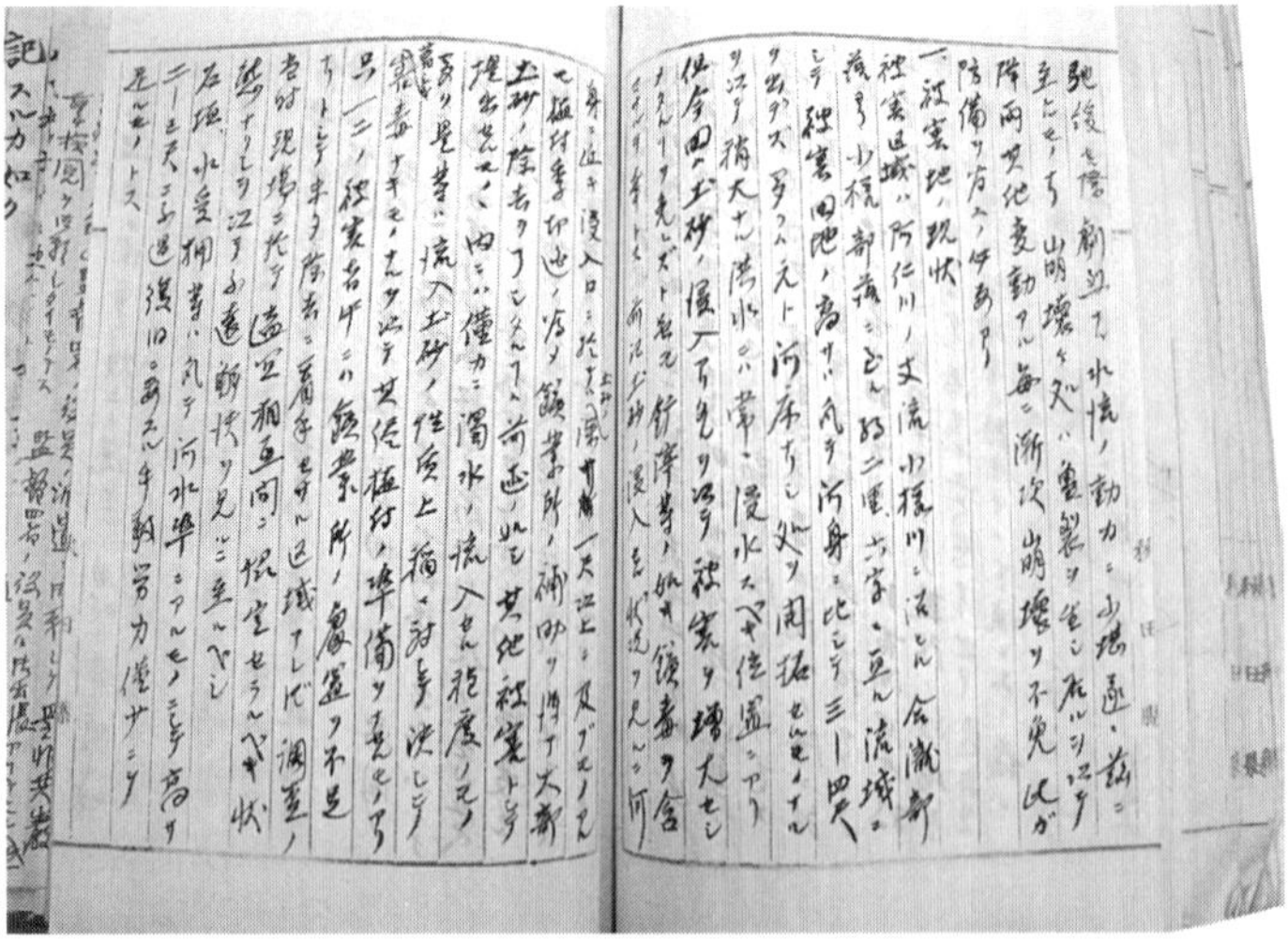

鉱業技師神澤勝也復命書『大正元年以降鉱山煙害関係綴二冊ノ中一』（県公文書館蔵）

四・五m、満水の当時）の巨大なもので堤防の破壊口は幅三間（五・四m）、広い所は七間（一二・六m）余りあり、これより逸出した水勢は沿崖を崩壊して約三町（約三二七m）下流に至り、ここで長さ六〇間（一〇八m）・幅六〇間（一〇八m）・高さ約一五〇尺（約四五m）の一大崩壊を起こすこととなった。附近の地盤は崩壊し易い火山灰及火山岩屑からなっていたことに加え融雪期で地盤が緩んでいたことから激烈な水流の力となったものであった。崩壊箇所は亀裂を生じて降雨その他変動あるごとに防備が必要とされていた状況であった。

四、鉱山の状況（当時）

阿仁鉱山の開始は遠く四〇〇年前にあって幾変遷の後明治一八年鉱業者は古河合名会社

に継承される。明治四三年比立内発電所（阿仁合町の上流約五里の地）を建設して七〇〇kwの電力を持ち、一ノ渡発電所の電力二〇〇kwと合わせて約一、二〇〇馬力の動力を得て鋭意事業改良を計り鉱況を挽回する。最近の銅価格の暴騰により増々好況を呈するに至り事務所を阿仁合町より一里上流の小沢に移すなど事業改変を計り最近一カ月の生産高は、粗鉱採掘量九〇万貫（銅量位一〇〇分中二・〇）・精鉱量五〇万貫（銅量位一〇〇分中八・四）・製品一七万斤（銅量位一〇〇分中二・〇、銀量位一、〇〇〇分中一・二）、使用坑夫一、一〇〇人、其他鉱夫一、三〇〇人。

小沢選鉱場付近は土地狭隘であるため多年の廃石はすでに充溢し収容の余地がなく一昨年選鉱場を改築して旧選鉱場より一二〇尺（三六m）の高所に移した。これによって其附近数万坪の空地に一二〇尺（三六m）の高さに堆積する選鉱排水に対する沈殿池は小沢川河岸に於いて長さ七〇間（一二六m）・幅一五間（二七m）・深八尺（二・四m）のもの二個増設して交互にこれを使用する目的をもって八月に工事を竣工する。

五、被災者への補償

No.	氏名	補償額	田	石垣・堰	その他
一	福田	三〇円	三〇枚	石垣五〇間	
二	加賀	一八円	三反歩の内悪い所	石垣一〇間	

三	田中	八円	五枚	—	
四	加賀	一円五〇銭	五枚	—	
五	福田	一〇円	—	石垣二五人	
六	加賀	四円	—	石垣一〇人	
七	柴田	五円	七枚	石垣約四間	
八	柴田	一五円	一八枚	—	
九	小林	四円	八枚	—	
一〇	柴田	五円	二一枚	—	
一一	柴田	一円五〇銭	五枚	—	
一二	工藤	一〇円	八枚	—	
一三	柴田	二円	五枚	—	
一四	小林	一円	三枚	—	
一五	佐山	二円	四枚	—	
一六	小林	四円	一六枚	—	
一七	加賀	六円	—	—	人夫　三人
一八	小林	二円	—	—	人夫　五人

一九	小林	一円	―	―	人夫　二人五分
二〇	戸嶋	五円	―	―	人夫　一二人五分
二一	戸嶋	六円	―	―	人夫　一五人
二二	佐藤	三一円	―	石垣三〇間	桐苗三年生二一本、一年生五〇本
二三	宮野	一五円	―	―	香典、手当
計		一八七円			

大正五年六月七日　北秋田郡阿仁合町役場　書記　山口　亀松

以上が二三名の補償内容である。補償額は一円～三一円まで広い幅となっているが支払い基準に不明瞭なところがある。また、No.二三宮野一五円は、溺死した生徒の補償額である。溺死した生徒は大正五年四月二〇日午後一時、三枚小学校から下校途中山橋に来た時に増水が甚だしくなり一旦先に他の生徒二人が既にその橋を渡り、自分が渡っている間に三ノ又貯水池堤防決壊のため奔流した増水が三尺（九〇㎝）以上にもなって、同時に流木などもあって橋脚に突当りその振動で本人は激走中に墜落しその姿を失ったといわれている（一説に生徒は渡橋中半に危険と考え引き返そうとして体を回転する際に足を踏み外し墜落したといわれるが真実のほどは定かでない）。その橋は数分後には全部消失し生徒の捜索は行われたが見当たらず四月二六日米内沢橋下流で発見された。鉱山では直ちに香典として金五円を送ったが、その後父親より捜索に多額の費用を要したということで鉱山に相当の支払いを申し込んだところ鉱山では更に手当金として金一〇円を直接贈与している。鉱山では生徒の溺死の死因については貯水池決壊とは縁遠いことを主張している。

証

一　金

右ハ今回三ノ又貯水池崩潰シタル際洪水ニテ私共所有又ハ小作セル田畑並ニ堰石垣等ニ損害ヲ被リ候處御所ヨリ特別ノ御取扱ヲ以テ前記ノ金圓御補助被為下難有拝領仕候ニ就テハ今回ノ被害ニツキテハ今後一切苦情申出間敷候也

大正五年五月

阿仁鉱業所御中

鉱山側は、補償について今後もりかえすことのないように以上のような内容の「證」に捺印を被災者に求め徴している。

六、おわりに

阿仁鉱山七カ山の内三カ山が小様川上流にあり、小様川沿岸には一〇〇町歩以上の田地がありその九割以上が小様川の鉱毒水を灌漑するものであった。しかしながら鉱山に雇われているものが多く（小様部落は二三戸を除く以外は総て鉱山使役人、または鉱山関係者であった）、鉱山側からも鉱毒についてはあまり注意を払われていなかった。

そんな中にあって、大正五年四月二〇日の降雨によって鉱山の発電に用いる貯水池の決潰は洪水の増幅となり小様村の橋という橋を全部流出させるとともに、田地は泥土や砂で埋められ、堰の破損、堰留や石垣の流出に加え小学生の尊い人命を失う被害となった。小学生の犠牲については、村民の大勢が下流の川を三、四日捜索し、七日目にようやく発見されたという。公道の橋は流出後三〇日を過ぎても架橋されず不便を強いられた。また、田畑にしてもただ泥土や砂を取除けばそれて済むということではなく、肥沃な土を客土しなければ作物は実らないという苦労もあった。

損害賠償も基準があいまいで一律ではなく、有力なものには多く細民には少なかったという不満は残ったもののそれでも今後これについては少しの苦情もいってはならないとして「證」書に捺印させられたようだ。一回目（明治三九年四月二五日）の決壊時の損害金（一〇〇円）の受取りについても不透明さが残されていた中での今回の事故であった。

また被害は、これまで幾十年間、三枚・一ノ又・三ノ又鉱山の各坑内から捨石を悉く小様川に

小様川と田植えを待つ田園風景（2016・5・8）

投げ込まれ、昔より川原が五尺～六尺（一・五m～一・八m）も高くなり田地が川原と同一の高さまでなっていたことであった。鉱山側でも鉱毒問題にたいして多少設備は施されたものの、三枚・一ノ又鉱山からはなお継続して捨石が投棄されているなど、今後一〇年、二〇年も続けば小様川沿岸の田地の過半は川原よりも低くなると心配されていた。

現在も小様川は河川の両端に田畑を控えて部落の中央部を蛇行して小様から大岱を通って阿仁川に合流する一級河川である。決壊事故から今年でちょうど一〇〇年。三ノ又貯水池は決壊後古河が一時修復に取り組むも凋れ果てやがて干上がり今ではその貯水池跡は原野の中にあって確認することは困難となっている。

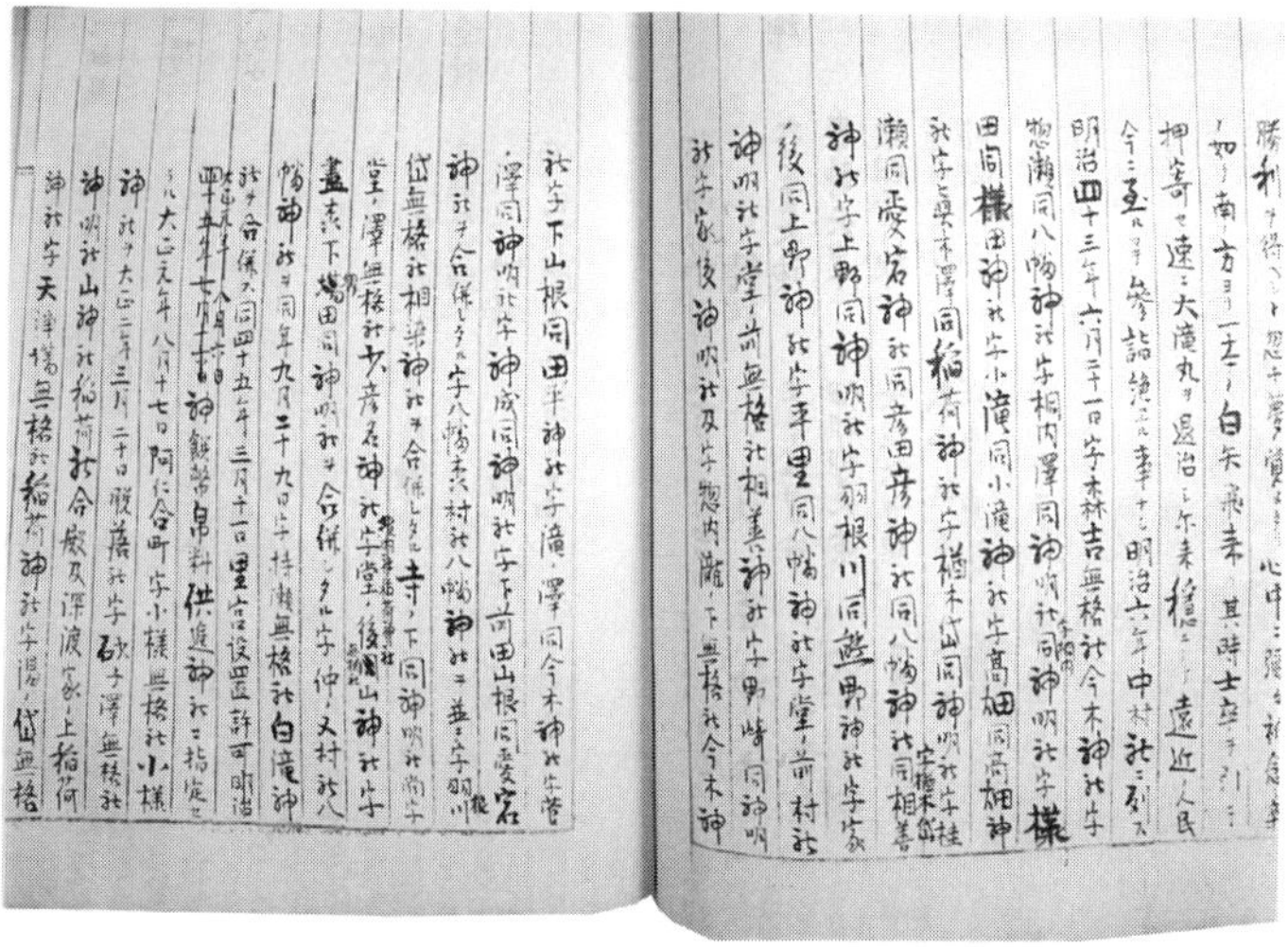

『北秋田郡神社明細帳』県公文書館蔵

3　郷社「森吉神社」について

一、はじめに

『北秋田郡神社明細帳　地方課』（県公文書館蔵）には、社格（懸社・郷社・村社・無格社）、鎮座地、神社名が記載されており、北秋田郡全体の神社の規模を知ることができる。

　それによると北秋田郡内には、二〇一の神社が存在し、その中の社格はそれぞれ懸社一・郷社五・村社六七・無格社一二八であることも確認できる（社格は現在廃止となっている）。

　その中から、四季の変化の魅力に多くの人たちを引きつける森吉山（森吉神社）の里宮として、古くから山麓の人々の信仰を集めて来た郷社「森吉神社」について、公文書（『昭和一〇年・一八年　宗教法人関係書類』資料番号九三〇一〇三-〇三〇一九・九三〇一〇三-〇三〇二七、『北秋田郡神社明細帳』資料番号九三〇一〇三-〇二三八八）をもとに、その歴史をたどることにしたい。

二、郷社「森吉神社」の祭神

「北秋田郡前田村森吉字森吉山　鎮座　郷社　森吉神社
大巳貴大神《オオナムチノオオカミ》　素盞男命《スサノウノミコト》　日本武命《ヤマトタケルノミコト》
應神天皇《ヤウジンテンノウ》　伊邪那美命《イザナミノミコト》　少彦名命《スクナヒコノミコト》〈大神《ダイジン》〉
猿田彦神《サルタヒコノカミ》　天照大御神《アマテラスオオミカミ》　受持之命《ウケモチノミコト》
火産霊神《ホムスビノカミ》　大山祇命《オオヤマズミノミコト》　今木大神《イマキノオオカミ》
豊受姫神《トヨウケヒメノカミ》　倉稲魂神《ウカノミタマノカミ》　保食神《ウケモチノカミ》　」（『北秋田郡神社明細帳』県公文書館蔵）

以上の一五柱からなり、明治四五年三月一一日秋田県知事の許可を受け（明治四五年一一月一一日内務省ヨリ譲与許可）森吉山前岳の本社（北秋田郡前田村森吉字森吉山一番。三百坪）を奥宮、阿仁前田八幡森神社跡（北秋田郡前田村阿仁前田字八幡森一番。三百六十二坪八合五勺）を里宮として両所を併せ郷社「森吉神社」となる。

三、郷社「森吉神社」の由緒

「創立不詳ト雖トモ傳ヘ聞ク大同二年田村将軍ノ開基ト云ヒリ蝦夷征討ノ砌奥州ヘ下向アリシ時出羽國秋田國ニ来ル時ニ森吉山ハ霊山ト云ヒトモ大滝丸云フ鬼神三陵山ノ内岩穴ニ住居シテ参詣ノ人民ヲ妨ケ是カタメニ参詣輩稍久シク絶タリ田村将軍高清水ト云フ處ニ十七日山籠セシ時ニ不思議ナル哉著霊夢アリ告ケ云ク翌日南ノ方ヨリ白矢一本飛来ルベシ必其時勝利ヲ得ベシト忽チ夢覚メタリ心中ニ彌々祈念シ案ノ如ク南ノ方ヨリ一本ノ白矢飛来リ其時士卒ヲ引テ押寄セ速ニ大滝丸ヲ退治シ尓来穏ニシテ遠近ノ人民今ニ至ルマテ参詣絶ヱル事ナシ明治六年中村社ニ列ス明治四十三年六月二十一日字森吉無格社今木神社字惣瀬同八幡神社字桐内澤同神明社字桐内同神明社字様田同様田神社字小滝同小滝神社字高畑同高畑神社字眞木澤同稲荷神社字楢木岱同神明社字桂瀬同愛宕神社同彦（猿）田彦田神社同八幡神社字楢木岱同相善神社字上野同神明社字羽根川同熊野神社字家ノ後同上野神社字平里同八幡神社字堂ノ前村社神明社字堂ノ前無格社相善神社字野崎同神明社字家後神明社及字惣内瀧ノ下無格社今木神社字下山根同田ノ平神社字滝ノ澤同今木神社字萱ノ澤同神明社字神成同神明社字下前田山根愛宕神社ヲ合併シタル字八幡森村社八幡神社ヲ並ニ字羽根川岱無格社相染神社ヲ合併シタル寺ノ下同神明社尚字堂ノ澤無格社少彦名神社境内社稲荷神社字堂ノ後無格社山神社字盡森下堺田同神明社ヲ合併シタル字仲ノ又村社八幡神社ヲ同年九月二十九日字桂瀬無格社白滝神社ヲ合併ス同四十五年三月十一日里宮設置許可大正元年八月六日神饌幣帛料供進神社ニ指定セラル大正元年八月十七日阿仁合町字小様無格社小様神社ヲ大正二年

三月二十日脱落社字砂子澤無格社神明社山神社稲荷社合殿及深渡家ノ上稲荷神社字天津場無格社稲荷神社字湯ノ岱無格社少彦名神社ヲ編入ノ上合併ス」（『北秋田郡神社明細帳』県公文書館蔵）とある。

この由緒から明治期阿仁前田地域の神社は以下のようであったことがわかる。

No.	社格	神社名	鎮座地
一	無格社	今木神社	前田村字森吉
二	無各社	八幡神社	前田村字惣瀬
三	無格社	神明社	前田村字桐内澤
四	無格社	神明社	前田村字桐内
五	無格社	様田神社	前田村字様田
六	無格社	小滝神社	前田村字小滝
七	無格社	高畑神社	前田村字高畑
八	無格社	稲荷神社	前田村字眞木澤
九	無格社	神明社	前田村字楢木岱
一〇	無格社	相善神社	前田村字楢木岱

一一	無格社	愛宕神社	前田村字桂瀬
一二	無格社	猿田彦神社	前田村字桂瀬
一三	無格社	八幡神社	前田村字桂瀬
一四	無格社	神明社	前田村字上野
一五	無格社	熊野神社	前田村字羽根川
一六	無格社	上野神社	前田村字家ノ後
一七	無格社	八幡神社	前田村字平里
一八	村　社	神明社	前田村字堂ノ前
一九	無格社	相善神社	前田村字堂ノ前
二〇	無格社	神明社	前田村字野崎
二一	無格社	神明社	前田村字家後
二二	無格社	今木神社	前田村字惣内瀧ノ下
二三	無格社	田ノ平神社	前田村字下山根
二四	無格社	今木神社	前田村字滝ノ澤
二五	無格社	神明社	前田村字菅ノ澤
二六	無格社	神明社	前田村字神成

二七	無格社	愛宕神社	前田村字下前田山根
二八	村　社	八幡神社（明治四三年六月二一日No.一〜No.二七を合併）	前田村字八幡森
二九	無格社	相染神社	前田村字羽根川岱
三〇	無格社	神明社（明治四三年六月二一日No.二九を合併）	前田村字寺ノ下
三一	無格社	少彦名神社	前田村字堂ノ澤
三二	無格社	稲荷神社（少彦名神社境内社）	前田村字堂ノ澤
三三	無格社	山神社	前田村字堂ノ後
三四	無格社	神明社	前田村字盡森下堺田
三五	村　社	八幡神社（明治四三年六月二一日No.三一〜No.三四を合併、明治四三年九月二九日No.三六を合併）	前田村字仲ノ又
三六	無格社	白滝神社	前田村字桂瀬
三七	無格社	小様神社（大正元年八月一七日脱落社）	阿仁合町字小様
三八	無格社	神明社・山神社・稲荷社の合殿社（大正二年三月二〇日脱落社）	字砂子澤
三九	無格社	稲荷神社	前田村字深渡家ノ上
四〇	無格社	稲荷神社	前田村字天津場
四一	無格社	森吉神社（少彦名神社を編入合併）	前田村字湯ノ岱

前田村字八幡森に鎮座する八幡神社は明治六年村社に列せられ、明治四三年六月二一日、今木神社（森吉）・八幡神社（惣瀬）・神明社（桐内澤）・神明社（桐内）・様田神社（様田）・小滝神社（小滝）・高畑神社（高畑）・稲荷神社（眞木澤）・神明社（楢木岱）・相善神社（楢木岱）・愛宕神社（桂瀬）・猿田彦神社（桂瀬）・八幡神社（桂瀬）・神明社（上野）・熊野神社（羽根川）・上野神社（家ノ後）・八幡神社（平里）・神明社（堂ノ前）・相善神社（堂ノ前）・神明社（野崎）・神明社（家後）・今木神社（惣内瀧ノ澤）・田ノ平神社（下山根）・今木神社（滝ノ澤）・神明社（菅ノ澤）・神明社（神成）・愛宕神社（下前田山根）の二七社を合併。明治四三年一〇月二八日、白滝神社（桂瀬）を合併。そして明治四五年三月一一日秋田県知事の許可を受け（明治四五年一一月一一日内務省より譲与許可）里宮となる。

一方、神明社（寺ノ下）は明治四三年六月二一日、相染神社（羽根川岱）を合併。八幡神社（仲ノ又）は、明治四三年六月二一日、少彦名神社（堂ノ澤）・稲荷神社〝少彦名神社境内社〟（堂ノ澤）・山神社（堂ノ後）・神明社（盡森下堺田）、そして明治四三年九月二九日に白滝神社（桂瀬）を合併している。また大正二年には、稲荷神社（深渡家ノ上）・稲荷神社（天津場）がそれぞれ森吉神社（湯ノ岱）と合併する。尚、神明社・山神様・稲荷社の合殿社（砂子澤）は大正二年三月二〇日、脱落社として、また小様神社（小様）は大正元年八月一七日脱落社としてそれぞれ森吉神社（湯ノ岱）に合祀されている。

四、奥宮と里宮

森吉神社の奥宮は、森吉山八合目の前岳（北秋田市森吉字森吉山一番地）にあり、社殿（本殿）・境内三百坪である。由緒には、「創立不詳ト雖トモ傳ヘ聞ク大同二年（八〇七年）田村将軍ノ開祖ト云ヒリ」とある。また開祖については、「蝦夷征伐ノ砌奥州ヘ下向アリシ時出羽國秋田國ニ来ル時ニ森吉山ハ霊山ト云ヒトモ大滝丸云フ鬼神三陵山ノ内岩穴ニ住居シテ参詣ノ人民ヲ妨

奥宮（森吉山前岳）と里宮（八幡森）、里宮本殿金剛力士像

ケ是カタメニ参詣輩稱久シク絶タリ田村将軍高清水ト云フ處ニ十七日山籠セシ時ニ不思議ナル哉著霊夢アリ告ケ云ク翌日南方ヨリ白矢一本飛来ルベシ必其時勝利ヲ得ベシト忽チ夢覚メタリ心中ニ彌々祈念シ案ノ如ク南ノ方ヨリ一本ノ白矢飛来リ其時士卒ヲ引テ押寄セ速ニ大滝丸ヲ退治シ尓来隠ニシテ遠近ノ人民今ニ至ルマテ参詣絶ヱル事ナシ」と田村麻呂の森吉山に住みついていた鬼神退治の伝説も残っている。

四月八日の嶽参りには、山麓に住む人たちがご来光に合わせて、堅雪を踏みしめ登山した。参拝者は通称モロビ（アオモリトドマツ、オオシラビソ）の枝を持ち帰り、神棚に供えたり、近所にも配られたりしていた。モロビの香りは身のけがれを清め、魔除けの効果があると信じられていた。霊峰森吉山を「嶽」と呼び、嶽参りとモロビによる魔除けの風習は、昭和三〇年代までみられた阿仁地域の風物詩でもあった。

現在の奥宮は五四年に、鳥居は平成二三年六月二六日、一九年ぶりに再建されたものである（森吉地区本郷、神成、惣内の三集落共同寄進）。

一方旧八幡神社だった里宮（北秋田市前田字八幡森一番地）は、本殿・拝殿三百六十二坪八合五勺。拝殿は入母屋造り。別棟となっている本殿は総欅造りで、獅子の彫刻、竜の浮き彫りで飾られ、本殿ひさしの四隅には、金剛力士像が周囲をにらみ、神社を鎮護している。この彫刻は、藤本治兵衛正義の作といわれている。安置されている御神体は、当時田村将軍が守護神としてカブトの内側に付けてきた七体の仏体のひとつだといわれ、高さおよそ五センチの鉱物製のもの。

例大祭は五月五日。祭礼には必ずアヒルが供えられ、直会で氏子の腹に納まる。神道の祭礼の供物の中には野鳥などを入れることになっているが、現在は殆ど省略されている。かつては宵宮をはじめ仮装行列、境内相撲なども行われていたが、過疎化に伴い祭りの形態も簡略化され、祭りの担当も各部落の持ち回りで行われている。由緒では、六六九世帯あったとされていた氏子数も、昭和六〇年には、二五〇世帯にまで減少し、現在では二〇〇世帯ほどになっている。

五、おわりに

秋田県公文書館所蔵資料『北秋田郡神社明細帳』『北秋田郡神社財産登録台帳』をもとに、郷社「森吉神社」について調べてみた。鎮守の森として、神社・境内はそこに暮らす人々の祈りや祭りの場として、また時には子供たちの遊びの場として深く心の中に刻まれる場所であった。

春になると、本宮（奥宮）から里宮に神が降り、収穫が終わる秋まで里で暮らす人たちの暮らしを見守る。鎮守の森は四季の祭りを通して賑わいの場となる。神前には酒、餅、収穫物の供物が準備され神をもてなす。境内では、相撲や綱引き、鶏合わせ、牛の角突きなどが行われ、その結果は神意の判定としてその年の豊凶が占われた。そして直会では神への供物を下げ村人たちの会食となる。祭りの最後の祭礼では祭り太鼓の響きと共に山車引、神輿や仮装行列などで村々を巡る。全国でくりひろげられる祭りの風景である。それぞれの地域にはこのような祭りを通して引き継がれてきた伝統とそこに暮らす人たちの強い絆が存在するのである。

そのようなことを思い起こしながら、今回この二つの資料から明治期に阿仁前田地区に存在した四一の神社名を確認することができた。そして、これらの神社が、どのように合併・合祀されていったのか、特に「八幡神社」が里宮として郷社「森吉神社」と称されるまでの具体的経過を知ることができた。

また、ダム建設によって水没となった一四部落の神社は、平成一五年一〇月二六日一四合同神社（天照神社）としてダム湖を見下ろす丘の上に建立され祀られている。

モロビ（アオモリトドマツ）と天照神社（水没14部落の合同神社）

4　前田森林鉄道史考

一、はじめに

米代川本支流域は豊富な天然秋田杉の産地として古くから生産されていたが、明治に至りこれらの山林の多くは国有林として官営となり、やがて、経済の拡大とともに木材需要も飛躍的に増加し、林業の近代化が求められるようになった。

特に森林鉄道による木材の運搬は、それまでの河川を利用した流送や牛馬搬に依存した運材からの脱却としてその近代化に大きな役割をはたした。

秋田県内の森林鉄道は、明治四〇年に大館市内の長木沢林道七、六八六m（茂内―長木村二ツ屋貯木場―上長木）が森林鉄道として開設されたのがはじまりであったとされている。

阿仁地域においても旧米内沢営林署管内森吉林道（前田貯木場―小又事業区二六、九〇四m森林鉄道一級）が、大正四年旧上小阿仁署管内小阿仁林道（小沢田―朦沢一三、五九〇m森林鉄道

一級）、大正一〇年旧鷹巣営林署管内小森林道（鷹巣町船場―西館村字小坪沢一四、一一七ｍ森林鉄道一級）についで昭和二年に軌道として開設された。

昭和二年の森林鉄道開設はやがて森吉林道本線を基線として支線（一〇）、分線（三）と延線され鉄道運材が終了し森林鉄道が姿を消す昭和四四年までその総延長が一〇五、五六六ｍにもなった。

自動車道路の整備にともない鉄道による運材から自動車輸送に切り替えられていくなか、その役目を終える一方でそこに暮らす人たちの生活と切り離すことのできない存在でもあった森林鉄道の歴史をたどることにしたい。

二、前田森林鉄道の変遷

旧米内沢営林署管内森林鉄道（本線・支線・分線）の経路と開設期間

No.	名称 本線	名称 支線	名称 分線	開設期間	延長（m）	規格（級）
一	森吉林道			昭和　二年～昭和四四年	三六、六八四	森林鉄道一級
【経路】阿仁前田駅前（前田貯木場）から小又川沿いに東進（前田貯木場～小又事業区～平田）。						
二	森吉林道	土　沢		昭和　五年～昭和四三年	八、五七四	森林鉄道二級

【経路】太平湖東側付近で、森吉林道から分岐し土沢沿いを溯上。						
三	森吉林道	土　沢	粒様沢	昭和　五年~昭和三九年	一〇、二九六	森林鉄道二級
【経路】土沢支線から分岐し、粒様沢沿いを溯上。						
四	森吉林道	平　田		昭和　五年~昭和三二年	一三、四二四	森林鉄道二級
【経路】森吉林道から森吉ダム下部で分岐し、大印沢さらに東ノ又沢を溯上し、松兵衛森北麓まで延伸。						
五	森吉林道	平　田	立　川	昭和一九年~昭和二八年	二、九〇〇	森林鉄道二級
【経路】平田支線終点から、ノロ川沿いの貯木場まで延伸。						
六	森吉林道	女木内		昭和一八年~昭和三二年	三、九二〇	森林鉄道二級
【経路】森吉林道から女木内付近で分岐し、女木内沢沿いを溯上。						
七	森吉林道	タタラ沢		昭和一八年~昭和二九年	二、七〇〇	森林鉄道二級
【経路】森吉林道から太平湖先端付近で分岐し、タタラ沢沿いを溯上。						
八	森吉林道	時戸沢		昭和二二年~昭和二八年	四、六四三	森林鉄道二級
【経路】森吉林道から森吉地区周辺で分岐し、時戸沢沿いを南下。						
九	森吉林道	桐　内		昭和二二年~昭和四三年	六、一〇〇	森林鉄道二級
【経路】森吉林道から鷲ノ瀬下部付近で分岐し、惣瀬沢沿いを溯上。						
一〇	森吉林道	桐　内	椈　帯	昭和二九年~昭和四二年	九、三七五	森林鉄道二級

【経路】惣瀬沢付近で惣瀬沢索道を介して桐内支線と連絡し、一ノ腰下部まで延伸。作業線だったものを格上。						
一一	森吉林道	鍋ケ倉沢		昭和二三年～昭和三二年	一、三四〇	森林鉄道二級
【経路】森吉林道からタタラ沢支線分岐の上部付近で分岐し、鍋ケ沢沿いを溯上。						
一二	森吉林道	大杉沢		昭和三四年～昭和四四年	三、五九〇	森林鉄道二級
【経路】森吉林道終点から大杉沢沿いに溯上。						
一三	森吉林道	丹　瀬		昭和三八年～昭和四三年	一、五八〇	森林鉄道二級
【経路】森吉林道から深渡付近で分岐し、丹瀬沢沿いに溯上。						
一四	森吉林道	ガシヤ		昭和三八年～昭和四四年	四四〇	森林鉄道二級
【経路】森林鉄道終点から、ガシヤ沢沿いを溯上。						

明治三二年林道開設が計画されたことから、明治三五年に「林道工及び河川工取扱いに関する手続き」が山林局長通達として発せられ林道建設の基準が示されることとなった。この中で林道の種類が、軌道、車道（幅九尺＝二・七ｍ）、牛馬道（幅六尺＝一・八ｍ）、歩道（幅四尺＝一・二ｍ）、木馬道（幅四尺＝一・二ｍ、牛使用は六尺＝一・八ｍ）と定められた。

森林鉄道ではなく軌道とされているのは、軌道は機関車によって木材を運搬するものではなく軌道上のトロリーに木材を積み人力あるいは牛馬によって運搬するものであり、その後の機関車輸送による森林鉄道としての軌道と区別したものであった。したがって、前田の森林鉄道も森吉

本線・支線・分線の敷設経路図

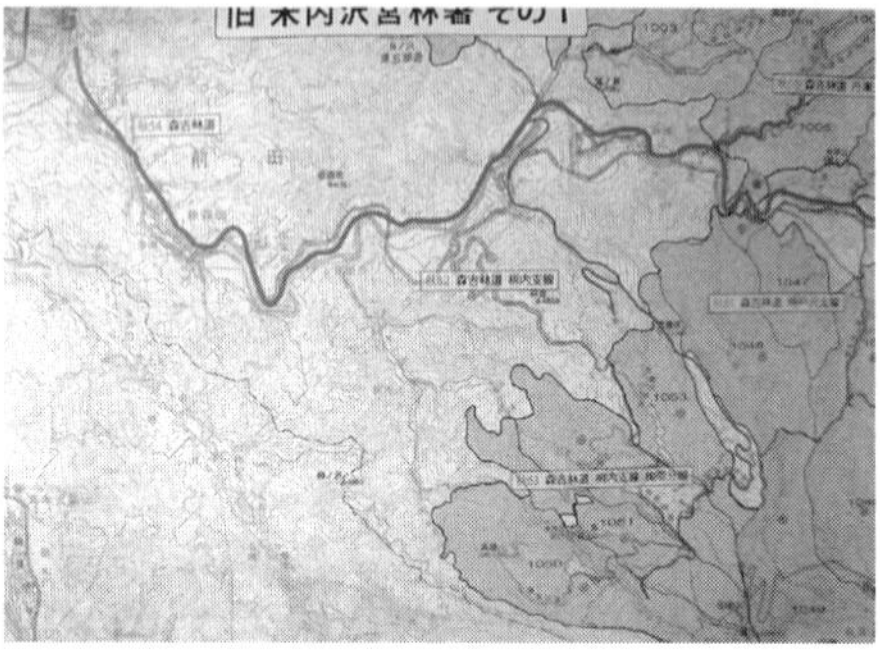

『近代化遺産　国有森林鉄道全データ　東北編』（財）日本森林林業振興会秋田支部・青森支部編　秋田魁新報社　平成24年６月26日より

林道の歴史的経過を経て敷設されたものといえる。

また、昭和二二年の労働基準法の改正に伴い、軌条の規格が労働安全衛生規則に定められ、車両重量五t未満の場合は軌条重量九kg、五t以上一〇t未満の場合は一二kgとされた。それまで敷設された国有林の軌条はこの基準を満たしていないものが多かったことから、大量の軌条交換を余儀なくされている。この年（昭和二二年）に定められた国有林野事業特別会計計理規定にお

森林鉄道の起点となって新しく作られた前田貯木場（昭和14年）

いて、国定資産としての林道の耐用年数が定められ、森林鉄道は自動車道とともに二〇年とされた。なお、使用期間三年未満のものは作業線として区分されている。

この段階で、かなり錯綜していた軌道と森林鉄道とが森林鉄道に一本化されることになった。その後、昭和二八年一月の林野庁の通達に基づいて「森林鉄道保安規定」が定められ、用語の定義、職員の配置、安全運行に必要な諸事項が規定されている。昭和二八年一二月には、「森林鉄道建設規定」が定められ、森林鉄道が一級、二級に区分され規格が明確化された。一級は森林鉄道で、最小曲線半径三〇m以上、勾配限度四〇‰、軌条一〇～二〇kg、道床の厚さ一〇〇㎜。二級は森林軌道で、最小曲線半径一〇m以上、勾配限度五〇‰、軌条九kg、道床の厚さ七〇㎜と規格が定められた。これによると旧米内

ディーゼル機関車

蒸気機関車

沢営林署管内は一級が本線の森吉林道（1）、二級が支線の土沢、平田、女木内、タタラ沢、時戸沢、桐内、大杉沢、鍋ケ倉沢、丹瀬、ガシヤ（10）、分線の粒様沢、立川、椈帯（3）となっている。

　最初の頃の森林用機関車はドイツ製のコッペル四・五tやガソリンエンジン付バルカン機関車、酒井車四t、四五〇ミッション、ホイットコム四・五tなどのガソリン車で、昭和九年頃二艘の船で運ばれてきて下前田の土場・貯木場（下前田に貯木場ができたのは昭和九年、奥地から伐採された天然杉などが主に集積されていた。その後、広葉樹の伐採も進むにつれて狭くなり、現在の阿仁前田駅前に作られることになった。八・六haの広さで水中貯木場が六つ備えた前田貯木場が竣工したのは昭和一四年であった。当時はまだ米内沢営林署ではなく、阿仁合営林署前田貯木場であった）に陸揚げされた。一機関車が牽引する積載丸太は二〇〇石（約六〇〇m³）で、丸太を満載した機関車の最後尾には小さな客車がつけられた。

終戦前後には、木炭や薪を蒸し焼き状態（不完全燃焼）にして一酸化炭素を発生させて動力に変えたガス発生機付軌道車が機関車の横に圧力釜のような鋼製タンクを付けて走った。物不足のため、こうした代用燃料車は、自動車やバスなどにも広く利用されていた。

ディーゼル機関車が登場したのは昭和三〇年代に入ってからで、森林軌道の機関車は、蒸気機関車・ガソリン車・ディーゼル機関車と種類も多く、運転手が二人ほど乗って各集積場から終点の前田貯木場まで運んだ。

一方、伐採の前線基地となっていた林用軌道支線は作業線ともいわれ数多くあった。この作業線は本線より軽量な機関車が投入され、それぞれの支線分岐点は線路切り替え機（ポイント）で運行された。

三、前田森林鉄道と沿線の暮らし

阿仁前田から小又川奥地に森林軌道敷設の話しが出たのは大正一四年頃だったといわれるが開設されたのは四年後の昭和四年であった。この前田森林鉄道本線は、阿仁前田駅前の前田貯木場を起点に終点の平田までの運行距離三六・六八四kmであった。この間の細越、根森田、森吉、小滝、女木内、湯ノ岱にはそれぞれ軌道が交差するための待機所が設けられていた。地域住民は、ここを「駅」と呼んで乗降した。勿論森林鉄道の主目的は森吉山麓の天然秋田スギを大量に運び出すことであるが、当時、阿仁前田から小又川上流の奥地は道も嶮しく整備されておらず、阿仁前田までの往復には徒歩で一日がかりであった。小又集落より奥地の人たちはその恩恵に浴した。特に太平湖の湖底に沈んだ砂子沢やその上流域にあった大杉などの集落は、当時は前田に行くにも泊りがけで、途中の小滝部落が中泊りの場所だったことなどから営林署では貨車に客車を連結してその利用に供した。

営林署側にしても軌道を敷設するには沿線住民の協力が不可欠で、軌道が通ることによる恩恵を話して協力を得たといわれる。土地買収の際に沿線の人たちの輸送と物資運搬の便宜供与が約束され、土地の多くも無償提供だったといわれている。貨車一両を超す木材、木炭、供出米、肥料など大量の物資などについては有料で、それ以外はすべて無料であった。

客車は幅約二m、長さ約四m、両脇に木製の長椅子が据え付けられ一四、五人も座れば満席で、いつも車内は身動きできないほどであった。客車からあふれた人たちは、木材にへばりつくようにして、貨車に乗った。乗り遅れた人たちはスピードが落ちる坂道で待って飛び乗った。もちろん客車以外の場所に人を乗せるのは禁じられていたが、黙認することもまた多かった。脱線で何度も怖い目にあい「事故があっても文句はいいません」と誓って乗っているようなものであった。危険を十分承知していても、それだけ必要とされていたのであった。軌道に乗車して亡くなった人は一八人を超えたともいわれ、無料であったが命がけの乗車であった。特に毎月開催された三日・一三日・二三日の前田市日の日は混雑したといわれている。また、花嫁列車が運転されるときなどは振る舞い酒も出た。

通常は一日二往復。阿仁前田を出発するのが、午前七時半と午後一時で、片道二時間ほどかけて往復するなど、村唯一の交通手段として親しまれた。

また湯ノ岱は中土場といって、何本もの支線から運び出される木材がここに集められ、運材の前線基地的な役割をしていた。

森林軌道は冬季間長い間雪の下となり、春先になると住民たちは自主的にスコップを持って雪割をした。皆の力で開通させた線路を一番列車が警笛を鳴らして通る時は、住民は沿線に出て手

①森吉山田商店前昭和30年

②森吉地内橋脚平成４年

③平田地区橋梁平成22年

④土沢支線小又狭昭和33年

を振った。やっと町が繋がった気持になったという。このような光景を前田小学校根森田分校の記録は「春になると、校庭の土手に植えられた桜の木がみごとに花を咲かせ、川向うの森林軌道が雪に閉ざされていた生活を取り戻すかのようにガタゴトンと音を立てながら走っていくと、心に明るさを感じたものです。子供たちもその音を聞くと、誰とはなしに一列に並び、小さな手を振りながらあいさつしていたものです」（『失われた分校の記録』秋教組大館北秋支部・昭和六〇年）と記している。

四、前田森林鉄道と炭鉱

湯ノ岱には森吉字湯ノ岱地区の東北無煙炭鉱（昭和一一年〜昭和三七年）と森吉字丹瀬地区の奥羽無煙炭鉱（昭和一三年〜昭和四四年）の二つの炭鉱があった。昭和三〇年代前半には両者の社員と労務者その家族を合わせると炭鉱関係者は一、〇〇〇名を超えた。特に湯ノ岱地区には東北無煙炭鉱の鉱業所があり、鉱山長屋が建ち並び、町営診療所、映画館、商店、理髪店などもあった。小中学生の数は三〇〇余名にもなり、森吉地区には役場の森吉支所も設置された。

石炭の運搬に営林署から軌道使用料を払って線路を使わせてもらい、自前の機関車（一両一・〇t積で一〇両編成）で前田まで運んだ（丹瀬地区の奥羽無煙炭鉱は後に索道運搬に換え、国鉄阿仁合線桂瀬駅前の鉱業所に運ばれ製品化され、貨車で運ばれた）。

冬季間の五カ月は雪で運行できないため、石炭は野積みにされ雪解けを待って運ばれたという。

『大正７年、大正８年　秋田軌道　前田軌道　関係書類』
（県公文書館蔵　資料番号930103‐06107）

山元では洗炭されて炭車に積まれた塊炭は日射しを受けキラキラと光り「黒ダイヤ」といわれた。

これら炭鉱の採炭を前にしてか、東京に本社のある「北日本炭鉱株式会社」が前田村地内に専用軌道布設を秋田県知事に願出ている興味深い資料がある。日付は大正六年一二月一七日付けとなっている。願出を受けた県は、書類の不備を指摘し、再提出を求めたが、担当者が病気で提出書類を大正八年六月三〇日までしてもらえるよう延期願いの内容となっている。

いずれにしても、森林鉄道の布設とあわせて炭鉱の専用軌道布設の動きもあったことが推測されるところである。

また森吉ダム（三菱金属小又川第四発電所）建設当時（昭和二七年～昭和三三年）は工事資材の運搬にも利用された。この工事によって小又川右岸に布設されていた森林軌道の平田分線の付替え補修が行われ森吉ダムの下部で分岐し、大印沢から東ノ又沢、松兵森北麓まで、九、三〇〇m、トンネル三、一一九m、橋梁七カ所の工事がおこなわ

丸太運材の森林軌道　昭和32年

前田貯木場と客車　昭和30年代

れたことも公文書から知ることができる。

五、おわりに

　前田から森林軌道が消えて四八年にもなろうとしている。中学校の頃まで目にしていた貯木場の風景や小又川沿いに秋田杉を満載して走り抜ける機関車の姿があった。まだ太平湖に遊覧船が運行してないときは、小又峡まで行くのにトンネルを抜けたり鉄橋を渡ったりして支線（土沢支線）の上を歩いて行くのが一番近道であった。森吉登山の時も椈帯あたりで線路（桐内支線椈帯分線）を見かけることもあった。今となってみれば、心に残る風景である。

　森林鉄道で運材されていた当時は、伐採手（杣夫）、山元から機関車まで木材を集材する人、森林鉄道を支えた保線夫など国有林関係の仕事が相当あり、この地域の家庭は国有林と切っても切り離せない関係で、地域社会の経済を支えていた。

昭和三〇年代に入り次第に道路の整備も進み、昭和三七年には自動車道も開通した。昭和四二年にはバス運行も始まりボンネットバスが太平湖まで走るようになって、人々の「足」もバスに代わった。木材の運搬もトラック輸送に切り替えられ、前田森林軌道は昭和四四年をもって鉄道運材を終了し姿を消したのである。

森吉山ダムの建設（平成一一年完成）で、ダム上流の村落は総て移転となり、風景も大きく変わった。森林鉄道遺構もそのほとんどはダムに消え、かすかに残された線路跡も朽ちて記憶の中から薄れようとしている。

（尚、掲載写真は『モリトピア選書』二、三、四、一〇　建設省東北地方建設局森吉山ダム工事事務所発行。『なつかしい故郷』白澤昭喜写真集平成二五年発行を利用）

5　明治一三年、庄司家の前田小学校新築寄贈について

一、前田小学校の草創期と校舎「宝泉寺」

前田小学校は明治八年三月一三日、阿仁前田八幡森二五番地「宝泉寺」に創設されたと校史に記されている。またこの寺は、『下筋行役日記抄』によると曹洞宗禅寺で米内沢龍淵寺の末寺として明治初年廃寺となったとされている。場所は、八幡森の森吉神社と住宅地の中間に位置する眺望のきく高台で、昭和三〇年代までは映画館（平和劇場）として利用されていた場所である。

小学校が創設されるまでの歴史をたどると、嘉永の頃の寺子屋開設に遡るとされる。長谷川甚平衛（士族長谷川定右衛門の次男、定右衛門は没年不明、林見廻役、寛政元年海岸防備のため、男鹿北磯に移住。甚平衛は次男のため前田に残ったとされている）という人がいて、六・七才から一二・一三才の村内大家の子供衆を集めて実語教・藤橋・商費往来等を教えたといわれている。場所は、庄司家帳場（事務所）に隣接していた旧購買組合・集会場跡地であった。

明治維新の頃には、庄司兵蔵善成（庄司家第八代）が庄司家に村内の子弟を集め、実語教・古今史談・四書五経・習字画等自ら教授。後に大館より漢学者白坂啓右衛門を招き教授させるなどしたため、村内は勿論小阿仁方面からもきて学ぶ者もあったといわれている。

明治七年私学校が開設される（明治七年一月二八日頃、鈴木謙之介宅〈現八幡森一四五番地鈴木京弥宅〉）。校長庄司唫風、その下に安倍全庵、春日早人などの先生がいて、大学・中庸・実語教などを教授。生徒は三〇人余りだったという。そして明治八年三月一三日に公立前田小学校が創設されたため、明治七年五月三一日廃校となったが、授業は小学校が創立されるまで継続され、私学校の生徒たちはそのまま公立小学校に引き継がれることとなる。そのため第一期入学生の履歴書には明治七年入学と記されている。

当時を語る記録（『唫風日録』）に「当村小学校本日ヨリ開業、学校ハ宝泉寺ナリ、副区長大和田清風臨席、学校開祝庄司清兵衛宅（現八幡森一一四番地庄司隆征宅）ニテ相催シ伍長等打寄リ」とある。

明治五年学制頒布から三年を経て、前田地区に前田小学校、五味堀小学校、小又小学校の下等小学校三校が設立されたのである。

二、校舎「宝泉寺」の崩壊と新築校舎の寄贈

明治二五年九月六日付、北秋田郡前田村村長庄司兵之助から、平山清彦秋田県知事宛の上申に

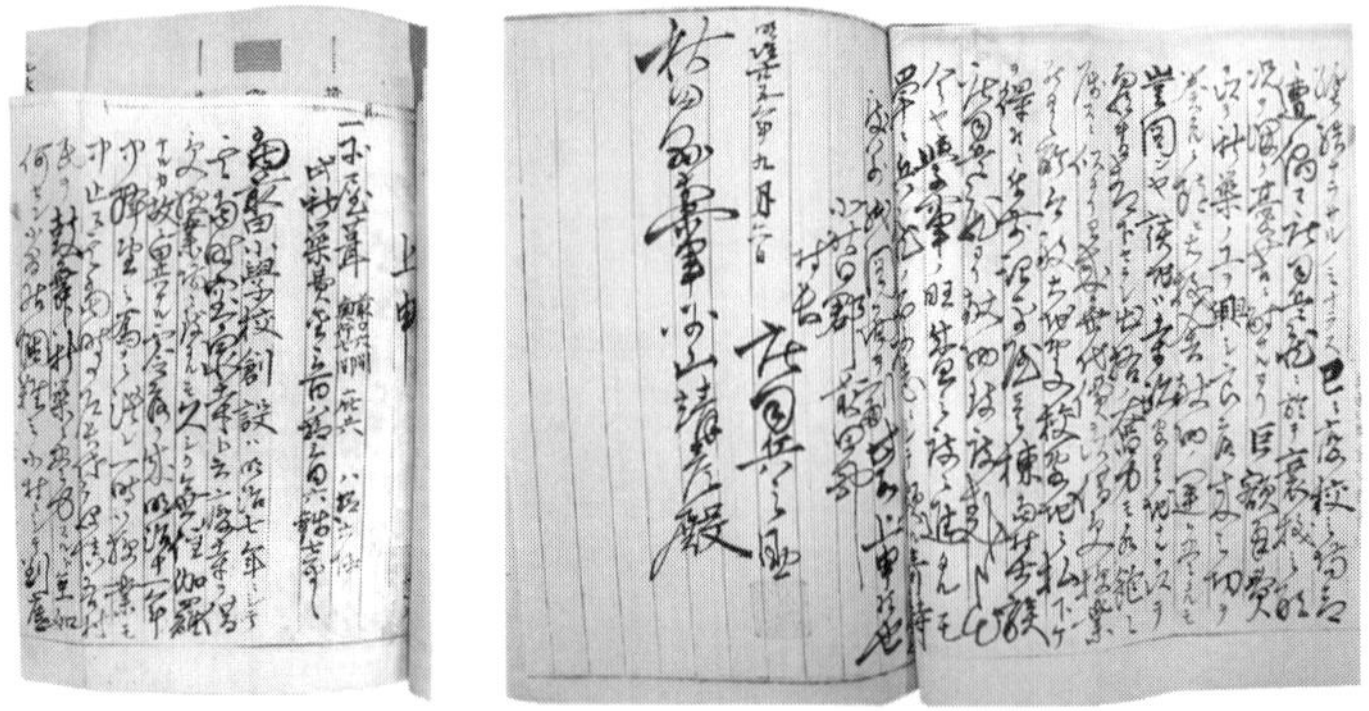

『明治25年自10月至12月　第１課庶務掛事務簿』
（県公文書館蔵　資料番号930103－08588）

士族庄司兵蔵から前田小学校が新築寄贈された興味深い記録がある（上図）。

その上申内容は、「一平屋葺　前口六間　奥行七間　庇共八拾六坪　此新築費金三百八拾六銭七厘　当前田小学校創設ハ明治七年ニシテ其当時宝泉寺ト云廃寺ヲ借受授業場ニ改タルモ久シク無僧伽羅ナルカ故ニ異ナル零度ヲ成明治十一年中降雪之為メニ潰レ一時ハ授業モ中止ス其当時戸長作之助様居村民ヲ鼓舞新築ニ尽力スルト雖如何セン北秋田郡稛難之小村ニシテ到底解結ナラサルノミナラス巳ニ廃校之場面ニ遭遇ス庄司兵蔵ニ於テ衰滅之現況ヲ深ク憂苦ニ耐サルヨリ巨額衷費ヲ以テ新築ノ工ヲ興シ良度成之切ヲ奏スルニ能ヒ右校舎献納ノ運ヲ受タルモ豈図ンヤ該地ハ寺院官タリノ地ナルヲ以テ而如書告下セラレ出捁ノ奮力モ罷飽ニ属スニ似タリヨリ成無代価ヲ以借受授業罷ヨリ耐之致右地学校舎地ヲ払下ケヲ得罷ニ付前記平屋壹棟当村士族庄司兵蔵ヨリ献納致度赴候也今ヤ学事ノ時成是之度ニ進タルモ単ニ兵蔵ノ厚志ニシテ顧ル

寄待度前継図面ヲ割付之上申候也　北秋田郡前田村　村長　庄司兵之助　明治廿五年九月六日
秋田県知事　平山靖彦殿」となっている。

この内容から、前田小学校は長く僧侶もいない老朽化した廃寺を借り受けて創設され、授業が行われていたことがわかる。この古寺の腐朽は甚だしく極めて危険であった。明治一一年、降雪に堪えられず崩壊し授業も中止となるなど、廃校の危機に窮せられながら新築に向けて奔走するも小村にして解決が困難な村民の姿があった。この現状を深く憂慮し耐えかねた庄司兵蔵は、明治一二年四月九日小学校新築願が採用指令となり宝泉寺地形官地へ金三八六銭七厘を投じ校舎新築し献納したのである。明治一三年一月一六日校舎新築献納開業式典が行われていたことがわかる。

この新築校舎が前田小学校最初の単独校舎として、明治三一年の改築までこの校舎で授業が行われたのである。

三、寄贈校舎の図面と復元図—前田小学校最初の単独校舎—

建坪八六坪、構造は平屋造二階建てで一階部分は、土間入口が二カ所（男女別）、教室が一つ（三間半×五間）、控え所二カ所（男女別）、水屋一カ所、小便室一カ所、炭置場一カ所となっている。二階部分は、教室一カ所（四間半×四間半）、裁縫所一カ所（二間×二間）、応接所一カ所（二間×二間）、教員局一カ所（二間×二間）がそれぞれ襖で仕切られている。

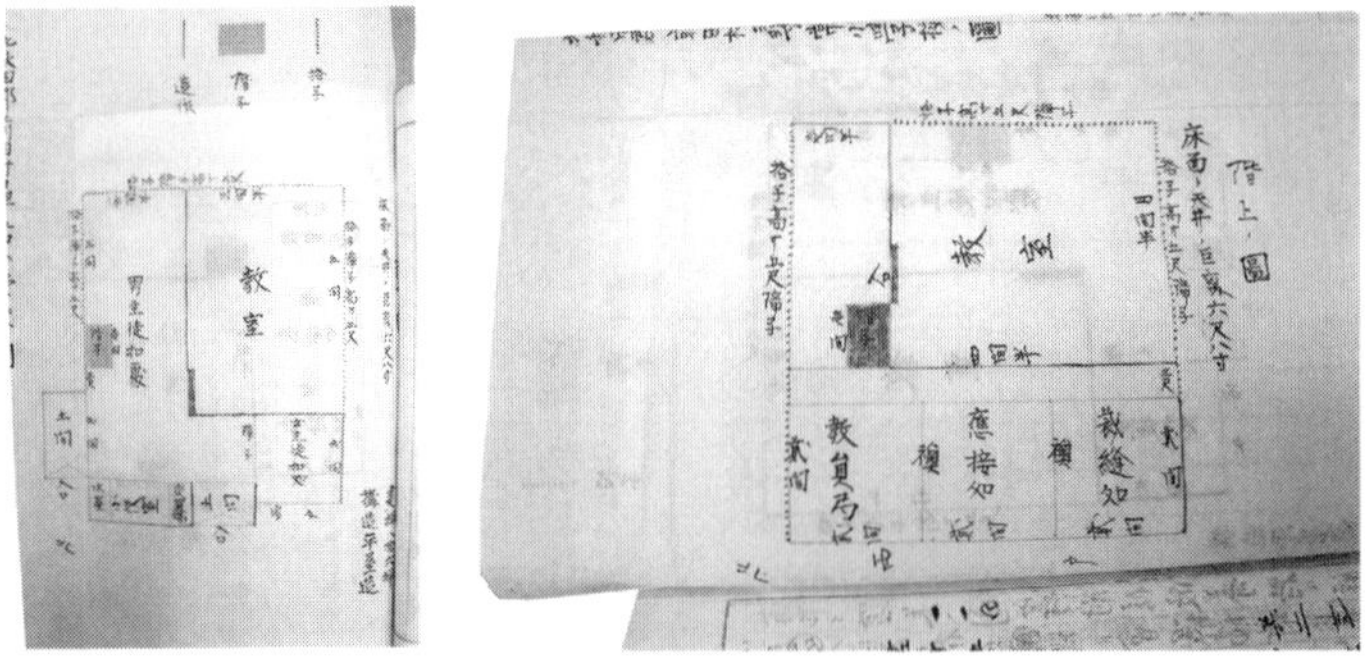

『明治自25年10月至12月　第１課庶務掛事務簿』（県公文書館蔵）

教室は二教室とも同じ面積であるが、この二教室は男女別の教室なのか、年齢・学年別なのか図からは判断しかねないが、この当時の生徒数が三〇人前後であったことを考えれば立派な学校であったといえよう。

明治一四年庄司兵蔵善成（庄司家第八代当主）は教育に深く関心を持たれ、当時村内には小学校卒業後の教育施設のないことを遺憾として、十二所より漢学者石井祚景（成章書院教授）を招聘し、学校二階に「存誠書楼」と称する学社を設けて村内の子弟を教育させたともいわれている。

四、おわりに

庄司兵蔵善成は庄司家第八代当主である（天保二年卯一〇月一二日生まれ、明治二五年四月一八日病死六二歳）。この上申書は、明治二五年九月六日付で前田村村長庄司兵之助から秋田県知事平山清彦宛のものであり、学校の創設当時を知る貴重な資料といえよう。

庄司家所蔵記録『善成記録』より作成された『庄司唫風―

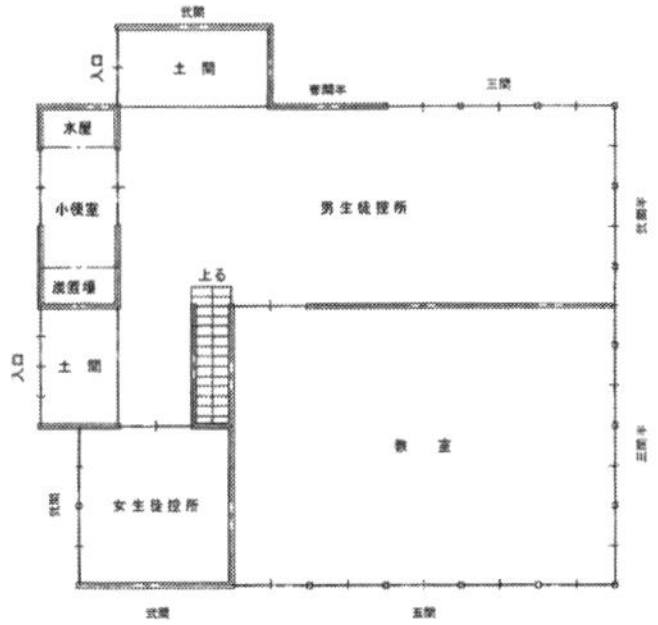

一階平面図

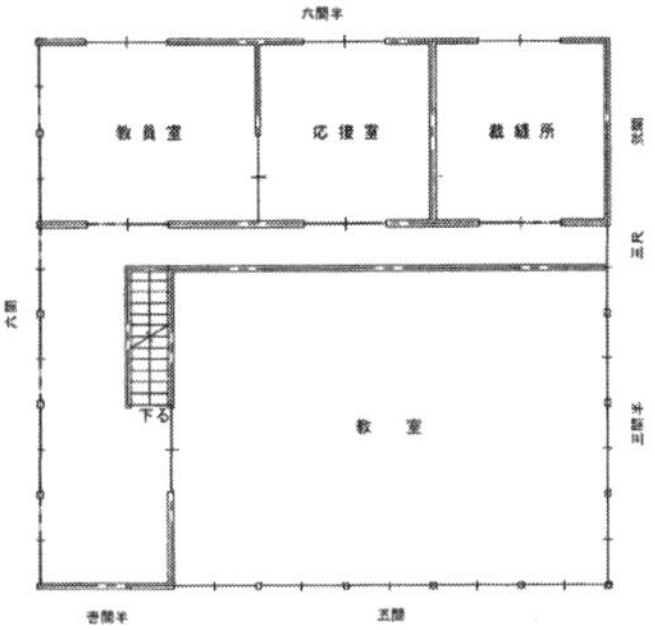

二階平面図

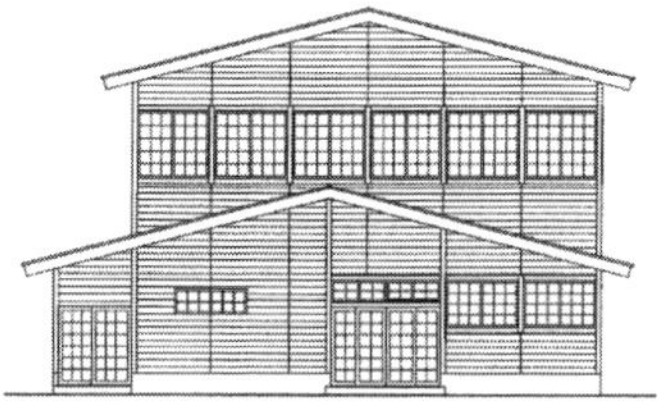
西立面図

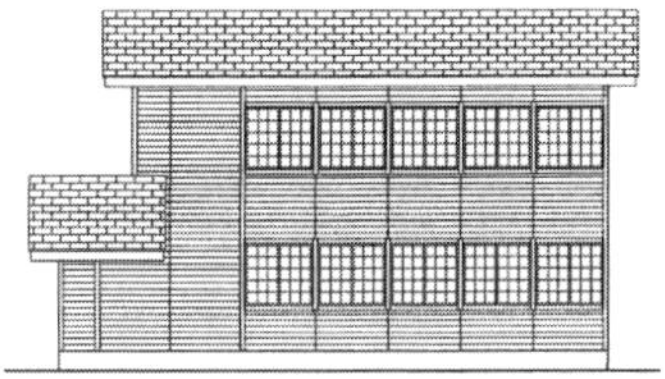
南立面図

文人・庄司家の系譜―』庄司卓郎著（昭和五〇年四月）と公文書前田小学校新築寄附資料から新たに知ることも多かった。

特に、これまでの記録と公文書との違いもいくつかみられた。創立年に一年のずれがあることはともかくとして、寄附額の違いの大きさである。公文書では三八三銭七厘に対して、善成記録では一六四銭六厘、米一三〇石二斗二升を投じて新築したとある。

6　阿仁前田小作争議考

――『昭和一二年小作調停書類』より――

一、はじめに

大正一四年八月の小作米値上げに端を発した前田村小作争議も、昭和一二年一二月一四日秋田地方裁判所大館支部での調停成立をもって一二年余りの抗争に終止符が打たれた。

騒擾後の闘争は法廷の場に移され、数々の法廷闘争を通して双方の主張が展開さることになった。そして争議の最後となったのが昭和九年凶作による小作料引き下げを求めた小作人の中立による小作調停であった。

この調停が開始されたのは昭和一〇年五月であった。それから昭和一二年一一月の調停成立に至るまで、八回の委員会が開催され、両陣営の協議が行われたことは知られているところである。まさに「昭和一二年度小作調停書類前田村事件」（県公文書館蔵　資料番号九三〇一〇三‐〇七七二五）は、その調停内容を具体的に知ることのできる興味深い資料となっている。

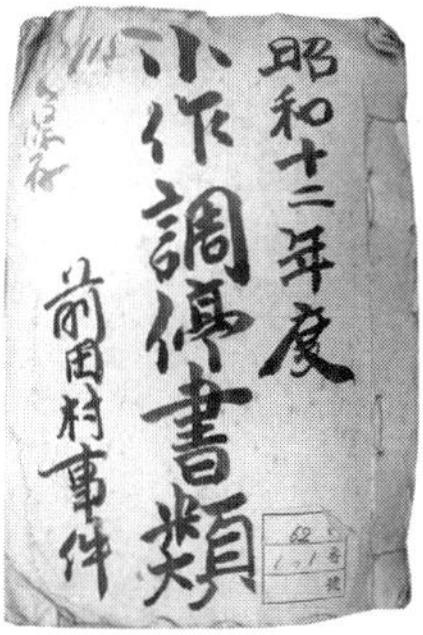

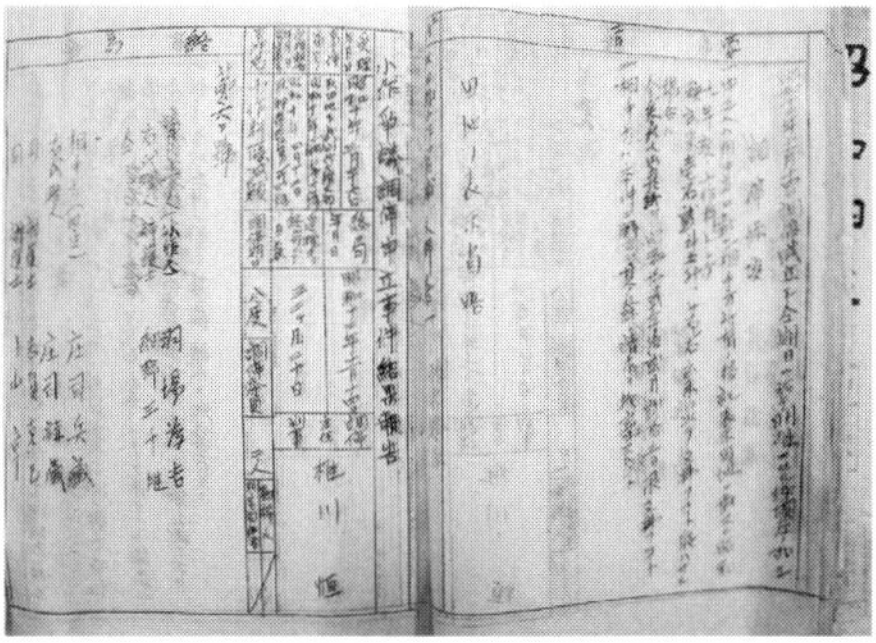

『昭和12年度　小作調停書類　前田村事件』（県公文書館蔵）

これは、「小作争議調停申立事件結果ニ関スル件大正一五年農局第一六九二号通牒ニ依リ小作争議調停申立事件別紙ノ通リ報告候也」として、秋田県知事から農林省農務局長宛の報告である。

この資料を読み解きながら、当時の農業事情を考えてみることにしたい。

二、申立の背景（原因）と申立人（小作人）の田地反別、小作料

大正一四年から昭和八年までの未納小作米について調停が成立したのは昭和九年一〇月二二日であったが、その調停条項の中に、未解決条項分として昭和九年度分を残したのみでその他は全部解決をみるに至ったとされていた。そして昭和九年度分については、覚書の中に、「昭和九年度小作米毛引額は小作人から正式に小作調査の申立をなす」とされていた。

昭和九年は凶作の年であり、小作争議表に記載されている争議の原因として「……昭和九年度ハ周知ノ如ク県下一般ノ

大凶作ニシテ殊ニ本件田地ハ山間部ニ位シ冷水甚大ナリシ結果相手方ニ対シ被害ノ実情ヲ訴ヘ昭和九年度小作料ニ限リ六割減額ノ要求ヲ為シタル処相手方ハ各個人ノ小作田地ニ付現場検見セル故之ニ依リ各個人ノ減額ヲ為ス旨ヲ強張之ニ応セサルニ因リ申立人等一〇三名ハ昭和九年小作料不納同盟ヲ組織為シ小作米ヲ共同保管為スト共ニ本件（昭和十年小調第六号）ノ調停ヲ申立タリ然レト相手方ハ平均一割六分強ノ凶作ニシテ検見ノ実情ニ依リ各調人別ノ解決ヲ強張シ本村農会ニ依ル昭和九年度ハ平年ニ対シ三割七分ノ減収、北秋田郡五カ年間米生産高総額ヨリ調査スル時ハ約四割一分ノ減収ヲ示シ居ル情況ナレハ委員会ハ当事者双方ヲ説得シ互ニ譲歩ヲ求メタルモ之ニ応セス仍ッテ裁判所ハ県小作官ニ之乃解決原案ノ作製ヲ委嘱シ小作官補之ニ当リ原案作製第七回委員会ニ於テ原案ニ基キ調停ヲ勧メタルモ申立人等ハ之乃支払ニ対シ数カ年賦ヲ一率ニ要求シ、相手方ハ生活困窮ナル者ニ対シテハ年賦支払ヲ承認スルモ原案ニ依リ解決スル時ハ一時ニ支払ハレタシト然ラサレハ之ノ案ニ従フコト出来スト主張シ委員会ハ決裂ノ止ム無キニ至リ……」と記している。

このように、昭和九年の凶作をめぐる前田村の小作争議は全農阿仁地区小作農が奮起して対立が激化し、この年の一二月には全農新潟県連幹部三宅正一などが前田村に入るなど、五味堀事務所では常任徳永岩男ほか党本部から佐々木勇雄、高原静雄などが陣取るなどで県警本部では事態を重視した。

こんななか関係小作人一〇三名は大がかりな小作調停を大館区裁判所に申請、受理されたのは昭和一〇年三月二六日であった。一方で、九年度小作料を全部共同積立て、小作料米の不納・不売同盟の倉庫には一二〇石～一三〇石（小又、細越、平里、五味堀、神成で八〇石・他部落で四〇石～五〇石）、さらに軍用資金も積み立てられたという。

次に申立人（小作人）の田地と小作料は図1のようになっている。

図1　申立人（小作人）の田地・小作料

No.	申立人	部落	田地	小作料
一	佐藤	神成	九反三畝一四歩九丁	六石二斗三升三合
二	佐藤	神成	四反六畝〇三歩七丁	二石九斗三升九合
三	関口	前田	三反六畝一九歩二丁（畦畔二二歩含）	二石六斗九升三合
四	吉田	神成	一町〇反四畝〇四歩八丁	五石六斗四升四合
五	野村	神成	四反七畝二三歩〇丁	二石五斗五升二合
六	柴田	前田	四反四畝二一歩二丁	二石六斗七升七合
七	柴田	前田	五反八畝二六歩〇丁（畦畔二歩含）	二石七斗七升〇合
八	野村	神成	五反八畝〇九歩〇丁	三石五斗二升三合
九	関口	神成	一町一反一畝一一歩三丁（畦畔二一歩含）	八石三斗五升三合
一〇	佐藤	前田	一反四畝一七歩四丁	一石〇斗九升四合

一一	佐藤	神成	四反三畝二〇歩〇丁（畦畔二〇歩含）	一石七斗五升六合
一二	春日	五味堀	四反〇畝二二歩〇丁（畦畔二四歩含）	二石六斗〇升一合
一三	春日	五味堀	三反三畝〇七歩〇丁	二石四斗九升二合
一四	清水	五味堀	三反六畝二〇歩八丁	二石七斗二升九合
一五	春日	五味堀	八反二畝二八歩一丁（畦畔二畝五歩含）	五石八斗六升九合
一六	清水	五味堀	四反二畝二九歩〇丁（畦畔一六歩含）	二石八斗四升六合
一七	春日	五味堀	七反三畝〇九歩二丁	五石〇斗七升七合
一八	清水	五味堀	二反八畝五二歩〇丁	二石一斗五升五合
一九	清水	五味堀	一町六反三畝一〇歩〇丁（畦畔一〇歩一丁含）	一一石三斗二升七合
二〇	春日	五味堀	九畝〇七歩〇丁	六斗〇升〇合
二一	春日	五味堀	四反一畝〇八歩〇丁	二石六斗八升二合
二二	春日	五味堀	七反一畝一一歩九丁	四石一斗〇升六合
二三	岸野	五味堀	三反八畝一四歩〇丁	一石九斗二升九合
二四	春日	五味堀	三反五畝一八歩〇丁	二石六斗六升九合
二五	柴田	五味堀	一反九畝一六歩〇丁（畦畔一〇歩二丁含）	一石二斗〇升〇合
二六	岸野	五味堀	六反〇畝〇五歩〇丁（畦畔一三歩四丁含）	四石〇斗九升四合

二七	工藤	大岱	三反六畝一八歩〇丁	二石一斗九升六合
二八	工藤	大岱	二反七畝二三歩〇丁	一石六斗六升一合
二九	工藤	五味堀	二反二畝一三歩〇丁	一石三斗四升六合
三〇	工藤	大岱	二反二畝一五歩〇丁	一石三斗五升〇合
三一	羽場	桐内	一町二反五畝〇七歩〇丁（畦畔一七歩含）	六石一斗一升六合
三二	羽場	桐内	五反四畝一六歩三丁	二石三斗二升二合
三三	吉田	森吉	三反六畝〇一歩〇丁	一石九斗八升〇合
三四	涌坪	桐内	五反三畝一五歩〇丁	二石八斗二升五合
三五	涌坪	桐内	二反九畝二七歩〇丁	一石二斗六升七合
三六	吉田	桐内	三反三畝一九歩〇丁	一石八斗五升〇合
三七	織山	森吉	八反〇畝一〇歩六丁	三石七斗九升三合
三八	石崎	桐内	四反〇畝一〇歩七丁	一石二斗九升一合
三九	羽場	桐内	四反三畝一三歩〇丁	二石六斗〇升六合
四〇	吉田	様田	七反〇畝〇八歩〇丁	三石一斗〇升九合
四一	播磨	様田	五反九畝〇四歩〇丁	二石五斗四升七合
四二	三浦	根森田	四反一畝二四歩〇丁	二石五斗三升二合

四三	三浦	根森田	三反六畝二二歩〇丁（畦畔一二歩七丁含）	一石四斗一升四合
四四	三浦	根森田	四反九畝一一歩〇丁（畦畔一一歩六丁含）	二石九斗一升一合
四五	古倉	根森田	六反九畝二四歩〇丁（畦畔二二歩含）	三石四斗七升五合
四六	三浦	根森田	八反一畝〇八歩〇丁（畦畔一四歩六丁含）	五石一斗八升六合
四七	織田	根森田	二町一反九畝二八歩〇丁（畦畔一一歩一丁含）	一四石二斗三升六合
四八	織田	根森田	四反三畝一五歩七丁（畦畔一八歩含）	一石四斗九升六合
四九	織田	根森田	二町〇反一畝二六歩〇丁（畦畔一〇歩三丁含）	一二石八斗八升七合
五〇	藤島	細越	六反六畝二九歩〇丁	四石〇斗八升一合
五一	藤島	根森田	九畝一四歩〇丁	六斗六升二合
五二	松浦	小又	七反六畝一九歩〇丁	四石二斗一升五合
五三	松浦	平里	一反〇畝二七歩〇丁	六斗〇升〇合
五四	松浦	羽根川	九畝〇一歩〇丁	二斗二升六合
五五	高橋	小又	一反三畝一七歩〇丁（畦畔二九歩含）	九斗四升五合
五六	宮野	小又	三反九畝二九歩〇丁	二石五斗九升六合
五七	高田	小又	九畝一六歩〇丁（畦畔二三歩含）	六斗五升七合
五八	高田	小又	二反三畝一九歩〇丁（畦畔一一歩六丁含）	一石六斗一升四合

五九	石川	小又	七反一畝一〇歩〇丁（畦畔一三歩三丁含）	五石〇斗九升四合
六〇	齊藤	小又	一反七畝〇二歩〇丁	一石〇斗二升四合
六一	松浦	小又	二反二畝一三歩〇丁（畦畔二一歩含）	一石五斗二升一合
六二	石川	小又	七反一畝〇〇歩〇丁	四石四斗三升六合
六三	鈴木	新屋敷	二反八畝〇七歩〇丁	一石六斗九升四合
六四	高橋	小又	四反〇畝一三歩〇丁（畦畔一二歩含）	二石四斗九升五合
六五	森川	新屋敷	九反九畝一七歩〇丁（畦畔一〇歩三丁含）	六石八斗五升七合
六六	森川	新屋敷	二反八畝一七歩〇丁	一石七斗五升三合
六七	石川	小又	二反三畝二〇歩〇丁	一石三斗〇升二合
六八	石川	小又	一反七畝一八歩〇丁	一石二斗三升二合
六九	森川	新屋敷	三反五畝二五歩〇丁	二石四斗〇升九合
七〇	森川	新屋敷	一反二畝二〇歩〇丁	八斗八升六合
七一	橋本	新屋敷	二反八畝二三歩〇丁	一石〇斗一升九合
七二	柏木	桂瀬	七反五畝一一歩〇丁（畦畔二〇歩三丁含）	四石九斗七升二合
七三	三浦	下前田	三反五畝一〇歩〇丁（畦畔一一歩含）	二石六斗二升二合
七四	三浦	下前田	三反九畝〇七歩〇丁	一石八斗二升五合

七五	柴田	小様	八畝一四歩〇丁	三斗二升二合
七六	田中	浦田	二反〇畝一六歩〇丁	一石三斗九升六合
七七	柳山	浦田	二反八畝二一歩〇丁	一石五斗七升七合
七八	藤本	浦田	二反〇畝一三歩〇丁	一石二斗二升六合
七九	片岡	浦田	二反一畝一六歩〇丁	九斗六升九合
八〇	井山	浦田	二反九畝〇二歩〇丁	一石八斗六升〇合
八一	奥田	浦田	九反八畝〇四歩三丁	六石八斗三升三合
八二	神成	浦田	三反八畝〇五歩〇丁（畦畔二六歩含）	一石九斗三升三合
八三	武石	浦田	七畝〇二歩五丁	三斗九升〇合
八四	玉造	浦田	九反五畝二八歩〇丁	六石九斗五升四合
八五	片岡	浦田	一反一畝一四歩一丁	五斗七升三合
八六	田中	浦田	二反三畝一二歩〇丁	一石七斗五升六合
八七	神成	浦田	三反七畝二〇歩〇丁	二石八斗二升四合
八八	石崎	浦田	一反五畝二六歩三丁	一石〇斗一升六合
八九	三浦	浦田	二反六畝二二歩〇丁	二石〇斗〇升五合
九〇	井山	浦田	三反〇畝〇四歩〇丁	二石二斗六升〇合

九一	久住	浦田	三畝二七歩〇丁	二斗八升一合
九二	石崎	浦田	三反二畝二八歩〇丁	二石四斗六升一合
九三	石崎	浦田	三反五畝〇九歩〇丁	二石五斗八升六合
九四	武石	浦田	一反九畝二六歩〇丁	一石四斗九升〇合
九五	神成	浦田	四反〇畝〇五歩七丁	二石四斗四升一合
九六	武石	浦田	一反四畝二三歩二丁	六斗二升九合
九七	神成	浦田	四反九畝二一歩〇丁	三石〇斗三升五合
九八	柳山	浦田	六畝一二歩〇丁	二斗五升六合
九九	奥田	浦田	一反〇畝一八歩一丁	六斗六升七合
一〇〇	庄司	浦田	七反一畝〇一歩〇丁	五石三斗二升七合
一〇一	久住	浦田	三反六畝一〇歩七丁	三石七斗二升七合
一〇二	柳山	浦田	一反六畝〇三歩〇丁	六斗四升二合
一〇三	藤島	根森田	一反〇畝二五歩〇丁	四斗三升三合
計	一〇三名	二町一村一七部落	四六町八反五畝九歩五丁	二八七石七斗一升二合
備考	申立人（小作人）は苗字のみ、住所は部落名のみとした。No.二〇、No.九一、No.九七は後に申立取下者となる。			

（資料『昭和一二年度　小作調停書類　前田村事件』より作成）

以上のように、一〇三名の申立人は二町一村一七部落に及ぶもので、その小作地四六町八反五畝九歩五丁、小作料二八七石七斗一升二合であった。また耕作面積をみると、三反歩までが五九名（五七％）、四反歩～六反歩が二三名（二二％）、七反歩～九反歩が一五名（一五％）、一町歩以上が六名（六％）であり、その七割以上の小作人が五反歩にも満たない零細農民であったことがわかる。

三、調停委員会による調整の推移

小作人からの申立は昭和一〇年三月二六日に受理され、調停は秋田県地方裁判所大館支部、申立人（小作人）側弁護士細野三千雄（全国農民組合専属弁護士）、一方相手側（地主）弁護士志賀克巳・小山章、調停主任判事椎川恒、調停委員二名（西島良之助・成田重三郎）、立合者秋田県小作官補大野喜一で行われた。

昭和九年の大凶作に対し小作人側は六割減を要求、一方地主側は平均一割六分減の凶作にして個々の検見をして対応すべきと主張。前田村農会では三割七分の減収、北秋田郡五カ年の生産高比では約七割一分の減収を示していた。調停委員会ではこれらの状況を踏まえながら調整が進められた。

第一回調停委員会は前田村に於いて開催（昭和一〇年五月一七日）される予定であったが、全農阿仁地区のリーダー四名（徳永岩雄・佐々木勇雄・高原静雄・若松留吉）の送検（暴力行為取締法違反：未納米納入方法について交渉拒否され庄司家護衛隊と乱闘）により延期となる。組合側は、平里の組合第二事務所で北秋田郡阿仁前田全農阿仁地区組合員大会を開き、庄司家争議の最終的解決を方針とし、これまでの団体調停から個人調停へと柔軟姿勢をとるようになる。

第三回調停委員会は前田小学校で開催（昭和一〇年一二月七日）。大館裁判所椎名裁判長、大野小作官補が出席し、全農側（細野弁護士、川俣清音、春日、徳永、佐々木書記、小作人代表七名）、地主側（小山、志賀両弁護士、庄司喬吉、谷口球雄）、立会者（成田重三郎、藤島時之助）で凶作冷害に対する毛引額について協議するも見解の相違で解決に至らず翌日に続行することとなる。

両者の主張が平行線の中、調停に動きが出てきたのは、大館裁判所が両側の代表者を招き意見を聴衆したころからであった（昭和一一年四月二三日）。小作人側は裁判所の裁定に一任、地主側は難色を示したが、小作調停法第三六条により裁定を下す旨を書面にて両者に通知する。

第五回調停委員会は前田村役場で開催（昭和一二年七月一六日）。組合側は常任書記徳永岩雄が獄中にある中で、事務が殆ど行われていなく団体的解決が困難な状態に陥っていた。翌日（昭和一二年七月一七日）も中立小作人を役場に召喚して、農民の生活状態を調査し、最終決定に向けた調整が進められた。

第七回調停委員会（昭和一二年九月三〇日）は大館裁判所で開催され椎名裁判長、西田小作官、調停委員（成田重三郎）、地主側（庄司赫蔵）、小作人側（細野弁護士）が出席し、昭和九年度小

作米の納入実行方法について協議される。地主側は即時納入、小作人側は年賦納入を主張して対立し物別れとなる。

ここでも、庄司家の個別的に現地検見したうえで解決しようするのに対して、全農側はあくまでも団体解決を計ろうと粘り強く出る。関係組合員は前田、米内沢両町村にわたり、県連執行委員長の奥田信吾ほか九九（調停中の三名は個別的解決をみる）は一〇名の応召軍人家族決裂争議の真只中にさらされたので、これら軍人家族の分は九月三〇日の調停において裁判所側から三カ年年賦六名、二カ年年賦四名の調停案が提出された。地主側はこれを承認し加えて、小作料平均五割二分の減額を承認するにあたっては一時納入を条件とした。しかし全農側では関係小作人全部の年賦償還方式を主張して決裂となり全農側の今後の闘争戦術が注目された。これに対し調停委員会では、これは申立小作人全員の主張というより、代理人の意向が強いとみて、各個人別に分離して調停を試みることとなったのであった。

第八回調停委員会（昭和一二年一一月一一、一二、一三、一四日）は、前田村役場に於いて開催。大館裁判所から椎名裁判長以下調停員一行が役場に乗込み、四日間腰を据え関係小作人九九名と個別的に調停を開始することとなった。

実情調査の結果、応召兵士の家族、又は止むを得ざる者は二カ年年賦とし、その他は個々の解決条件によって、中には全額免除された者もあった。そして、昭和一二年一二月二五日限で完納することとなった。これまで八回の調停委員会を重ねながら今ここに大正一四年以来の小作争議は、昭和一二年一一月一四日の調停成立をもって終息をみたのである。

四、資料からみる農業事情と調停内容・部落別減額比

図2は、昭和九年度稲作生産統計として前田村役場がまとめたものであり、平成九年の凶作状況をみる興味深い資料となっている。前田村二九カ村五四六町六反につての収穫、減収予想の調査報告である。

第一回（予想）、第二回（予想）、第三回（報告）までの数字をみると、稲の作柄が時間の経過とともに地域や場所によって大きく変動していることがわかる。減収平均は三七％、収穫皆無三七町八反となっているが、その中でも特に根森田地区は三七％、森吉地区は五一％と高く、この中には五〇％を越えている部落は八部落もあり、桐内沢（六三％）、高畑（七五％）は特に高い数値をしめしており、森吉山麓地域に行くに従って冷害の影響が大きかったことがわかる。

図2　昭和九年度稲作生産統計（前田村役場調査）

大字並び部落名	第一回予想		第二回予想		第三回報告	
	平年作に対する減収割合	皆無	平年作に対する減収割合	皆無	平年作に対する減収割合	皆無
阿仁前田	〇・二五％	三町五〇〇〇	〇・二六％	一町七〇〇〇	〇・三五％	二町七〇〇〇

阿仁前田	〇・二一%	二町一〇〇〇	—	—	〇・三二%	九〇〇〇
惣内	〇・二八%	九〇〇〇	—	—	〇・三四%	七〇〇〇
神成	〇・二五%	三〇〇〇	—	—	〇・三六%	六〇〇〇
下前田	〇・二五%	二〇〇〇	—	—	〇・三六%	五〇〇〇
桂瀬	〇・二二%	二町〇〇〇〇	〇・二八%	一町〇〇〇〇	〇・三二%	一町五〇〇〇
桂瀬	〇・二五%	一町一〇〇〇	—	—	〇・三三%	六〇〇〇
羽立	〇・一九%	九〇〇〇	—	—	〇・三〇%	九〇〇〇
小又	〇・二〇%	一町五〇〇〇	〇・三一%	二町〇〇〇〇	〇・三五%	四町〇〇〇〇
小又	〇・一九%	五〇〇〇	—	—	〇・三二%	一町五〇〇〇
新屋布	〇・一九%	五〇〇〇	—	—	〇・三五%	一町〇〇〇〇
平里	〇・二三%	五〇〇〇	—	—	〇・三八%	一町五〇〇〇
五味堀	〇・一八%	一町五〇〇〇	〇・二五%	二町〇〇〇〇	〇・三四%	三町五〇〇〇
五味堀	〇・一七%	六〇〇〇	—	—	〇・三二%	一町五〇〇〇
柏木岱	〇・二〇%	七〇〇〇	—	—	〇・三五%	一町〇〇〇〇
大岱	〇・一七%	二〇〇〇	—	—	〇・三五%	一町〇〇〇〇
根森田	〇・二七%	三町〇〇〇〇	〇・二六%	三町〇〇〇〇	〇・三七%	五町六〇〇〇

細越	〇・三〇%	一町〇〇〇〇	―	―	〇・四〇%	二町〇〇〇〇
根森田	〇・一八%	一町〇〇〇〇	―	―	〇・三三%	一町三〇〇〇
巻渕	〇・一九%	四〇〇〇	―	―	〇・三七%	八〇〇〇
堺田	〇・二一%	六〇〇〇	―	―	〇・三六%	一町五〇〇〇
森吉	〇・三一%	二二町八〇〇〇	〇・四四%	二二町七〇〇〇	〇・六八%	二五町八〇〇〇
桐内	〇・二二%	一町〇〇〇〇	―	―	〇・四〇%	一町五〇〇〇
桐内沢	〇・四七%	三町〇〇〇〇	―	―	〇・六三%	三町三〇〇〇
高畑	〇・二八%	二町〇〇〇〇	―	―	〇・七五%	四町〇〇〇〇
様田	〇・二〇%	三町〇〇〇〇	―	―	〇・四〇%	二町五〇〇〇
惣瀬	〇・三二%	二町〇〇〇〇	―	―	〇・四三%	一町五〇〇〇
森吉	〇・二八%	一町五〇〇〇	―	―	〇・四三%	二町〇〇〇〇
鷲瀬	〇・二八%	二町〇〇〇〇	―	―	〇・四二%	一町五〇〇〇
砕渕	〇・三五%	二町〇〇〇〇	―	―	〇・五〇%	五〇〇〇
深渡	〇・三九%	二町〇〇〇〇	―	―	〇・五六%	二町〇〇〇〇
小滝	〇・三二%	五〇〇〇	―	―	〇・五〇%	一町五〇〇〇
女木内	〇・三〇%	二町一〇〇〇	―	―	〇・五三%	一町五〇〇〇

平田	○・二七%	一町○○○○	—	—	○・五四%	二町○○○○
砂子沢	○・三三%	七○○○	—	—	○・五六%	二町○○○○
合計	○・二四%	三四町三○○○	○・三○%	三二町四○○○	○・三七%	三七町六○○○
総面積	五四三・六町		五四三・六町		五四六・六町	
総収量	八、一九五石		八、一九五石		八、一九五石	

次は調停内容図3と部落別減額比図4である。

図3　小作争議表からみる調停内容（昭和九年度小作料）

No.	申立人	部落名	減額	小作料（粳玄米納又は金納）	減額率（%）
一	武石	浦田	一斗一升六合	粳玄米二斗七升三合、金八円一九銭	二九・七
二	藤島	根森田	六斗六升二合	全免徐	一○○
三	羽場	桐内	二石三斗二升二合	全免徐	一○○
四	春日	五味堀	二石六斗○升一合	全免徐	一○○
五	清水	五味堀	二石七斗二升九合	全免除	一○○
六	三浦	下前田	一石八斗二升五合	全免徐	一○○
七	藤島	根森田	四斗三升三合	全免徐	一○○

八	松浦	羽根川	二斗二升六合	全免除	一〇〇
九	松浦	小又	七斗八升七合	粳玄米七斗三升四合、金二二円二銭	五一・七
一〇	高田	小又	八斗六升〇合	粳玄米七斗五升四合、金二二円六二銭	五三・三
一一	髙橋	小又	五斗〇升八合	粳玄米四斗三升七合、金一三円一一銭	五三・八
一二	関口	前田	二石四斗八升五合	粳玄米二斗〇升八合、金六円二四銭	九二・三
一三	佐藤	前田	三斗六升六合	粳玄米七斗二升八合、金二一円八四銭	三三・三
一四	高田	小又	五斗五升七合	粳玄米一斗、金三円	八四・八
一五	森川	新屋敷	一石二斗八升三合	粳玄米四斗七升四合、金一四円二二銭	七三・二
一六	工藤	大岱	八斗三升五合	粳玄米一石三斗六升一合、金四〇円八三銭	三八・〇
一七	橋本	新屋敷	八斗〇升一合	粳玄米二斗一升八合、金六円五四銭	七八・六
一八	奥田	浦田	三斗〇升四合	粳玄米三斗六升三合、金一〇円八九銭	四五・六
一九	松浦	小又	三石七斗一升五合	粳玄米五斗、金一円五〇銭	八八・一
二〇	播磨	様田	一石七斗二升七合	粳玄米八斗二升、金二四円六〇銭	六七・八
二一	藤島	細越	二石九斗九升〇合	粳玄米一石〇斗九升一合、金三二円七三銭	七三・三
二二	工藤	大岱	九斗九升〇合	粳玄米六斗七升一合、金二〇円一三銭	五九・六
二三	柴田	五味堀	七斗五升〇合	粳玄米四斗五升〇合、金一三円五〇銭	六二・五

二四	柳山	浦田	一斗九升四合	粳玄米六升二合、金一円八六銭	七五・八
二五	松浦	平里	四斗四升〇合	粳玄米一斗六升〇合、金四円八〇銭	七三・三
二六	井山	浦田	一石三斗〇升〇合	粳玄米五斗五升九合、金一六円七七銭	六九・九
二七	石川	小又	九斗八升四合	粳玄米三斗一升八合、金九円五四銭	七五・六
二八	石川	小又	四斗四升三合	粳玄米七斗八升九合、金二三円六七銭	三六・〇
二九	藤本	浦田	九斗六升三合	粳玄米二斗六升三合、金七円八九銭	七八・六
三〇	片岡	浦田	三斗一升六合	粳玄米六斗五升三合、金一九円八九銭	三二・六
三一	工藤	五味堀	七斗八升三合	粳玄米五斗六升三合、金一六円八九銭	五八・二
三二	齊藤	小又	六斗四升二合	粳玄米三斗八升二合、金一一円四六銭	六二・七
三三	田中	浦田	一石〇斗七升〇合	粳玄米三斗二升六合、金九円七八銭	七六・七
三四	佐藤	神成	一石七斗五升四合	全免徐	一〇〇
三五	庄司	浦田	五石三斗二升七合	全免徐	一〇〇
三六	柳山	浦田	六斗四升二合	全免徐	一〇〇
三七	武石	浦田	六斗二升九合	全免徐	一〇〇
三八	田中	浦田	一石七斗五升六合	全免徐	一〇〇
三九	三浦	根森田	一石四斗一升四合	全免徐	一〇〇

四〇	柴田	前田	二石七斗七升〇合	全免除	一〇〇
四一	涌坪	桐内	一石二斗六升七合	全免除	一〇〇
四二	春日	五味堀	二石四斗九升二合	全免除	一〇〇
四三	森川	新屋敷	二石一斗八升六合	粳玄米四石六斗八升九合、金一四〇円六七銭	三一・九
四四	森川	新屋敷	一石八斗三升六合	粳玄米五斗七升三合、金一七円一九銭	七六・二
四五	岸野	五味堀	一石二斗六升四合	粳玄米六斗六升五合、金一九円九五銭	六五・五
四六	春日	五味堀	一石八斗七升九合	粳玄米三石一斗九升八合、金九五円九四銭	三七・〇
四七	髙橋	小又	二石四斗〇升九合	粳玄米八升六合、金二円一八銭	九六・六
四八	石崎	浦田	八斗〇升三合	粳玄米一石六升五升八合、金四九円七四銭	三二・六
四九	鈴木	新屋敷	五斗〇升八合	粳玄米一石一斗八升六合、金三五円五八銭	三〇・〇
五〇	宮野	小又	一石二斗九升七合	粳玄米一石二斗九升九合、金三八円九七銭	五〇・〇
五一	奥田	浦田	三斗〇升四合	粳玄米三斗六升三合、金一〇円八九銭	四五・六
五二	玉造	浦田	二石〇斗八升六合	粳玄米四石八斗六升八合、金一四六円四銭	三〇・〇
五三	神成	浦田	七斗九升二合	粳玄米一石六斗四升九合、金四九円四七銭	三二・五
五四	奥田	浦田	二石五斗三升八合	粳玄米四石二斗九升五合、金一二八円八五銭	三七・一
五五	久住	浦田	二石五斗六升二合	粳玄米一石一斗六升五合、金三四円五五銭	六八・七

五六	三浦	浦田	八斗八升二合	粳玄米一石一斗二升三合、金三三円六九銭	四四・〇
五七	武石	浦田	四斗八升四合	粳玄米一石〇斗〇升六合、金三〇円一八銭	三二・五
五八	野村	神成	一石二斗五升二合	粳玄米一石三斗〇升〇合、金三九円	四九・一
五九	柴田	前田	一石四斗二升七合	粳玄米一石二斗五升〇合、金三七円五〇銭	五三・三
六〇	羽場	桐内	五石〇斗二升五合	粳玄米一石〇斗九升一合、金三二円七三銭	八二・二
六一	野村	神成	一石四斗三升八合	粳玄米二石〇斗八升五合、金六二円五五銭	四〇・八
六二	古倉	根森田	一石五斗四升九合	粳玄米一石九斗二升六合、金五七円七八銭	四四・六
六三	羽場	桐内	七斗〇升七合	粳玄米一石八斗九升九合、金五六円九七銭	二七・一
六四	吉田	森吉	五斗九升四合	粳玄米一石三斗八升六合、金四一円五八銭	三〇・〇
六五	織山	森吉	一石八斗八升七合	粳玄米一石九斗〇升六合、金五七円一八銭	四九・八
六六	涌坪	桐内	一石二斗六升〇合	粳玄米一石五斗六升五合、金四六円九五銭	四四・六
六七	石川	小又	三石六斗三升二合	粳玄米一石四斗六升二合、金四三円八六銭	七一・三
六八	織田	根森田	五石二斗六升六合	粳玄米七石六斗二升一合、金二二八円六三銭	四〇・九
六九	佐藤	神成	一石七斗七升三合	粳玄米四石四斗六升〇合、金一三三円八〇銭	二八・五
七〇	三浦	根森田	一石三斗三升一合	粳玄米一石五斗八升〇合、金四七円四〇銭	四五・七
七一	清水	五味堀	三石三斗九升八合	粳玄米七石九斗二升九合、金二三七円八七銭	三〇・〇
七二	織田	根森田	三石五斗四升六合	粳玄米一〇石六斗九升〇合、金三二〇円七〇銭	二五・〇

七三	三浦	根森田	一石八斗八升一合	粳玄米三石三斗〇升五合、金九九円一五銭	三六・三
七四	三浦	下前田	一石一斗九升〇合	粳玄米一石四斗三升二合、金四二円九六銭	四五・四
七五	吉田	神成	三石二斗二升二合	粳玄米二石四斗〇升二合、金七二円六銭	五七・四
七六	春日	五味堀	八斗〇升一合	粳玄米一石八斗六升八合、金五六円四銭	三〇・〇
七七	吉田	様田	一石〇斗七升四合	粳玄米二石〇斗三升五合、金六一円五銭	三四・五
七八	織田	根森田	七斗五升二合	粳玄米七斗四升四合、金二二円三二銭	五〇・三
七九	春日	五味堀	一石七斗六升一合	粳玄米四石一斗〇升八合、金一二三円二四銭	三〇・〇
八〇	石川	小又	一石七斗七升三合	粳玄米二石六斗六升三合、金七九円八九銭	四〇・〇
八一	岸野	五味堀	一石二斗二升九合	粳玄米二石八斗六升五合、金八五円九五銭	三〇・〇
八二	清水	五味堀	六斗一升五合	粳玄米一石五斗四升〇合、金四六円二〇銭	二八・五
八三	佐藤	神成	八斗三升五合	粳玄米二石一斗〇升四合、金六〇円四二銭	二八・四
八四	関口	神成	二石五斗二升一合	粳玄米五石八斗三升二合、金一七四円九六銭（粳玄米二石九斗一升六合、金八七円四八銭・粳玄米二石九斗一升六合、金八七円四八銭）	三〇・二
八五	清水	五味堀	一斗二升九合	粳玄米二石〇斗二升六合、金六〇円七八銭（粳玄米一石一升三合、金三〇円三九銭・粳玄米一石一升三合、金三〇円三九銭）	四・五

八六	春日	五味堀	一石六斗一升七合	粳玄米二石五斗八升九合、金七七円六七銭（粳玄米一石二斗九升五合、金三八円八五銭・粳玄米一石二斗九升四合、金三八円八二銭）	三九・四
八七	春日	五味堀	一石三斗七升二合	粳玄米一石三斗一升〇合、金三九円三〇銭（粳玄米六斗五升五合、金一九円六五銭・粳玄米六斗五升五合、金一九円六五銭）	五一・二
八八	柳山	浦田	一石二斗四升二合	粳玄米三斗三升五合、金一〇円五銭（粳玄米三斗八合、金九円二四銭・粳玄米三斗七合、金九円二一銭）	七八・八
八九	森川	新屋敷	二斗七升一合	粳玄米六斗一升五合、金一八円四五銭（粳玄米一石二斗九升五合、金三八円八五銭・粳玄米一石二斗九升四合、金三八円八二銭）	三一・〇
九〇	石崎	浦田	七斗七升六合	粳玄米一石八斗一升〇合、金五四円三〇銭（粳玄米九斗五合、金二七円一五銭・粳玄米九斗五合、金二七円一五銭）	三〇・〇
九一	神成	浦田	五斗八升〇合	粳玄米一石三斗五升三合、金四〇円五九銭（粳玄米六斗七升七合、金二〇円三一銭・粳玄米六斗七升六合、金二〇円二八銭）	三〇・〇
九二	柏木	桂瀬	二石三斗一升五合	粳玄米二石六斗五升七合、金七九円七一銭（粳玄米一石三斗二升九合、金三九円八七銭・粳玄米一石三斗二升八合、金三九円八四銭）	四六・六

九三	柴田	小様	三斗〇升二合	粳玄米二升〇合、金六〇銭	九三・八
九四	吉田	桐内	五斗〇升〇合	粳玄米三斗五升〇合、金一〇円五〇銭	二七・〇
九五	石崎	桐内	一石二斗八升六合	粳玄米五合、金一五銭	九九・六
九六	工藤	大岱	八斗〇升七合	粳玄米五斗四升三合、金一六円二九銭	五九・八
九七	石崎	浦田	九斗三升四合	粳玄米八升二合、金二円四六銭	九一・九
九八	片岡	浦田	一斗六升三合	粳玄米四斗一升〇合、金一二円三銭	二八・五
九九	井山	浦田	六斗七升八合	粳玄米一石五斗八升二合、金四七円四六銭	三〇・〇
一〇〇	神成	浦田	八斗四升七合	粳玄米一石九斗七升七合、金五九円三一銭	三〇・〇
備考	・申立人（小作人）は苗字で示した。・No.八四〜No.九二は、昭和一二年一二月二五日限、昭和一三年一二月二五日限の分割納入。・No.一八とNo.五一が重複記載（図1のNo.四二三浦：根森田の記載漏れと思われる）。				

（資料『昭和一二年度　小作調停書類　前田村事件』より作成）

一〇〇名の調停内容は、減額率一〇〇％（全額免除）は一六名、八〇％以上二四名、五〇％以上になると五二名と半数以上が半額免除となっている。減額率と地域の関係をみると冷害による減作との関連も見られるが、召応軍人家族など、個々の家庭事情が考慮されている調停になっていることもわかる。納期は昭和一二年一二月二五日迄としているが、中には、二期に分けた分割納入者も九名いることがわかる。

次に、昭和九年部落別小作料減額比図4をみてみると

図4　昭和九年部落別小作料減額比

No.	部落	人数（申立人）	普通小作料	減額小作料	減額率（%）
一	神成	七	三一石〇斗〇升〇合	一二石七斗九升五合	四一・三
二	前田	四	九石二斗三升四合	七石〇斗四升八合	七六・三
三	五味堀	一五	五四石〇斗二升二合	二三石四斗一升六合	四三・四
四	大岱	三	五石二斗〇升七合	二石六斗三升二合	五〇・六
五	桐内	七	一八石二斗七升七合	一二石三斗六升七合	六七・七
六	様田	二	五石六斗五升六合	二石八斗〇升一合	四九・五
七	森吉	二	五石七斗七升三合	二石四斗八升一合	四三・〇
八	根森田	九	四五石二斗三升二合	一六石八斗三升八合	三七・二
九	細越	一	四石〇斗八升一合	二石九斗九升〇合	七三・三
一〇	小又	一三	二七石一斗三升一合	一七石六斗〇升七合	六四・九
一一	平里	一	六斗〇升〇合	四斗四升〇合	七三・三
一二	羽根川	一	二斗二升六合	二斗二升六合	一〇〇
一三	新屋敷	六	一四石六斗一升八合	六石八斗八升五合	四七・一

一四	下前田	二	四石四斗四升七合	三石〇斗一升五合	六七・八
一五	桂瀬	一	四石九斗七升二合	二石三斗一升五合	四六・六
一六	浦田	二六	五六石九斗一升四合	二八石二斗八升八合	四九・七
一七	小様	一	三斗二升二合	三斗〇升二合	九三・八
合計	一七	一〇〇	二八七石七斗一升二合	一四二石四斗四升六合	平均六〇・三
備考	三名申立取下げ。				

（資料『昭和一二年度　小作調停書類　前田村事件』より作成）

申立人（小作人）の普通小作料合計は、二八七石七斗一升二合に対し減額小作料合計は、一四二石四斗四升六合、平均減額率は六〇・三％であった。九年度の凶作に対して六割の減額を要求した小作人側組合側、一割六分減の凶作で個々の検見と対応を主張した地主側、三割七分の減収とみた農会、そして四割一分減とした北秋田郡五カ年統計など、それぞれの見解の相違を踏まえて出された調停内容であった。

五、おわりに

大正一四年の小作料値上げ通告に対し、当時九〇〇名余りもいたといわれる小作人の内の三〇〇名は〝小作料を変更するには、地主・小作人両者相互の了解がいる。今回の値上げは、一方的な不当な決定だから承服できない〟と申合せ、阿仁部農民同盟組合を結成して、小作米の不納を決議した。さらにこの中の一〇〇名が日本農民組合の応援を得ながら展開することとなって全国的に注目されるようになった争議も一二年余りの抗争を経て終止符が打たれたのである。

コラム(2)

阿仁三窯（阿仁焼・米内沢焼・浦田焼）について

平成二六年四月八日　森吉大学開講式講演

最初に「阿仁焼」についてであります。別称、水無焼ともいわれております。発見された古い染付陶器大皿の裏に「明治一一年製秋田水無産」と書かれていたことからこのような別称がつけられております。大館市の方が所蔵しているもので、昭和二九年「北鹿新聞」に隠れたる文化財として紹介されたものです。この阿仁焼は平賀源内が創始したものではないかといわれております。平賀源内は、秋田藩の藩財政立て直しに鉱山の開発と製錬法の改良にともなう招きを受け、四カ月ほど秋田県に滞在することに

なります。

技師の吉田理兵衛をともなって、東京を出発したのは安永二年（一七七三）六月二九日であります。そして、院内・角館・阿仁の大覚野峠（標高六〇〇m弱）を越えて阿仁に着いたのは八月上旬だといわれております。当時は一日の工程は約四〇キロといわれております。阿仁の鉱山では、主に銅から銀を絞る方法を教えたといわれております。

銀山上新町の染物屋（館岡方）を宿に、約一カ月ほど滞在したといわれております。そこで、阿仁には焼物に適した大変良い土があるからということで、角館の小高蔵人に手紙で白岩のロクロ職人の派遣を要請しております。

源内は、南蛮陶芸の陶法でも陶芸界に影響を与えた人物でもあることから、阿仁焼の始まりに深く関わっていたのではないかといわれております。


陶芸史の観点からすれば、未解明の部分も多いわけでありますが、今に伝わっているということが重要なことではないかと考えます。

この阿仁焼の復活を目指して、昭和四七年から、現在阿仁荒瀬で「源山窯《げんざんよう》」という工房を開いてやられていることはしられているところです。

また「沼館焼」と平賀源内について源内は、阿仁への指導を終えて、九月二日に一旦久保田（秋田藩への報告）に行って、それから大館に向かうことになります。そして九月一〇日から九月一四日まで大館の沼館に滞在することになります。滞在先は特定することはできません。この時は、源内一人でした。そこで、鉱石の亜鉛山を発見することになります。実際は、マンガンでした。

源内は沼館でも、阿仁の時と同じように、角館の小高蔵人にロクロ師、つまり白岩の陶芸師の派遣要請の書簡を送っております。この書簡は現在大館市中央図書館に所蔵されております。そこで、白岩瀬戸山から陶芸師を招くことになります。角館から大館まで三日かかり、九月一九日に着いております。

そこで、沼館の土を使って焼かれたのではないかといわれております。通称「沼館焼」といわれているのは、明治の初め頃から焼かれていたといわれていますが、その祖といわれる古井多三郎という人は、秋田藩御用窯の監督役を勤めた人で、廃藩に伴って沼館に移り住んだ人でありますが、源内の見極めによるのではないかといわれております。源内と沼館焼とは深い関係にあるものと推測されているところであります。

明治一五年まで焼かれ、登り窯の窯跡は今なお確認することができますし、陶片もでてきています。実際現在残っているものはごく少数でありあります（比内の明石家、大館の料亭北秋クラブ、陶芸家田山伸夫）。

昭和一五年に一旦途絶え現在、沼館在住の陶芸家田山伸夫によって、継承されているところであります。

次に「米内沢焼」（大倉焼・八橋焼）についてであります。米内沢焼は、米内沢村百一番地（現在の本町）に住む大倉東五郎（生まれ不詳・明治一八年死亡）氏によって元治元年（一八六四）に創業されたといわれておりますから、今から一五〇年前ということになります。窯場は米内沢ヲッコ沢（通称松山町）の一角で、窯跡には、レンガや欠片、畑には粘土の露出が見られます。

東五郎という人は、作陶せず、職人は秋田の八橋から呼んで作らせたということで、「米内沢焼」は、別称、大倉焼・八橋焼といわれているわけであります。

この「米内沢焼」は、東五郎の亡きあと、その養子によって引き継がれ、大正五年頃まで続いたといわれています。そのすべては登り窯で、最盛期には一三基も稼働したと伝えられております。製品は、瓶・すり鉢・徳利などの日曜雑器や素焼きの動物、七福神などの置物で地域の需要を賄ったといわれております。

最後に「浦田焼」についてであります。「浦田焼」の名称は、浦田という地名からきたものであるといわれており、元禄（一六八八）の頃から窯があったといわれておりますので、今から三二六年前ということになりますが、その後途絶えたということであります。

場所は、源昌寺の境内にあったといわれております。

この途絶えていた浦田焼を再興した人が、佐藤久馬という人であります。

この佐藤久馬という人は、九州長崎から来た人で、角館の白岩や荒川尻などの窯に雇われて陶芸の技術を身に付け阿仁（浦田）に来たのではないかといわれております。陶芸ばかりではなく漆塗りの技術にも詳しく地元の人からは、「師匠」さんと呼ばれ親しまれたようであります。

浦田で窯を始めたのは、明治一四年、久馬五〇才の頃とされております。久馬は妻子はなく、明治一五年、地元の石崎松兵衛の次男石松を養子とし、明治二三年窯を継がせたが、何故か明治三〇年に離縁し、石崎性に戻った石松はのちに米内沢町の助役に就くなどしたため、久馬の死亡（明治三四年）で途絶えたといわれてます。

さて、製品でありますが、注目されているのが地蔵菩薩像、一般に千体仏といわれているものであります。県北の寺（曹洞宗）にはここで焼かれたものと考えられている千体仏が複数確認することができます。

源昌寺は、寛永年間（一六二四—一六四四）、今から三九〇年ほど前に開創された曹洞宗の寺であります。浦田焼の千体仏が保存されております。

実際数えて見ると、三百七十体ほど残されておりました。もとは千体あったのではないかといわれております。この千体仏は戦役に出るにあたりお守りとして授けられ、無事に帰った時には再び奉納されたと伝えられております。また出兵兵士たちが弾除けに持って行ったともいわれております。いまでも浦田部落の民家にもあるというのをきいたこともあります。

大きさは、高さ十センチ、奥行き・巾とも三センチ弱の素焼きのものであります。

新田寺は、合川町の新田目にあります。寛永十年（一六三三）、今から三八一年前に開山された曹洞宗の寺であります。

新田寺では建て替えの時、段ボールの中に入っていたのを現在出して安置しています。壊れていた四体と、不足の四五体を新しく作って、千体にして奉っております。

天昌寺は、鷹巣町脇神にあります。寛永年間（一六二四—四四）に開創された曹洞宗の寺であります。千体仏は本堂の上に奉られております。明治の頃からのもので、千体揃えて安置しているということです。最初は、明治二九年、堂ケ岱の小塚儀兵衛の妻が奉納したのが最初だといわれております。その後、檀家の女の人たちが中心となって納めたものだということです。

この千体仏の中には、特徴的なものとして戸主の名前が記されているのも多く見られるということです。

本宮寺は、大館市本宮にある曹洞宗のお寺であります。古文書等が焼失して由来等は不詳のようですが寛永年間の開創といわれております。

千体仏は現在八四八体安置されております。

表面はきれいな金箔が塗られており。これは後から塗られたものであるといわれております。従軍し、戦地での安全を祈るものではないかといわれており、裏には、家内安全・家内繁盛の銘記されているものもあります。

宗福寺であります。大館市豊町、現在の大館市立病院の隣にある曹洞宗のお寺であります。康安元年（一三六一）、今から六五三年に開創された古いお寺であります。大館城代佐竹西家の菩提寺でもあり、歴代城代の墓のあるお寺でもあります。

千体仏は、八〇〇体現在安置されております。仏像の裏には戒名が書かれているものも見られます。和尚さんが書いたものではないかといわれております。

雲巖寺は角館白岩字前郷の角館町郊外（近くに白岩焼の窯元がある）にある曹洞宗のお寺です。宝徳二年（一四五〇）、今から五六四前に開創されたお寺であります。田沢湖芸術村の「わらび座」に近いところにあります。

千体仏は、庫裏から本堂に向かう廊下に安置されております。この千体仏堂は天保九年（一八三八）に建立されたもので、現在仙北市の有形文化財に指定されております。

白岩焼の仏像千体を造って祀ったとされています。この仏像を拝むと子供が丈夫に育つ、また財産が殖える等の言い伝えから、一時借用する人が多かったため紛失し、明治四四年白岩村の陶芸師が、四五〇体製作し補充しております。それでもやがて六〇〇体に減り、現在再度補充して千体にして安置しているということです。欲しい人には、白岩焼の大きさ、形のおなじものの仏像を代わりにもっていってもらっているということです。

最後にこれまでの千体仏と関連して浦田焼について、まとめてみたいと思います。まず「浦田焼」は白岩焼から派生したものと考えます。その根拠としては、白岩焼はもともと、現在白岩焼をついでいる和平窯の窯元である渡邊敏明氏によると中国で修業してその技術・技法を白岩に持ち込み伝えられたといわれております。

その白岩焼は幕末から明治の頃には最盛期を迎えることになるわけですが、その当時は、五つの窯で五〇〇〇人働いていたといわれております。仕事は細分化され、それぞれ専門とした多くの人達が関わっていたわけであります。これまでみてきたように、阿仁三窯を含め、県内の焼物の多くは白岩焼から派生していることを考えると、陶工と阿仁地域との人的な繋がりや派生はけっして不自然なものではなかったと考えます。

もちろん、平賀源内が、県北に来て、阿仁、そして沼館から陶工の派遣要請を角館の蔵人に書簡を送って派遣させていたということもあります。

つぎに、「浦田焼」は素焼で、七〇〇度前後で焼くことが可能であり、立派な窯を必要とするものではなかった。釉薬を使用するには温度が一三〇〇度にもなるため窯の設備は立派なものでなければなりません。実際、生活雑器やその形跡が確認できるような跡もはっきりしておりません。

昭和三九年にバイパスが通って境内の一部が削られても、陶片が見つかっているわけでもないし、もしその時、はっきりとした窯であったのであれば、証拠となるものがのこされていたはずであります。調査したかぎりではその可能性は極めてすくないものと考えます。

したがって、その製品も千体仏、観音像など神仏に関係した物が中心であったことと、漕洞宗のお寺にある千体仏は、大きさ、形、色、そして作り方が同じであることを考えると（陶芸家にいわせると、型にはめて形を作り、棒状のようなものを刺して焼いたのではないかという話しでした）、源昌寺で焼かれたものであること。源昌寺と比較的関係の深いお寺さんに作ったのではなかったのかということであります。

千体仏の安置されている寺は曹洞宗であり、世襲制でなかった時代のことを考えると、これらの寺は何らかの人的な繋がりがあったのではないか、そして、久馬も寺に関係した（住職）人物ではなかったのかというのが私の考えであります。

7　明治七年米内沢村市場におきた問題

——『明治一二年勧業課諸務掛事務簿』を通して——

一、はじめに

米内沢村市日の起源については、明和期（一七六四）以前より開設されていたといわれている。しかしその歴史的推移についいては、天保一四（一八四三）年六月二二日『奥のしおり』（江戸の落語家船遊亭扇橋記）や弘化四（一八四七）年『永年記』（成田家文書）、明治六（一八七三）年四月一二日『金鉄之助日記』等に見られるもののその詳細を知る具体的資料については乏しいといわざるを得ないのが現実である。

そんななかにあって、明治七年におきた米内沢市場事件の資料（『北秋田郡米内沢村市場—勧業課諸務掛事務簿三番雑之部—』県公文書館蔵　資料番号九三〇一〇三‐〇六四二六）は明治初期の市場規模や運営形態、そして共同体としての村のつながりなど、当時の暮らしぶりの一端を知ることのできる興味深いものとなっている。

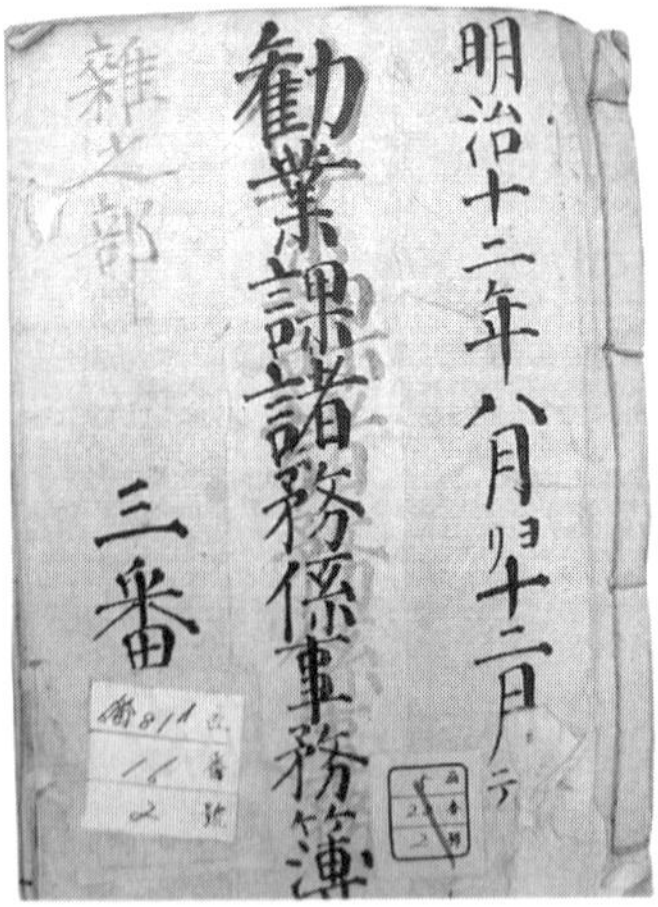

『明治12年８月ヨリ12月マデ勧業課諸務掛事務簿』（県公文書館蔵）

以下、この資料を読み解きながら明治初期の米内沢市場の状況をみることにする。

二、市場運営の申合せ事項

当時の市場運営の申合せ事項では、一、市日の開かれる場所は、横町・大町・新町の三カ所を開設場所とする事。一、月三回開設日を設定し、三町順番に開設する事。一、内店の前には勝手に外店を開設しない事。一、外店を開設する場合は、一間（約一・八ｍ）に付八厘を村に納める事。一、村の会計役はこの代金を集金し、村の神事や祭典などの経費に充て、そして、その余金から店先を借りている地主にそれぞれ納める事。としている。

これは惣代近藤岩松（横町）、武石九郎左衛門（横町）、佐藤清之助（横町）以下三六名（北林啓之丞（横町）、亀田孝太郎（大町）、北林文蔵（横町）、金新蔵（新町）、磯谷善九郎（横町）、嘉成重三郎（横町）、松岡門八（大町）、木村逸之助（横町）、網干善兵衛（横町）、赤石久太郎（横町）、石田新太郎（新町）、成田長右衛門（横町）、成田長五郎（大町）、近藤寅之助（横町）、木村文五郎（横町）、大倉東五郎（横町）、松橋傳吉（新町）、近藤與八郎（新町）、近藤吉兵衛

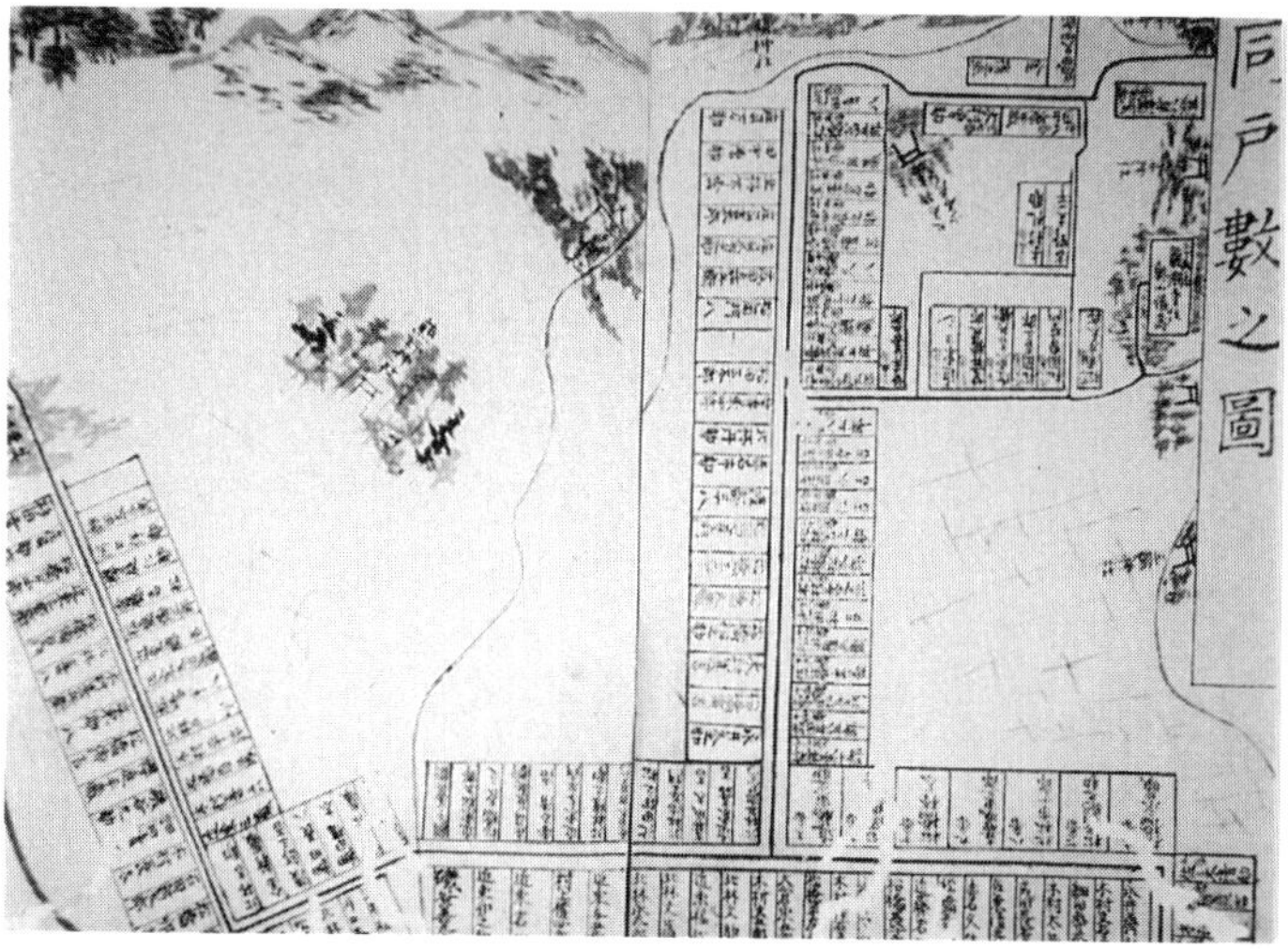

『明治６年12月　秋田懸管轄秋田郡米内澤村戸數之図』
（『森吉町史資料編第９集』森吉町史編纂会　昭和55年２月１日発行）

（大町）、北林作松（大町）、松橋萬四郎（新町）、池田伊之松（横町）、近藤源之亟（新町）、北林吉助（新町）、北林治左衛門（横町）、笠井東十郎（大町）、庄司永吉（大町）、渡邊與八（大町）、松橋林太（横町）、松橋長十郎（横町）、松橋久蔵（大町）、黒澤倉助（大町）、松橋吉松（新町）、松橋平左衛門（横町）、赤石久作（横町）、近藤福松（横町）〉の人たちが協議し、村全体で決めた申合せ事項であった。

　このようなことから、同じ村のなかで、市日が月に三回三カ所場所（横町・大町・新町）を移動させて開設された事と出店の場代の一部が村営の経費として充てられていたことがわかる。また、三九名の出身町名は『米内澤村戸數之図』（明治六年）、『米内澤村家並図』（明治二一年）から確認すると、その内訳は横町二一名・大町一〇名・新町八名であったことがわかる。また、各町の軒数についてみると明治六年は横町四九軒・大町五五軒・新町四二軒であったのが明治二一年には横町五五軒・大町六二軒・新町四八軒になるなど三町ともわずかな増加が見られる。

三、問題発生の経緯

明治七年四月、村民が協議して決めた米内沢市場申合せ事項（規則）はそれまで行われてきた市日の流れを踏まえてのものであったが、明治七年七月に他の商人〈能代商人（相澤利兵衛）、能代商人（宮越東四郎）、大館商人（野村理右エ門）、大館商人（永井新太郎）、鷹巣商人（三日田惣助）、本城商人（金久左衛門）、上杉村商人（坂上半十郎）〉から場所を変えて開設する回市は荷物の運搬取扱い等で不都合が生ずるとして再考の懇願が出された。村ではそれについて協議をして横町を市場開設と定め、これを明治七年八月より明治一一年まで五年間据置く旨の市場規則を定め、伍長〈笠井東十郎（大町）、亀田孝太郎（大町）、近藤吉兵衛（大町）、北林作松（大町）、金與之助（新町）、近藤與八郎（新町）、網干善兵衛（横町）、近藤源之丞（新町）、磯谷善九郎（横町）〉が連署して惣代三名〈佐藤清之助（横町）、北林平四郎（横町）、庄司吉蔵（大町）〉に提出し、以降五年間は横町に固定して開設することとなった。

また、店賃（村への納付金）についても協議し、出店の間数について賦課することに決め、その取立てには町役を選び会計を担当させることにし、それを村費等の費用に充てていた。ところが、町役（松橋・横町）が、そのような取扱いをしなかったため、明治七年一二月村で再び協議し、町役を廃止し、明治八年から町役の代わりに徴収する担当者を一年ごとに変えて行う隔年役を設けて、納付された店賃（地代）を村へ分配することとした。

しかし年度が代わって明治八年の隔年役が明治九年の隔年役四人〈大倉（横町）、池田（横町）、北林（横町）、松橋（横町）〉へ、事務一般を引き渡したところ、大倉外三名が市場の店賃（地代）を村へ分配しなかったという行為が発生し、明治一一年七月この市場地代に対する不正行為について村で論争が起ることとなった。

そこで、このようなことで市場を混乱させてはいけないということで村民一〇三名は、この紛議の解決にあたるべく李岱分署の巡査、大館警察署へ願出たものの吟味の権限なしとされる。しかし、民事事件として裁判所への訴えが可能であることがわかり、能代裁判所へ出訴することとなったのである。

四、裁判の経過

この裁判は、秋田懸羽後国北秋田郡米内沢村平民農業杉田（新町）外一〇三名代人兼米内沢村平民農業原告金（新町）、米内沢村平民農業原告庄司（大町）、米内沢村平民農業原告網干（横町）、米内沢村平民農業原告北林（横町）が、米内沢村平民農業被告佐藤（横町）、米内沢村平民農業被告池田（横町）、米内沢村平民農業松橋（横町）代人長孫平民農業被告松橋（横町）、米内

沢村平民農業大倉代人米内沢村平民農業被告松橋（横町）を隔年役の義務不履行で訴えたものであった。

明治七年四月以降、米内沢村市場の申合せにより市を横町・大町・新町の三カ所を順番に廻って開設することにして行われ、村では出店者に店代の一部として地代金を賦課し、それぞれの開設町がその徴収を担当して村の経費に充てていた。ところが明治七年七月に出店している商人から三町を順番に廻って開設する市は荷物の運搬手数料等で不都合であることから市の開設場所を横町に固定し、店賃（地代）の外店・内店の出店代を取りまとめ、その内の三分の一は横町へ、残りの三分の二は村へ分割することで承諾してくれるよう村へ申し入れが出された。これはこれまで決められてきた市場規則（出店代として払う総額の配分比は三分の一村・三分の一市場手数料・三分の一店裏居住者）を変更することになるため、村で熟議して、市場を担当する町役を選ぶとともに、出店代は町役が取り立てて蔵元（近藤・横町）に預けることに決める。

ところが明治七年一二月になって町役・伍長一同が立会の上で、間数を外店出店者（商人）に一戸（店）二間半（約四・五ｍ）の勘定で割り付けたことで、町役のこのような取扱いは認められないものであるとして、再び村で協議することとなり、隔年役をつくって内店九六間（一七二・八ｍ）、外店二〇六間（三七〇・八ｍ）の出店代（地代）を取立てて、その総金高の三分一は市場開設地の横町へ、残りの三分の二は村へ割付けることに決め、明治八年からはこのようなやり方で勘定が済まされていた。

しかし、年度が変わり（明治九年）隔年役四人〈成田（横町）、近藤（新町）、笠井（大町）、木村（横町）〉の被告は引継諸帳簿を受取っただけで、義務を果たさなかったうえ、屋敷間数割りも外店出店者（商人）一戸二間半（四・五m）の勘定で受け取るなど、前年（明治八年）のようにしなかったため、明治八年度の店賃総高を目安として今般その不足分の請求を訴えたものであった。

また明治九年の地代総計についても被告からの明細勘定は不十分であるため、正確な決算を望むものであった。かつ納税義務の市場が廃止されたことで隔年役は止めたといっているが、これについても隔年役を設けたのは横町に市場を五カ年据置くということが前提であり勝手な行動であるとするものであった。

よって明治九年九月、秋田県の触示に基づいて出願し横町に市場許可を得て、惣代・伍長に許可の鑑札が渡されたものである。それは明治七年の市場規則を履行して、横町に市場を定め村からも異議がないということを添付して出願し許可を得たものであり、これにより隔年役を廃止する理由もなく、今に至るまで市場規則の出店代（地代）を取り立ててそれを分配しないというのは道理にあわないものであるとした。

一方被告は、米内沢村市場は今まで米内沢村字横町で開設され、地代は出店する人たちから米内沢町の各自が取り立てて村費などにすることはなかった。それが明治七年四月に新町、大町の者より廻り市にしてもらいたいという申し入れで紛議となり、副区長伊藤の取計いにより横町・

大町・新町の廻り市場にすることに決まったものであった。

それが明治七年七月になって出店の商人たちから村へ、横町一カ所に決めて欲しい旨の申し入れで村が協議して、松橋（横町）を町役として外店二〇六間（三七〇・八m）より一間（一・八m）につき二銭八厘、内店九六間（一七二・八m）より一間（一・八m）につき三銭八厘を取立て、金員（会計係）は近藤（横町）を蔵元として預けてきたところであった。そして明治七年一二月になって伍長・惣代があつまり、総金高について改め、三分の一は横町へ、残りの三分の二の中から市場諸経費を引き、村に配付するとした。しかし、店にかかる費用は横町に限ってのものであるため、町役の取扱は不都合な規則であるということから村で協議し、明治八年に隔年役〈成田（横町）、近藤（新町）、笠井（大町）、木村（横町）〉を設けることとなった。

隔年役の務めは、大風や洪水等の時などに市場を守ったり、横町の外店、内店の地主から店賃を取立て、村の寄合の時に持参して村へ配付したり、盆暮れなど特に市がにぎやかになる時などは、定店以外にも出店する者もあり、その店賃（地代）は、隔年役の外に世話役を立てて店賃を取り立てさせたりするもので、その分配については、定店の店賃（地代）と同様であった。

明治九年六月二四日秋田県の触示により、無税の市を廃止するということで、以来隔年役も共に廃止となったことで、市場店賃（地代）のことに関係するわけもない。また、市場隔年役の規則は、明治八年に村で協議して設けられたが、明治九年六月無税の市が廃止されたことで隔年役の中止についても、惣代庄司（大町）に話したところ、もっともなことだとして隔年役は止めることとしている。

これに対しても原告は、市場の規則に沿う隔年役の仕事を県提出の市場願等と関連させて正当化しようとするのは筋違いではないのか。願書は市場税の改正前のことであり、本訴えの主旨とはくいちがうものであり、実際とは違うことを述べているるものだとしている。

五、事件の結末

裁判では、市場利益金・分配・市場規則等の詳細な取調で判決が下されることとなった。その申し渡された内容は次のようなものであった。

そもそも市場を開設するには往来その他反対意見があるかどうかを考え、村で場所を定めるのであれば、それによって得る利益もまた協議して配分せざるを得ず。これは即ち市場規則の成り立つ所ゆえにして、明治九年六月二四日秋田県の触示は無税市場へ新たに税金を課してもし税金を出させれば開市することを差し止めるということはできるが、村からの願い出で許可を得ることもできる。また、その触示中に往来その他妨害等がなければ、これまで行って来た場所にのみに限定して許可するものとするとあるので、村方に異議あれば願出ることもあるべきところを、村方からは異議がなく、市場規則の効力は継続されるところ、被告がこの触示で無税市場が廃止となり市場規則の効力が消滅したというのは触示を誤解するものである。

町役を設けて店賃を取立てさせ、市場規則に従い分配金を配付してきたところ、町役に不都合

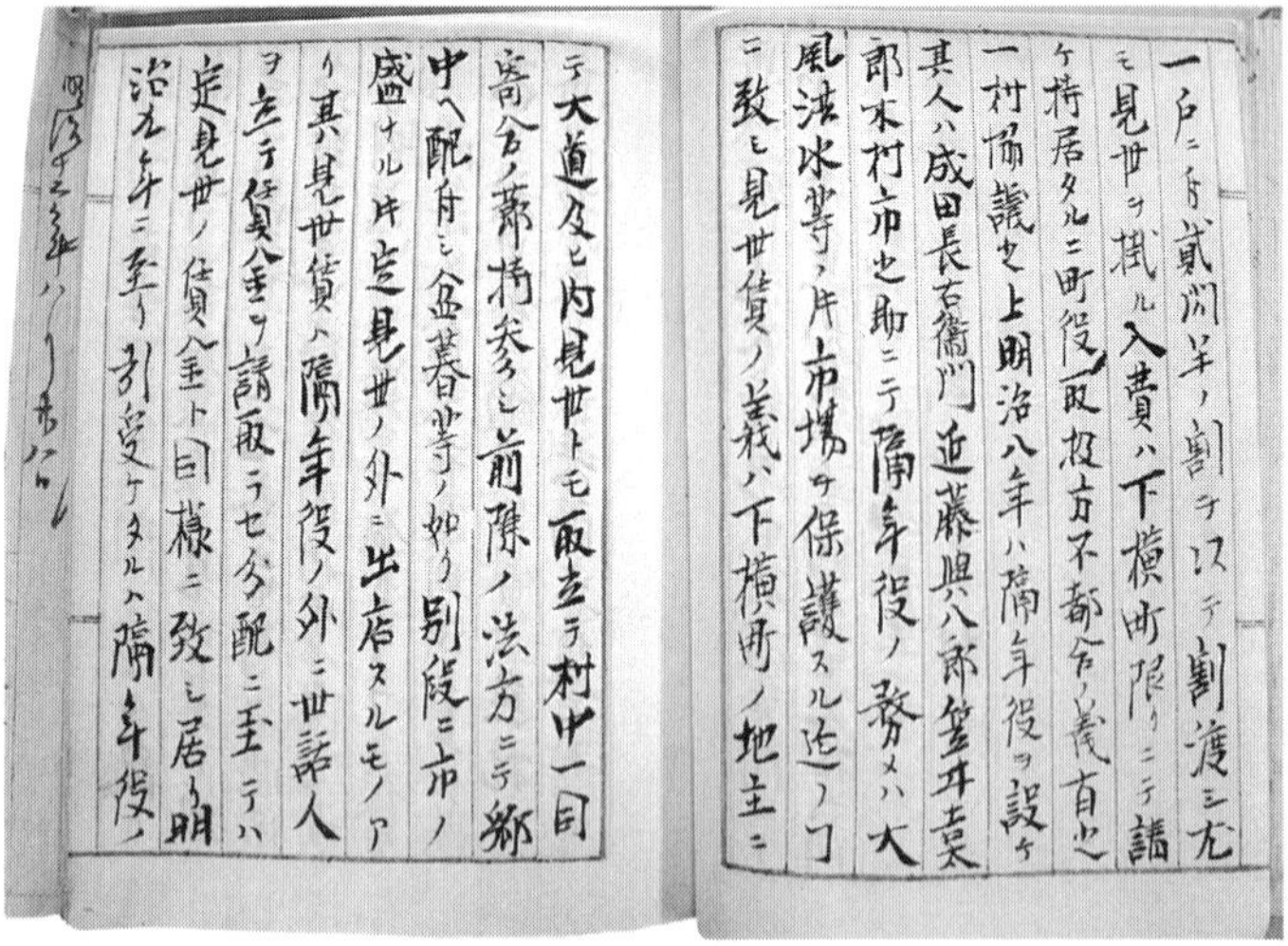
一戸ニ付弐拾銭ノ割ヲ以テ割渡ニ尤
モ見世ヲ拙ル入費ハ下横町限リニテ諸
ケ持居タルニ町役取扱方不都合ノ儀有之
一村協議セシ上明治八年ハ隔年役ヲ設ケ
其人ハ成田長右衛門近藤興八郎笠井喜太
郎木村市之助ニテ隔年役ノ務メハ大
風法氷等ノ時市場ヲ保護スル迄ノ了
ニ致シ見世賃ノ義ハ下横町ノ地主ニ
テ大道及ビ内見世トモ取立テ村中一同
寄合ノ節持参シ前條ノ法方ニテ郷
中ヘ配付シ盆暮等ノ如ク別段ニ市ノ
盛ナル時定見世ノ外ニ出店スルモノア
リ其見世賃ハ隔年役ノ外ニ世話人
ヲ立テ賃金ヲ請取テ七分配ニ至テハ
定見世ノ賃金ト同様ニ致シ居リ明
治九年ニ至リ引受ケタルハ隔年役ノ

判決書写『明治12月８月ヨリ12月マデ勧業課庶務係事務簿三番雑之部』
（県公文書館蔵）

な取扱いがあったことで町役の廃止を村は協議をして、明治八年中に隔年役を設け市場の管理を務めさせ、店賃は市場開設場所である横町の地主が取立てて村の寄合の時持参しこれまでのやり方で村へ配付した。また、定店帳及び店賃滞納の記載している帳簿は、明治七年の町役より村の担当者に引き渡されたが、どんなことに使用するものなのか知らされていないと陳述したが、定店帳及び店賃滞納帳簿の引き渡しを受け、現にそれを所持していることからも隔年役に於いて店賃を取立て市場規則の方法において村へ配付する仕事の義務があるものと認められる。

したがって、被告が明治九年六月、秋田県の触示により無税の市場を廃止したことで、隔年役を止める旨惣代庄司（大町）へ断わったという証拠もないことから採用し難い。

被告が店賃金総額三分の一を市場である横町へ引き去り、残りの三分の二の内より、市場の経費を支払う約定を申立てたが、証拠がなく、条理によらざるを得ず。

これらのことから、原告の請求する市場店賃は市場規則の方法において割渡すべきものであり、これらは被告に於いて秋田県の触示を誤解することによって生じたものであり原告が請求する金額八六円五一銭は被告より速やかに相渡すべきこととするものであった。

明治一二年五月二三日能代区裁判所からの判決申渡しはこのような内容なっている。

六、おわりに

米内沢市日の開設は明和期以前とされ、阿仁部の地域では木戸石〈元禄一三（一七〇〇）年藩主から市札を拝して開設〉の市とともに最も古いとされている。この二つの市場には、交通の要所であったことと、当時唯一の米の扱う市場であったという共通した特徴があった。また享保元（一七一六）年に銅生産量世界一となった阿仁銅山が背後にあったことがその要因といえるであろう。

藩政末期から明治初期にかけての商品流通の増大は、米内沢市日で売られた品々（『桐内沢年代記』〈天保年間―一八三〇～一八四三―〉「米・稗・粟・ソバ・粟糠・稗糠・ニシン・イワシ・大根種等」、『市立帳』明治二年―一八六九―金家文書「身欠ニシン・干イワシ・メザシ・塩引・ワカメ・コンブ・磯草・数の子・サメ・筋子・イワシ・ボラ・ハタハタ・エビ・鍬・煙管・煙草・葉煙草・びん付油・七輪・元結・灯心・打綿・引綿・手拭・唐笠・ササギ・ナス・いも類・青麦類・かたうり種・玉びろ・コンニャク」）からも想像できる。

そんな中で起きた米内沢市日事件であった。明治六年の横町・大町・新町の総戸数が一四六戸であったことを考えると、原告の一〇三名は戸数比率からすると七〇％を超えるものとなっている。資料からは一〇三名の氏名や町名を読み取ることはできないが、原告・被告は三町に及んでいたことと、判決の申渡し等からも地代収益の利害関係や町の対立から起った問題でないこともわかる。しかし、明治初期の市場の様子を知る貴重な資料であることは確かである。

また、市日の開催日についても、寛政期にはいり近隣村々が貨幣経済の進展にともなって市の規模もだんだん大きくなり商人化がすすんでくると、農村内の労働力不足を心配した藩ではこれを是正するために「同市日」という措置をとる。なるべく各地の市がダブラないように開設したのを、わざと同じ日に開催させると、市掛け商人の数も減少し、各地の市は縮小されることから、この措置に商人側が反対し、やがて旧に復するようになって開催日が調整されるようになったといわれている。阿仁部の市日も阿仁合が明治一一年に二から四へ、比立内が五、阿仁前田が三、米内沢が二日、合川が九、上小阿仁が八の付く日に開催されているのもこのような歴史的経過を経て習慣化して現在に至っているのである。

特に米内沢の市日は、明治後期から大正に入ると、二、一二、二二と月三回（盆・正月は別で部落の代表と商人で決めていた）行われ、大勢の人で賑わった。場所は新町・横町・大町の三カ所に開設され、どこも両側にずらりと店が並んだといわれる。その様子を「本丁から横町までは市小屋が掛かったが、内店もあった。本丁に店のある人は、市には自分の前に店を出し、自分の店は、よそから来る呉服屋や古着屋に貸した。当時の本丁通りは、コモへと言って、北林洋服店から昔の十文字までと、そこから大町までの両側は、一間位の屋根（アーケード）が出ていて、雨がふってもぬれずに歩かれた。橋のたもとから新町方面、大町方面は屋根がなく、露天だった。

昭和32年米内沢横町の市日風景
（『なつかしの故郷　白澤昭喜写真集』昭和25年10月25日より）

そういう店には雨が降っても悪くならないような物が出された。瀬戸物やザル、金物などである。本城、鶴田、根小屋、道城、向本城、中新田の方からは、ワラ細工、竹細工のザルやカゴが持ち込まれ、売り出された。自分の家の前は、人を頼んで二間位の小屋を掛けた。商人はワラジにキャハン姿に提燈を持って、本丁通りの蔵に品物を預かる商人もいた。大館、鷹巣、合川、五城目（エビ、フナ、煮干し）の方からたくさん来た。魚屋は馬車できて、横町方面は主に魚屋が並んだ。田舎の人達は代金を金のほかに自分で作った麻糸、綿や糸木綿と交換する商人もいた。米市場もあり、米は馬や舟で運ばれ仲買人が相場を決めて売っていた。市に来る人たちの昼上がりの茶屋もあった。萱で作ったスダレで小屋を作り、中でナベを七輪にかけ馬肉を煮ていた。ウドンや酒もあった。キノコや栗、鶏、卵を売った金で市立する人もいた。酒に酔って裏町は昼から三味線で賑わっていた。茶屋に行かない人は七輪、ナベを借りて、食べたり、親戚に行って食べる人もいた」と具体的に『作文郷土史—みんなで綴る郷土誌Ⅲ—』（昭和五六年　森吉町生涯教育推進本部発行）に紹介している。

　このように米内沢市は長らく町の中心部に開設されていたが、交通網の発達により車の往来が急増するなどで路上での商いが困難となる。また、時代の経過とともに人口が減少し、規模や開催場所等変遷しながらも、地域の暮らしに根付き、昭和六〇年代に現在開設されている横町裏の阿仁川河川敷に移転し今日に伝えられている。

8　大野岱開拓前史

――御料地払下げと関係町村の苦悩――

一、御料地払下げ以前の大野岱

南北一二km・東西八kmの広大な大野岱（火山灰台地）は、かつて六カ町村にまたがり約四、二〇〇ha（反別約二、〇〇〇町歩）に及ぶ原野であった。明治政府は地租改正の前段階として発行した「地券」によって、所有者・地目・段別・地価を明確にした。しかし、大野岱は藩政時代から入会地の関係で、関係町村の境界が不明確なことから明治六年の「地券」公布時には未完成の土地として残され、地租改正時の境界査定で難航することとなった。

明治一二年は「地租改正」事務完了の最終年であったが、大野岱は境界不明のため、「官地編入利用慣行の存続」を関係町村が了承し官有地に編入されることとなった。

明治一五年になると、一部関係町村（上杉村）から、「民有地組替」の陳情も行われるが却下される。今度は官有地から皇室付属地への編入替の通告を受け、入会地の村は協議を重ね、明治

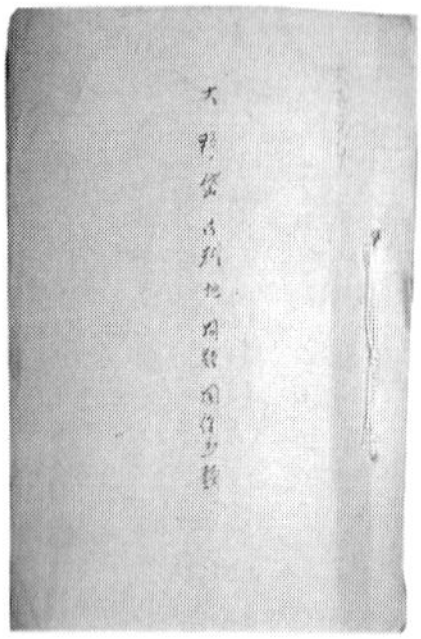

『大野岱御料地問題関係書類』県公文書館蔵

一六年九月、郡役所に代表者を出頭させ、承服しかねる旨を回答するも、皇室に異議を申し立てるのは恐れ多いことと郡長に説諭され、やむなく承諾。明治二三年三月二八日には御料地編入が本決まりとなった。このようにして、地元入会村が当然の権利として保留してきた利用権は、下戻願どころか、皇恩にもとづく拝借という結果となったのである。

そして、この御料地の払下げ問題は、関係町村にとっては苦悩のはじまりでもあった。その内実を『大野岱御料地問題関係書類』（県公文書館蔵　資料番号九三〇一〇三‐〇一五〇四）を通してみることにする。

二、御料地特売規定と陸軍演習用地

御料地編入が決まり、明治二三年九月に御料局では植林計画（植林実測面積七三町六反五畝八歩）を立て、御料地内字金沢一五四番、一六九番地内は植林されることとなった。これらの植林により関係村は、これまでの使用区域が縮小され、秣の肥料確保など農業に支障をきたすようになった。これらの状況を打開すべき転換期となったのが、明治三一年宮内庁から発表された「御料地特売規定」であった。この規定第三条第三号により大野岱は「特売地」に該当したことで、御料地の払下げ出願が行われることとなった。出願期間は、五年間で明治三五年が最終年であった。しかしながら東北地方は凶作により、払下げ代金上納の見込みがたたないことから、四年間の延期が認められ、明治三九年四月になったのである。このような動きの中で、明治四〇年二月、大野岱御料地が陸軍省演習用地の使用が浮上し、地元の意見が問われることとなる。関係町村が協議の上、国家優先の時勢、このような軍事協力もやむなしとして同年二月二六日承諾することとなった。演習地使用といっても、秣採集の利用慣行は従来通りであったことや、字谷地道四八番以下一四筆の地元への下戻、陸軍で大野岱が不用になったときの無料払下げなどの条件提示は、地元の払下げの機を削ぐものではなかった。

明治四三年六月、北秋田郡長前田復二郎は御料地の利用について各関係町村に働きかけ、同年八月二六日に御料局青森支庁長、北秋田郡長前田復二郎、地元代表上大野村長工藤東十郎の三氏が郡役所で大野岱の利用増進について協議する。利用区を定めた各村の利用、勝手な秣刈や牛馬の放し飼いの禁止、御料局が開墾・果樹・桑畑などの土地利用を適当と認めた事業は各町村に起業命令を出す事ができるなどについて検討された。このような話しが行われた背景には、明治四二年北秋田郡長前田復二郎が日本赤十字総会に出席のため上京した際、御料局東京支局に立寄り、大野岱御料地に関し、今後如何なる方針をとるのかとの質問に、支局長は何等の成案もない、もし貴下に良案があったら青森支局と協議の上、それを実行せよと依頼され、それが計画・実行に移された動機といわれている。

つまり、これまで野放しにされてきた地元の利用を規制し、合理化を図るねらいがあったものと思われる。御料局からも「もし承諾されれば直属官吏を現地に派遣し、違反行為があれば摘発して秣刈取を停止することもある」とするなど、関係町村はこれら提示事項を明治四五年三月に了承することとなる。地元代表上大野村長は関係町村と利用区分について協議し、御料局の指示に従い利用を図ること、利用区分の分割は、関係部落の馬数、耕地反別、秣刈払い代金を基準として按分配分とするなどの基本方針を決めた。

ところが、明治四五年三月一七日の御料地分割協議決定に下大野村から異議の申し立てがあり、これまで使用してきた箇所の絶無により配当が半減され約四〇町歩の不足が生じたこと。これに加えて大正三年度から公有原野に二〇〇町歩に及ぶ植林計画があり、それにともなう将来の肥料供給不足を心配し秣用地の確保を訴えたものであった。これに対し、北秋田郡長からのかけあいで、御料地出張技師と交渉し、植樹地の御料地字金沢岱一五四番地及一六九番地内の上大野村川井部落より沢口村字雄勝田に通ずる里道を境としてその西北部における残地面積を利用した植林地の保護管理等を下大野村に任せて、秣刈取地として利用してもよいという条件で協定通りとなった（のちに、下大野村長より大正二年七月三一日帝室林野管理局青森支局長、大正三年一二月二一日帝室林野管理局東京支局長宛にそれぞれ御料地借用願を北秋田郡長の意見書を添附し提出。下草刈の許可と杉立木が将来伐採期に達し、伐採跡地が畑地その他に転用となった場合の賃貸しの請願が行われている)。

そこで提示された利用区分の分割は、大正二年一〇月御料局青森支庁佐々木技師によって行われ、各村配分の利用区分割面積は以下の通りであった。

大野岱御料地利用区面積(大正四年四月五日認可)

利用区	面積
上大野村	六四七町八反九畝〇二歩
米内沢町	二四九町九反二畝一七歩
下大野村	五七町六反七畝〇五歩
落合村	八八町二反〇畝二〇歩
七日市村	二七町四反三畝二四歩
坊沢村	三一町八反六畝〇〇歩
合計	一、一〇二町九反九畝　八歩

『大野岱御料問題関係書類』(県公文書館蔵)、『合川町史—郷土のあゆみ—』より

この提示をもとに各町村は意見を出し協議を重ね、最終的な土地分割の協定は、成田直一郎

（明治一一年鷹巣町生れ、成田儀八郎長男、県会議員、衆議院議員、鷹巣町長など歴任）の仲裁を得ながら大正八年三月二四日調印を終了している。

三、金沢岱原野及造林地と関係村（上大野・下大野・落合）の問題

大野岱御料地の内、字金沢岱原野一番・一二一番及造林地一五四番・一六九番は地籍上上大野村上杉であるが、字は古来より上杉との関係が薄かったといわれている。その根拠とされているのが、払下げ前に御料局に納付していた三村（上大野・下大野・落合）の秣刈取料金とされ以下のようになっている。

金沢岱関係村秣刈取料金

上大野村上杉	三円　八銭七厘
上大野村川井	一七円八〇銭八厘
下大野村下杉	一五円七〇銭二厘
下大野村木戸石	二六円三五銭八厘
下大野村八幡岱新田	九円　一銭二厘
落合村李岱	一六円四〇銭一厘
落合村福田	二円四二銭一厘

落合村新田目	一一円一一銭〇厘

『大野岱御料地問題関係書類』（県公文書館蔵）より

このような中で大正二年、御料局は土地整理ということで関係町村に対し利用区分を分割することを命ずる。当時の野辺地御料支局より齊藤技師が出張してきて、当時の郡長前田復二郎と共に、関係村と交渉が開始されることとなる。この利用区分について上大野村は、最初から反対の立場を取っていたが、斎藤技師や前田郡長からは容易に承諾を得ることができなかった。しかしながら上大野村はさらに条件を提示して二村（下大野村・落合村）に承諾を強制しようとしたのである。その条件というのは、利用区の確定について、最も関係の深い秣刈取料金の権利を各村が放棄して、耕地反別並馬頭数を標準として比例配分することと、それに加えて上大野村は金沢岱では上杉部落の小字金沢支郷のみにしか関係を持たないのに、金沢岱全体を包含して計算するとしたことであった。

この条件に対し、今度は下大野村、落合村が反対を申し出て協議の結果、斎藤技師と前田郡長から、金沢岱一五四番、一六九番の内、川井より沢口村雄勝田に通じる里道を境界として、その西北部における造林地の保護管理並びに残地利用を下大野村に付与することを提示される。下大野村は協議会を開くこと数カ月にして何等円満解決を得ることなく、この条件に応ずることとしたのであった。

これによって下大野村及落合村にとっては、利用区分反別が約四〇町歩（下大野村）、約三〇町歩（落合村）それぞれに減少をきたす一大失策となる。これでは開墾耕地に農業経営上不利を被るとして、帝室林野支局長、青森支庁に造林地及残地利用について請願を提出するが、不幸にして途中、齊藤技師の死亡と前田郡長の退職で、先の条件はなんら世に知られることなく葬りさられてしまう。

この三カ村（上大野・下大野・落合）の問題となった造林地及残地分割について、金沢岱造林地は約七〇町歩、残地は約四〇町歩で、植付けは明治二三、二四年秋田県官吏横山為吉、田中八十八の両氏が下大野村木戸石の藤島為吉宅に宿泊し、関係部落が御料局に対する義務として植付けたもので、人夫一人一日賃金七銭五厘で徴収され、秣刈取料金に代替された。その際、上大野村上杉部落はその支郷であった金沢に関係があったにも関わらず人夫の徴収には応じなかったといわれている。植付け後は、植付け関係部落に対し、植付け区域の下草は無料で刈り取ってもよいという恩恵が与えられ、その期間は一三、四カ年とされたようである。

さらに問題が深まるのは、大正八年三月二四日に協定が成立した関係村の権利も造林地となったことをもって、これまでの関係を中断し、放棄しようとした上大野村の態度に困惑することとなる。この協定は、大正八年三月川口県知事時代で、原野については無料払下げの出願手続きをして、造林地は先の造林費用に対し年二分の利率を付して特別払下げの恩恵を受けたいということで、願書を認めたものである。大野岱全部の関係町村である米内沢町、上大野村、下大野村、

上大野御料地（帝室林野管理局青森支庁管轄：当時は秣場として付近村落に牛馬の放牧を許可していた）復刻『東宮行啓記念写真帖』昭和六〇年七月Ｄ・Ｉフォト企画より

落合村、七日市村、坊沢村の六カ町村長及び各町村の主査が秋田市に出張して協議を尽くした。その際、上大野村、下大野村、落合村の三カ村は造林地に対する分割反別の権利を主張してお互い譲らず、四日間の協議でも解決に至らなかった。当時秋田市に出ていた成田直一郎がこの騒ぎを見かねて、仲裁の労をとることとなった。その条件として、下大野村三〇町歩、落合村一五町歩の仲裁案を相互に提出して解決をはかろうとしたものであった。これに下大野村と落合村は成田直一郎の厚意に感謝し、一大譲歩して協定された。この協定書は同意者として、大野岱関係町村の米内沢町長近藤利吉、七日市村長長岐哲了、坊沢村長佐藤音吉の三名も調印の上円満なる解決を終え、即日六カ町村長は、知事官邸に赴き、土地に対して何等問題のないことを奏請する。

ところが後に、上大野村から本契約については無効で、その時の払下げは無償の払下げであって、該当の請願はすでに却下となるもので、更に有償の払下げに変わった以上無償払下当時締結した協定はその効力を失ったものであると主張。暴言ともいえるこの主張に他村は唖然とする外なく、特に上大野村は造林地無償払下げの欲望に眩惑して不合理の分割契約を締結し、有償の場合は、その権利を放棄して、平常通りに戻すかのごとく非人道的行為を敢えてするかの如くの幼稚な議論には驚くほかないと上大野村に苦言を呈している。該協定は、払下げの有償無償に関わらず各村が古くからの関係により分割したものであれば、上大野村もこのような趣旨によった成田氏の仲裁に応諾したことは何等論争すべき余地はないとするものであった。

四、御料地の払下げ

御料地におけるこれまでの縁故慣行をみると、米内沢地籍に旧来より関係を有するのは、米内沢町、上杉村、道城村の三町村共有地に加え横渕村が入会関係を有していた。同じく上杉地籍は上杉村の共有地に坊沢村、木戸石村、八幡岱村、福田村、新田目村、下杉村の八カ村の入会関係(入会地では境界の不明確さから、たびたび関係村の争いとなっている。入会に関する図面にしても、下大野村では明治三五年の火災で焼失したとされ、また木戸石村においても、旧来から保存されてきた旧家藤島為吉家が北海道に移住の際、引継ぐことなく引っ越したため存在しないとされるなど、はっきりとしたものがないところにも問題があった）を有し、下杉地籍も旧来より関係を有するのは下杉村の共有地に新田目村、上杉村の二カ旧村の入会関係を有し、使用慣行が維持されてきたものである。これが御料地（皇室付属地）に編入となり、秣刈り使用願は村総代、部落総代名義に戸長の奥印書で許可を受け、その料金は部落税をもって上納されてきた。

大野岱払下げの最初の出願は、明治三九年四月であった。その時の出願申請は、上大野村、落合村、下大野村の三村からで、大正一年八月一五日の許可となる。三村長宛（上大野村長工藤傳治・落合村長齊藤朱蔵・下大野村長庄司佐五郎）に払い受け物件に関しては、明治三〇年秋田県告示第一八〇号、物件競争払下げ手続第七六条、第一八条～第三一条の各条項を遵守することとある。払下げ地は、落合村が字金沢、字上情名塚、合計金額四三円四一銭四厘。下大野村が八幡岱新田、木戸石、合計金額三五円三五銭となっている。

さらに払下げは、大正七年一二月発布の皇室令第一六号「不要存御料地処分」を契機に最終段階の払下げ請願が始まることとなったのである。不要存御料地処分令の発布後、議会では開墾助成法が通過し、これらの払下げに開墾を希望するものも多く、大野岱についても大阪の藤田組（小坂鉱山主）や函館市の事業家山内秋太郎氏なども希望していた。当時の関係町村民の心理状態としては、払下げに投ずる資力はないものの、これらを放棄すれば農村の現状を維持することは困難である。大野岱は旧来から縁故慣行によって深いかかわりを持つ地であることから、請願運動が展開されることとなった。

大正八年三月八日、関係町村を代表して、上大野村長工藤東十郎が上申書を起草し、県庁に出向いて郡長会議に出席中の三神郡長に上申書を提出。三神郡長は翌九日知事官邸で知事に面会し、事情を説明する。知事からは「援助もするが、請願したほうがよい。明日上京するから、ついでに御料局に伺ってみるから、帰庁したらきてみるがいい」という返事であった。知事の帰庁で県庁に行って話しを聞いたら、大野岱に縁故のあることを認めている関係者が払下げを願っているとすれば、時機を失わずに請願書を提出したほうがよいということであった。それを受けた村長は、同年三月一六日関係町村及部落有志者を上大野村役場に召集し、協議会を開催する。そこで上大野村長工藤東十郎より郡長、県知事に上申書を提出し、事情を説明した事実を報告し、協議した結果満場一致で払下げを受ける前提として、まず請願書を提出することを決定する。請願は、関係各町村長を代表して、上大野村長が主催者となり工藤東十郎を委員長としてその目的達成に努めることとしたのである。

この請願について、県知事の意見としては、御料地とは旧来慣行の深いつながりで無償交付の請願をすべきとの意向が示されていたことは郡長からの説明で知らされていたことであった。ところが、請願提出の段になると先に定めた「利用区」に基づき払下げすることを協定し進めることに対し関係町村に意見の違いがでて、関係町村長及部落有志者は同年三月二二日秋田市に召集されて話し合うこととなる。

米内沢町の主張は、利用区は前田郡長の意向で定められたもので、御料局がこれを認めたものなのかという疑問と、払下げは、御料地の地籍を有する町村が払下げをなされるべきものであること、また、植林地も払下げになった場合、分割して各村に払下げられなければ出願には同意できない。七日市村、坊沢村は、入会地は旧来からのきまりがあって、各村共通のものではないが、利用区を適当とする。下大野村、落合村の利用区設定は上大野村に有利な設定となっているものであると主張し、共に、相譲らず、同年三月二二日より二四日までの四日間議論したが結論に至らなかった。

同年三月二四日各町村の意見が一致しないなか、成田県議からの提案で、県知事がこれまでに誠意ある同情をもって応援してくれている好意にたいし関係町村がつまらぬ異議を主張しているのでは、将来共同してこの問題を成功させるには前途が覚束なくなるとして、成田県議とともに町村長一同が知事官邸に伺い、事情を述べ、援助をお願いする。

知事からは次の二点の指示を受ける。

一、御料地は十分、旧来からの慣行で関係も深く、払下げを受けるにはまず無償交付の請願書を宮内大臣に提出するほうが有益であること。

二、本件は、遅くなっては駄目である。草稿するまではまだ日数もある。町村長は帰村して、町村会を開き請願の議決を経て願書が出来たら直ちに調印して進達（官庁へ上申）の手続きをして待つこと。

これを受けた関係町村長は、請願書を起草するには、各町村の意見が一致しなければ共同出願は成立しないことから、意見の統一が先決問題であり、その調整がはじまる。結局米内沢町は地籍本意を主張し、その村に於いて払下げすることを主張、七日市村、坊沢村、下大野村、落合村、上大野村は大筋で利用区を認めることとなった。

同年三月二八日、上大野村長工藤東十郎は、請願書の起草について県知事に相談し、知事は渡辺勧業課長と相談して進めるようにということになる。こうして文章の浄書は県耕地課の小野田嘱、謄写は耕地整理課雇の瀧沢に依頼し、同年四月八日までは知事の検閲を済ませる。この書類を受取った各町村長は署名となったが、最後まで異議を唱えた米内沢は署名しなかった。

同年四月、人事異動により熊本に転ずる川口知事に変わり奈尾知事が新任となったことから、同年四月二一日工藤東一郎はじめ各町村長は、本願事務引継と援助のお願いに参庁したが、前日赴任した知事は引継などで面会できず、書面でお願いする。一方、三神北秋田郡長も赤十字理事に転じ後任に深谷氏が北秋田郡長に赴任することになる。両郡長の歓送迎会には勧業課長の列席も得、本件の承諾を求めるとともに各町村長と懇談を催し、勧業課長よりこれまでの来歴を話し、了解を求めて本件の援助をお願いする。

請願書依頼のため、工藤東十郎は同年四月二六日上京し、髙橋本吉代議士（明治六年綴子上町生まれ。綴子小学校で内藤湖南から学ぶ。大正六年本県郡部選出の衆議院議員に当選二期目の途中アメリカ視察中死亡）と面会し水野氏に大臣への取次を願いする。

次に、利用区の払下げのほかに問題となっていたのが植林地で、御料局が植林した区域である。

その払下げは以下の二地域であった。

その一つが下杉字谷地道四八番地で、面積二九町四反六畝四歩、土地代金一、〇七八円、立木代七、九三七円、計九、〇一五円。この土地は、皇室令御料地払下げ規則公布前から、秣刈許可を得て従来より使用されてきたもので、その秣刈料金も下杉部落税をもって支払がなされ、皇室令第一六号第三条及不要御料地売払告示により、随意契約をもって払下げを受けることを有し払下げを出願する許可を受けたものである。

もう一つが上杉字金沢一二一番地（元一六九、一五四）、一五四番地（元一八〇）の二筆で、面積一一九町四畝一六分、土地代金四、七六二円、立木代一九、九四一円、計二四、七〇三円。この土地の内一〇〇町六反九畝一一歩は、明治二九年、御料局と関係者との間で契約が成立して、旧来の使用慣行を廃止し、御料局が直営し、植林をして、秣払下げを停止されたことをもって皇室令第一六号本令公布以前より引き継がれてきた作物の特売の慣行を行う土地に該当しない。一五四番地の一部は、上杉字金沢の民有地周辺を含み、一二一番地の一部も、金沢の民有地を保護するために皇室令御料地払下規則公布前から秣刈許可を得て従来より使用されてきたもので秣刈料金も上杉部落税をもって支払われてきたことから、一二一番地、一五四番地の計一一九町四畝一六歩の内、一七町三反八畝七歩は産物特売を受けている地、残地一〇〇町六反九畝一一歩は産物特売を受けていない地となっていることから、これを合わせて御料地売払告示随意契約により払下げ資格を得ようとするのが出願の理由とするところであった。

出願あたって、大正八年六月二六日、帝室林野管理局の渡辺嘱、松野技師の両氏が米内沢に出張してきて、米内沢町長、上大野吉田村長代理と会見。出張官から御料地払下願書の訂正が説明された。そして各関係町村に同月二七日米内沢役場に集まるよう伝えられ、米内沢町長、上大野村長代理、下大野村長、落合収入役、坊沢村長、七日市村長が出張官から願書中の訂正カ所を指示される。訂正・指示事項は次のようであった。

一、願書は調査結果、反別に異動を生じていることによって、指示の反別に訂正すること。
二、払下代金は、原野は反当たり四円に訂正すること。
三、植林地、土地、立木代金は三三、七一五円と訂正すること。
字金沢一二一番、一一五番　一筆
面積一一九町四畝一六歩　土地代金四、七六二円　立木代金一九、九四一円　計二四、七〇三円
字谷地道四八番
面積二九町四反六畝四歩　土地代金一、一九八円　立木代金七、八三四円　計九、〇三二円

但し、坊沢利用区内には、植林地区域を認めていないことで、坊沢は除く。提出願書の提出期限は町村会の議決を経て、大正八年六月二九日まで、鷹巣の勝永旅館於受取る

以上の指示を受け、各町村長は指定期日に提出することを約束する。また、米内沢村長より、前（利用区）の出願は共同で出願したが、今回はどうなのかということに対し出張官から共同で出願するも、単独で出願するも、許可には差支えないということで、各町村長は協議の上、各町村単独で出願する旨、出張官に伝え承認を得る。各町村では、急遽町村会を開いて決議し同月二九日に出張官に提出する。

大正一〇年「官報登載」をもって大野岱の売却が告示となり、大正一一年八月二六日関係六カ町村（上大野村、米内沢町、下大野村、落合村、七日市村、坊沢村）の払下げが許可となる。

払下げ代金は、払下げ許可後、令施行規則第二七条により、分納の許可申請をなすものとし、払下げ代金の出金方法は各町村において適宜これを定めるものとし、払下げに関する共通の必要経費は各町村利用区土地及立木の払下げ価格を標準とし、これを負担するものとされたのである。

これに至るまでは、関係町村をはじめ郡、県、関係者の各方面に対する不断の陳情・請願が効を奏したことはいうまでもないことである。大野岱の地元復帰は、最初に陳情された明治一五年より数えてちょうど今年（平成二九年）で一三五年目のことである。

五、おわりに

『大野岱御料地問題関係書類』をもとに、大野岱開拓以前の御料地と関係町村の関わりをみてきた。そこには払下げに至るまでの関係町村はじめ郡、県、関係者の各方面に対する動きを資料から読み取ることができた。

払下げも終わり、大正一一年農林省が大野岱を調査。昭和九年「東北振興調査会」が設置され、振興事業の一つとして、大野岱が集団開墾敵地となる。そして、昭和一〇年六月には松井事務局長が来秋し調査。幾一〇〇年もの間、低位生産に甘んじてきた台地であるが、周到な土壌改良と、新しい営農方式を採用すれば、入植者の定着のできる見込みとなり、地元米内沢、上大野、下大野、落合の四カ町村はこの事業に期待を寄せることとなる。

昭和一一年一一月各町村は開墾地約三五〇町歩を県に寄付することを申し出る。昭和一二年二月二四日第一次開拓がはじまる。九二戸が移住し、日栄二二戸、松栄一四戸、梅栄一〇戸、桃栄一四戸、美栄二六戸の五つの部落が誕生。県主催の「県営集団農耕地開発事業」の地鎮祭、起工式、入地宣誓式典が本間精県知事の参列で行われ、大野岱集団入植の始まりとなった。この部落名は、本間県知事の命名で、入植希望者は最終的には一三七人で選考会が開かれ、地元三一戸、その他六一戸の一対二の割合で選考招致されることとなったのであった。

昭和一九年秋には久安博忠県知事が大野岱を視察し、地元の要望を聞き、米内沢に大野台女子農業学校（米内沢高校の前身）、上大野に青年道場（経営伝習農場・大野台県立営農大学校の前身）が昭和二〇年に設置されることとなった。

昭和二八年の町村合併促進法の制定に伴い、昭和三〇年三月上大野村、下大野村、落合村は合併し「合川町」の誕生となった。一方、昭和三〇年四月坊沢村、昭和三一年九月七日市村がそれぞれ鷹巣町に合併、昭和三一年九月米内沢町は森吉町に合併。

以降、昭和四一年九月全国初の「社会福祉の町」を宣言した合川町は大野岱地区一帯に福祉ゾーンを設置し福祉の里として、昭和五五年大野岱工業団地に工場誘致、平成一〇年七月一八日大館能代空港開港、平成一五年北欧の杜完成、平成一七年三月鷹巣町、合川町、森吉町、阿仁町が合併し北秋田市誕生、平成二二年北秋田市民病院開院、平成二九年日本海沿岸東北自動車道が大館能代空港まで延伸するなど、大野台はこれからも大きくかわろうとしている。

9　県北木炭史考

――鷹巣木炭倉庫建設を中心として――

一、はじめに

　木炭は県北農山村にとって重要産業であったばかりでなく、住民生活にとっても熱給原として重要であった。幕末秋田藩の木炭生産量は、藩用及直営銅山製錬用合わせて一一万俵余（三〇kg入換算）であった。これに加えて年々民用炭が生産されるようになり、その生産量も明治末期には一五五万俵にたっした。

　また、明治末期から製炭技術者（明治三五年田中長嶺・明治四一年高橋善八・明治四五年森重弘・大正二年佐藤喜久蔵・大正四年永井定吉・大正六年吉田来秋）を招聘し粗悪炭の改良に努めた。特に、福島県箕輪村出身の吉田来秋は優れた製炭技師として、吉田式築窯法を考案し炭質の改善や収炭率を高めるなど、秋田県製炭業の技術面で画期的な業績を上げた。この吉田窯の普及で秋田県の白炭は全国市場でも好評を博したといわれている。

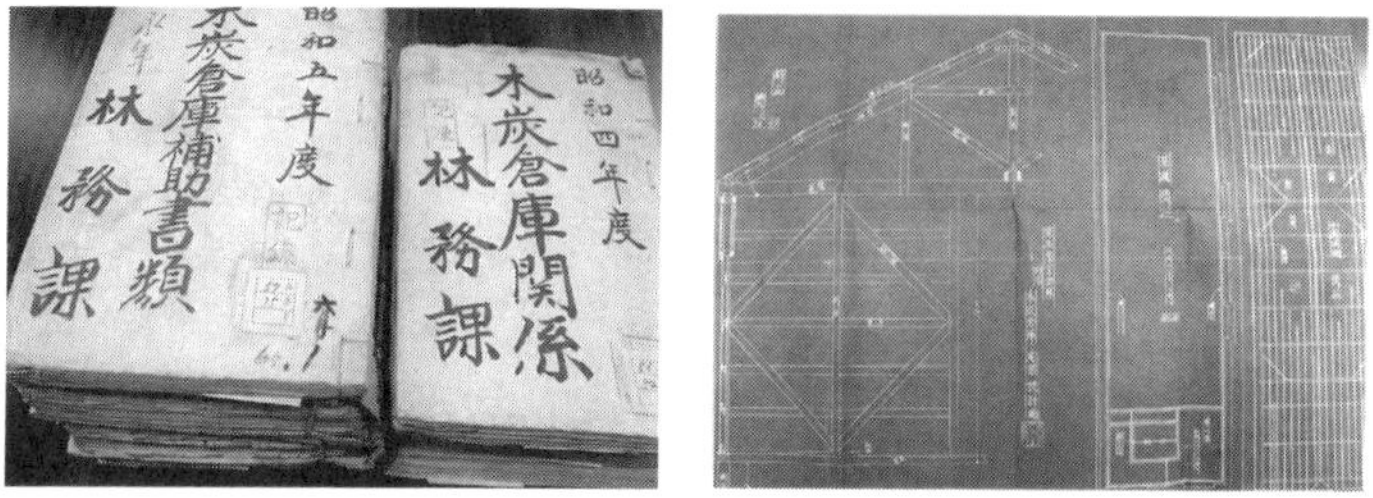

木炭倉庫関係書類と鷹巣倉庫設計図面（県公文書館蔵）

北秋の木炭同業者は業界の発展を図るため、「重要物産同業組合法」に基づき大正一一年八月、県内ではじめて「木炭同業組合」を設立（大正一一年九月平鹿郡、南秋田郡。大正一一年一一月河辺郡、山本郡。大正一三年九月鹿角郡にそれぞれ設立）する。これが発展して後の大正一二年一二月「秋田県木炭同業組合連合会」の設立となる。これによって、県下全域で木炭検査を実施し、品質の向上と規格の統一を図る。また各組合に製炭技師を派遣するなど木炭産業の発展に努めることとなった。

このような動きの中で、大正一四年秋田県は木炭の品質低下を防ぐため産業組合等の木炭倉庫建設に助成を行うことに決めたのであった。これによって、大正一四年から昭和六年の間に三三棟が建設され、その補助金額は一七、六六〇円にもなっている。この中の二棟が鷹巣農業倉庫（鷹巣駅・早口駅）の建設であった。この倉庫の建設が県北の木炭産業の中でどのような役割をはたしていたのか、公文書『昭和四年度　木炭倉庫関係　林務課』・『昭和五年　木炭倉庫補助書類　林務課』（県公文書館蔵　資料番号九三〇一〇三-〇〇二四八、九三〇一〇三-〇〇二五一）から大正、昭和期の県北地区における木炭事情を探ってみることにする。

二、鷹巣農業倉庫（鷹巣駅・早口駅）の建設とその役割

鷹巣町に木炭倉庫（位置鷹巣町字西塚ノ岱七七ノ五、一棟、五六坪、建築総額二、八二六円、補助額七二八円）が建設されたのは昭和三年であった。ところが当時、北秋田郡の中央部、阿仁部の県外輸出木炭の年産が一五〇万貫（約五、六二五、〇〇〇kg）にも達していたことから、この設備では十分にその機能を発揮することができていなかった。これを遺憾として計画されたのが、早口及鷹巣両駅に各一棟の倉庫を建設することであった。その計画の概略は次のようになっている。

一、工事執行者　北秋田郡鷹巣町有限責任販売利用組合鷹巣農業倉庫
二、工事執行予定個所
イ、北秋田郡鷹巣町鷹巣駅前　ロ、北秋田郡早口村早口駅構内
三、構造・棟数・建坪
イ、木造、亜鉛葺、平屋、建坪八〇坪、一棟
ロ、木造、亜鉛葺、平屋、建坪七二坪、一棟

四、工事費
イ、五、〇一四円八〇銭（補助金一、六七五円）
ロ、三、五三六円　五銭（補助金一、一七八円）
五、工事執行
昭和四年施行予定
尚、鷹巣の建設予定地は、鷹巣町木炭業者所有で賃貸契約了解済。早口の建設予定地は、鉄道省の所有で関係当局の指示で払下げ出願中とある。

これは、木炭の品質低下、金融取引上の円滑の欠如、需給の不均衡などから生産力の衰えを招き、産業進展上極めて遺憾とするところから、その使命の重さを受け止め、地域産業の振興に資すべき計画であった。

早口駅への建設は当時木炭生産の過半が早口駅から積み出されていた関係上、鷹巣農業倉庫の支庫として設置の必要に迫られていた。しかし、建設は計画通り着工されなかった。建築資材はすでに営林署より払下げを受け、製材を終えていたが、敷地の払下げ許可が遅れて起工に至らなかった。払下げ許可の見込みは十分であるとはいえ、年度（昭和四年度）内の施工は困難となったのである。これにより、鷹巣駅に建設する倉庫も、早口駅に建設する倉庫の完成後に施行する予定であつたことから、こちらも遅れることとなったのであった。

やがて土地払下げの許可も済み、竣工されたのは昭和五年一月二六日であった。この早口倉庫は、間口六間、奥行一〇間、建坪六〇坪で、内四八坪（八間、六間）は荷積室でその他は事務室、当直室を配置し、二階に一二坪の会議室を設けた総坪数七二坪であった。

一方鷹巣駅前に建設された鷹巣農業倉庫は、鷹巣町字西塚ノ岱四五番地ノ五に位置し、建築に着手されたのは昭和六年五月一日で同年五月二五日に竣工している。この年県内で建設された五棟の木炭倉庫の中で最も大きいものであった。

次に、これらの木炭倉庫の役割についてであるが、早口の木炭倉庫は、早口村字早口上野六四番ノ四地内にあり、早口駅構内に接続して国道にも面しており、馬車並びに貨物の積み下ろしに便利であった。これまで早口駅に移出されていた木炭は、年産二、七〇〇トン（二、七〇〇、〇〇〇kg）にものぼった。しかし、これを収容する専用倉庫がなかったため、雨露に曝され、品質が低下し、その損害も甚大であった。建設により生産者にとっても購買者にとっても利益となったのであった。

一方鷹巣駅前倉庫は、収集区域が米内沢、沢口、阿仁合、前田、荒瀬、七日市の各町村に及び、その収集区域内面積は一四、〇一一haで生産量も三、一八七、五〇〇kgに達していた。このような規模に対して年収容量は九五六、二五〇kgと未だ及ばずといえども積替回数を増やすなどして収容量の増加に努めるなど同業者の福利増進を図り、その振興の向上に資するものとなったのである。

三、木炭生産の推移

木炭生産の推移（秋田県）

年度	生産量			移出入	
	数量（俵）	金額（円）	白炭の生産比（%）	移出（俵）	移入（俵）
幕末	一〇、〇〇〇				
明治 末期	一、五五〇、〇〇〇				
大正 一年	一、八四四、〇〇〇				
大正 二年	二、三三九、〇〇〇				
大正 三年	二、九六〇、〇〇〇				
大正 四年	二、六八五、〇〇〇				
大正 五年	二、九五二、〇〇〇	八〇八、一五七	八四		
大正 六年	三、六〇〇、〇〇〇				
大正 七年	三、五四九、〇〇〇	二、七三五、〇七三	九〇	二、二八七、〇〇〇	七七、〇〇〇
大正 八年	三、五八八、〇〇〇	四、一七五、〇五八	八九	一、五三七、〇〇〇	七九、〇〇〇
大正 九年	三、〇四七、〇〇〇	三、一一五、四九〇		一、九〇四、〇〇〇	八九、〇〇〇

大正一〇年	三、三〇六、〇〇〇	四、〇一一、八五七	八四		
大正一一年	三、三四七、〇〇〇	三、五四三、五五七			
大正一二年	三、一七一、〇〇〇	三、七二九、九七三	八七		
大正一三年	三、一八八、〇〇〇	三、三四八、八五九			
大正一四年	三、五三五、〇〇〇	三、六八九、九〇二	八九		
昭和　一年	三、一八五、〇〇〇 (二、六〇三、〇〇〇)	二、八一四、〇〇〇	八二		
昭和　二年	三、二六八、〇〇〇 (二、六三九、〇〇〇)	二、八六三、〇〇〇	八二		
昭和　三年	三、六〇五、〇〇〇 (二、六九九、〇〇〇)	二、六五六、〇〇〇	七五		
昭和　四年	三、五〇〇、〇〇〇 (二、六八五、〇〇〇) 三、六〇〇、〇〇〇	二、四一九、〇〇〇	七七	一、九二五、〇〇〇	七四五、〇〇〇
昭和　五年	四、〇三七、〇〇〇 (三、二一〇、〇〇〇) 三、六六七、〇〇〇	二、三五六、〇〇〇	八〇	一、八四五、〇〇〇	五四七、〇〇〇
昭和　六年	三、七六二、〇〇〇 (二、八九五、〇〇〇) 四、五〇二、〇〇〇	一、五四四、〇〇〇	七七	一、八五六、〇〇〇	四六七、〇〇〇

昭和　七年	三、七九七、〇〇〇 (二、九五六、〇〇〇) 三、九三〇、〇〇〇	一、九五七、〇〇〇	七八	一、九七五、〇〇〇	四四七、〇〇〇
昭和　八年	四、〇一一、〇〇〇 (三、一七六、〇〇〇) 四、三一五、〇〇〇	二、〇六九、〇〇〇	七九	一、七〇六、〇〇〇	二八二、〇〇〇
昭和　九年	四、二四四、〇〇〇 (三、三八一、〇〇〇) 四、七六二、〇〇〇	二、二四七、〇〇〇	七九	二、一四〇、〇〇〇	二五九、〇〇〇
昭和一〇年	四、一四九、〇〇〇 (三、二五五、〇〇〇) 四、〇九七、〇〇〇	二、四四〇、〇〇〇	七九	一、七四四、〇〇〇	三四七、〇〇〇
昭和一一年	四、一一九、〇〇〇 (三、二七七、〇〇〇) 四、四二〇、〇〇〇	二、七二八、〇〇〇	七八	一、六六六、〇〇〇	三七一、〇〇〇
昭和一二年	三、七三三、〇〇〇			一、五二八、〇〇〇	三一九、〇〇〇
昭和一三年	三、八八一、〇〇〇 (三、〇五九、〇〇〇) 三、六三八、〇〇〇	四、三一〇、〇〇〇	七九	一、一三八、〇〇〇	六四三、〇〇〇

昭和一四年	三、六五一、〇〇〇			一、〇四九、〇〇〇	五九三、〇〇〇
昭和一五年	四、一四五、〇〇〇 (三、二七五、〇〇〇)		七九	三七七、〇〇〇	六〇、〇〇〇
昭和一六年	四、〇六八、〇〇〇			六〇九、〇〇〇	一六、〇〇〇
昭和一七年	三、五五八、〇〇〇			三四四、〇〇〇	一四、〇〇〇
昭和一八年	三、六三一、〇〇〇			七二四、〇〇〇	一、〇〇〇
昭和一九年	三、二三一、〇〇〇			四五五、〇〇〇	二、〇〇〇
昭和二〇年	三、〇〇八、〇〇〇			三一〇、〇〇〇	―
昭和四一年	九三二、八一一	四四三、二四四、〇〇〇		五三、九七四	一四三、三〇九
【備　考】	一、幕末～大正一四年　一俵三〇kg換算　昭和一年～昭和四一年　一俵一五kg換算 二、（　）内数字は白炭 三、生産量は『秋田県林業概要』、生産量及移出入量は『秋田県林業要覧』より 四、昭和一四年秋田県「木炭増産助成要綱」制定、昭和一五年農水省「薪炭材需給調整規則」制定。 五、一俵の木炭価格　大正一年二六銭四厘　大正六年五一銭二厘　大正一〇年一円二一銭二厘　大正一四年一円四銭四厘 六、大正七年移出先（東京・栃木・群馬）移入先（北海道・岩手）				

統計資料『秋田県林業史』、『秋田県林業概要』、『秋田県林業要覧』より作成

大正期になると木炭は、一般市民はもちろんのこと戦時下の軍需や関係産業上極めて重要な使

命ら担うことになる。中でも大正六年には第一次世界大戦による需要増加で、生産が三六〇万俵にも達する。それ以降昭和七年までの一五年間は三〇〇万俵台を維持している。この間、昭和六年は満州事変による需要の増大。昭和七・八年に政府は農山村の経済更生に木炭生産の意義を認め、製炭築窯に奨励金を助成し全国八、〇五七の築窯に三三、三七〇円の補助金を助成している。昭和八年から一一年までは四〇〇万俵を超える生産量となる。この間、昭和九年の大冷害による凶作が農山村を打撃することとなり、現金収入の途を木炭に求めるものが多くなる。

昭和一一年以降二〇年までは、三〇〇万俵~四〇〇万俵を維持している。昭和一一年以降は、工業用木炭の需要が急増したのに対し、製炭能力は、兵役や徴用等のため減少し品不足となり木炭価格の高騰をもたらすこととなった。農水省は「薪炭材需給調整規則」(昭和一五年七月三一日省令)を制定。これより先に、秋田県では「木炭増産助成要綱」(昭和一四年)を定め、製炭実行組合、木炭改良組合等の木炭増産団体に助成金の交付を拡大するなどしたが、戦争の拡大により木炭事情は深刻化し、生産・集荷・配給の統制機構のもと消費生活は大きく制限されることとなった。さらに秋田県では、昭和一七年「民有林伐採取締規則」「県外移出取締規則」を公布。木炭増産推進登録制度を実施するなどして県内の木炭生産量の確保に努める。そして昭和一八年「木炭配統制規則」(県令五号)、産業組合による一元集荷や木材、木炭などの重要林産物増産のため、市町村長に林業報告隊組織要領を通達するなどして、薪炭緊急増産のための勤労奉仕(学徒動員)により辛うじて家庭燃料は保たれることとなった。そして昭和三〇年代後半から昭和四〇年代には減少が加速し、昭和四一年の生産量は九三万俵余と、最盛期（昭和九年四七〇万俵）の二割にも満たないまでの減少となったのである。

四、おわりに

倉庫建設者の鷹巣販売利用組合鷹巣農業倉庫は、昭和二年二月に設立されている。設立当時の組合員は八〇七名、出資口一、四五五口（一口一〇円）で、払込出資金は七、三二五円であった。設立後の日は浅いが着々とその業績を上げ、地方産業の発展に貢献すべき木炭倉庫の建設に乗りだしたのであった。この当時の一カ年の収支概算をみると木炭保管料は六〇〇、〇〇〇円（輸出木炭一カ年延三〇、〇〇〇俵一カ月二銭の保管料金）で収入の約五八%に当たるものであった。木炭産業の重要性に注目した県は、大正一四年から木炭倉庫建設に補助金を公布したことで、その対象となった倉庫は昭和五年まで全県で三二棟を数えるほどになった。まさにこのような時期での建築であったことと同時に、鷹巣木炭倉庫の建築を通して県北地域における木炭生産の動向を知ることができた。

10　栄村摩当山分割事件

――明治四二年六町村共有原野の分割問題――

一、はじめに

北秋田郡栄村地内併称摩当原野琵琶田外五二字筆数一三八筆、土地台帳反別六六九町二畝九歩は扇田比内、小猿部の中間に位置、栄村外一五カ町村共有に属し、秣及柴草等の採取地として旧来から入会使用歩合に基づき、租税公課を徴して利用されていた。

この原野については共有者の鷹巣町から、近来世運の変遷に伴い町村財政の基盤を充実させるため、その方法として共有原野を有効利用したらどうかという話しがだされていた。つまり、共有のまま維持すれば将来土地利用する場合に、相互に不利益をもたらす心配があり、分割地を基本財産として営利的に利用するのが適当ではないかと考えたのであった。

そして明治二八年、当時の町長であった古川忠継が主唱者として分割を提議したのがこの問題の始まりであったとされている。それいらい関係町村の持分歩合及分割方法について協議を重ね

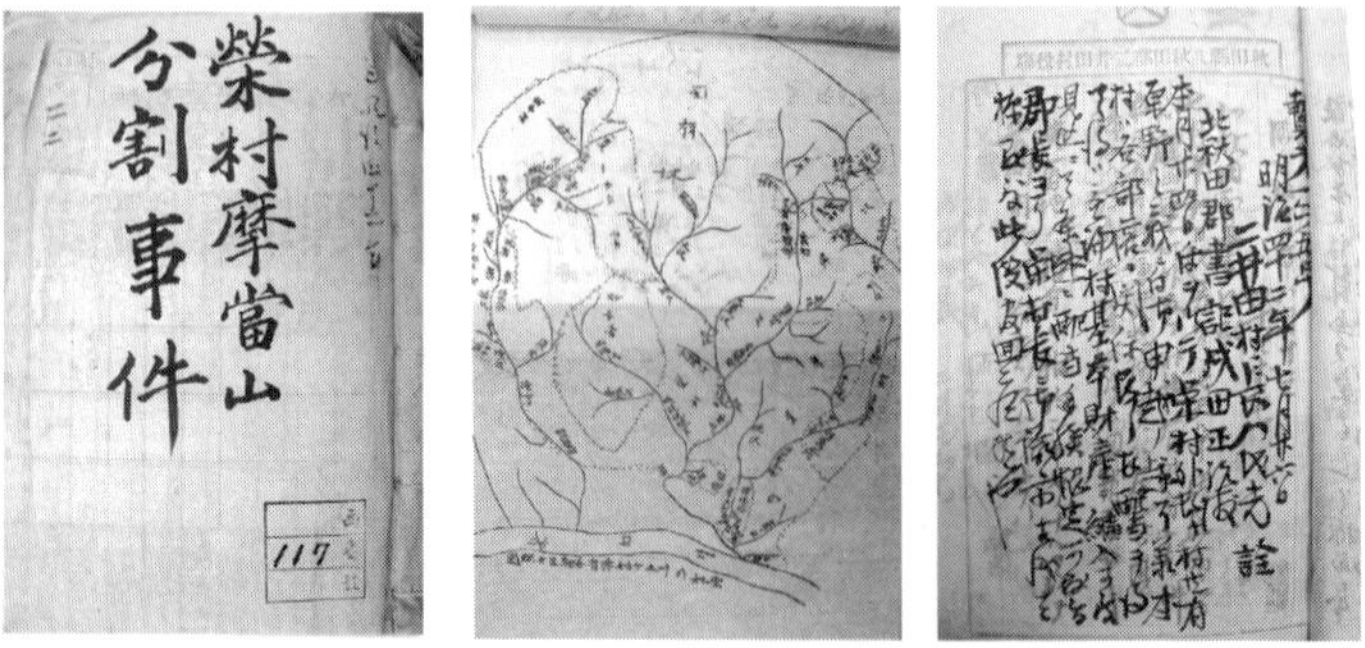

『明治42年　栄村摩当山分割事件』県公文書館蔵

る事数十回に及ぶこととなったが、町村長の意見の相違で町村長会の意志疎通を欠き、問題解決の進行を妨げることとなった。そこで、地元栄村の村長である高橋慶吉が間に入り、円滑な関係を図るとともに、この原野を利用することになれば、一大公益をもたらすとして分割の必要性をお互いが認めたことで、分割に向けた具体的な動きがはじまることとなったのである。以降、分割問題はどのような経緯をたどり決着をみたのか、それについての興味深い資料『明治四二年　栄村摩当山分割事件』（県公文書館蔵　資料番号九三〇一〇三-〇一四〇一）を読み解きながらみることにしたい。

二、関係町村の分割所有決議と分割申請

共有地の分割と持分について町村長協議会（二井田村長八代光詮、早口村長岸洸蔵、真中村長代理助役石戸谷芳夫、沢口村長神成善蔵、鷹巣町長臨時代理木村勇吉、栄村長高橋慶吉）が協約を交わしたのは、明治四二年六月二一日であった。そこで決まった持分は、それぞれ二井田村一〇%・早口村

五%・真中村一五%・沢口村一八%・鷹巣町一九%・栄村三三%であった(次図)。

土地台帳面積を基にした従来の費用負担歩合と関係町村の妥協分割歩合

町村	従来費用負担歩合	関係町村の妥協分割歩合
栄村	四分	三分三厘
鷹巣町	二分五厘	一分九厘
沢口村	一分八厘	一分八厘
真中村	一分一厘五毛	一分五厘
二井田村	五厘	一分
早口村	五毛	五厘

但、此の協約は各町村会の議決を経て決定するとして、各町村会の議決を待つこととなったのである。

町村長協議会の分割協約を受けた関係町村会は協議し明治四二年七月一六日までに共有地分割の決議を終えることができた。町村会の決議を経て、北秋田郡参事会・北秋田郡長へ許可の申請がなされたのは明治四二年七月二四日であった。申請を受理した郡長は、共有原野を測量する技師の派遣を県に依頼し、明治四三年五月に測量作業が始められた。測量技師の出張期限が六月二〇日迄となっていたが、面積が大きく、計画も半分にも及んでいないことから、作業期間の延長をお願いし、派遣されていた田中林業技師は継続して従事することとなる。こうして五月二日より着手された実地測量は、八月二日をもって終了することとなった。

三、栄村外一五町村共有原野分割配当の内訳と調査土地明細書及配当反別過不足補償額

測量による実測面積は、一、三八七町七反八歩（字吉ケ沢、二七町四反〇畝二二歩の郡立農林学校への寄付地を除く）であり、この測量結果をもとに関係町村の管理者が協議を行い協定された配当地所・面積の内訳、調査土地明細書、配当反別過不足補償額が提案されたのは明治四三年八月六日であった。それを示すと次のようである。

内　訳（配当地所・面積）

配当地所	実測面積
栄村へ配当地所	
琵琶田	一九町八五二三
瀧ノ下	一三町三九一〇
瀧ノ澤	五一町二五一三
瀧ノ岱	四町八九二五

澤梨（ろ）	二一〇四
澤梨（は）	二町四五〇〇
折戸	一町六九二六
大澤瀧ノ澤	一六町五四二三
大澤下モ村	五町九七一四
根洗澤堤下タ（い）	一三町三七二六
根洗澤堤下タ（ろ）	一町五〇〇八
岩坂	六町〇一〇二
三田	一町〇四一六
深澤（い）	一町〇四一六
深澤（ろ）	一町二七一二
陣場岱	一四町四五〇八
重三郎谷地	一町四二一九
小摩当澤（い）	五町七六二〇
小摩当澤（ろ）	一町四三一〇
小摩当澤（は）	一町二三二三

小摩当澤（へ）	五町七五〇〇
長坂澤	四七町七五二六
家向	二三町四五一四
鳥屋場岱	一二町八四一八
孫六岱	一一町六五二五
大悪木	一〇町二一二〇
唐塚岱（い）	二一二〇
唐塚岱（ろ）	五町〇七一五
上ミノ澤（い）	五二町八三一八
上ミノ澤（ろ）	二一二四
川上ミ	七六町〇五一五
塚ノ岱	二町九〇二二
小摩当沢出口	七二二九
小摩当沢（に）	四町七一一四
高田（い）	六五一〇
孫兵エ岱	一一町〇一一五

高坂戸	七町一五〇三
吉ケ澤（は）	一六町八八二六
飛子沢	二八二一
計	四五五町二九〇二
鷹巣町へ配当地所	
大石ノ澤	三〇町二五一四
彦十郎谷地（い）	二一町〇八〇三
彦十郎谷地（ろ）	一四町四〇一八
中小又澤	一三〇町三〇一九
石ノ巻	六五一〇
堤澤	六八町一一〇六
計	二六四町八一一〇
沢口村脇神へ配当地所	
徳右エ門谷地（い）	九町八三〇八
徳右エ門谷地（ろ）	二八町六九〇三
上ミ鳥越	二六町三三二九

小摩当澤（は）	八八〇八
吉ケ澤（ろ）	二一町八二〇四
中小又出口（い）	一〇町五五〇四
中小又出口（ろ）	七町七四〇八
犬トシ	六四町六九二七
下モノ澤	一九町四三一五
古屋敷下タ	三〇町〇三一〇
松長根	一六町八六〇三
五郎助澤	一二町七一一五
計	二四九町六〇一二
真中村へ配当地所	
上ミ田澤	二〇町四〇一八
根小屋澤（い）	一四町九六〇四
根洗澤	四七町〇〇二三
桂岱	一八町九五〇四
飛子澤（ろ）	四六町二九一九

山神澤（い）	一九町九九〇六
金堀澤（い）	四一町八七二六
金堀澤（ろ）	一八
計	二〇九町四九二七
二井田村へ配当地所	
上ミ袋（い）	一四〇一
上ミ袋（ろ）	二七町〇一一六
一通之澤	二二町六三三五
根小屋澤（ろ）	二町四五〇〇
佐藤田	四町〇五〇六
ソコベ澤	三五町九三〇三
山神澤（ろ）	五町四八二六
大澤倉下タ	四一町〇一一二
計	一三八町七二二九
早口村外川原へ配当地所	
澤梨（い）	一二町五四一三

笹渡リ	五一町三三〇七
高田（ろ）	五町八八二九
計	六九町七六一八

調査土地明細書

村	字	地目	地番	符号	実測面積	所有者
栄村	琵琶田	原野	三一ノ内、三七・三八ノ内		一九町八五二三	栄村外一五町村
栄村	滝ノ下タ	原野	二二ノ内、二三ノ内		一三町三九一〇	同
栄村	滝ノ澤	原野	一ノ内		五一町二五一三	同
栄村	滝ノ岱	原野	二八ノ内		四町八九二五	同
栄村	笹渡リ	原野	三、二九ノ内		五一町三三〇七	同
栄村	孫兵エ岱	原野	五ノ内、一六ノ内		一一町〇一一五	同
栄村	孫兵エ岱	原野	七ノ内、三五	ろ	五町八八二九	同
栄村	高田	原野	三四	い	六五一〇	同
栄村	高田	原野	四、五、一九	い	一二町五四一二	同
栄村	澤梨	原野	五一	ろ	二一〇四	同

栄村	澤梨	原野	五二	は	二町四五〇〇	同
栄村	澤梨	原野	一五	い	一四町九六〇四	同
栄村	根小屋澤	原野	八、一〇、一三	ろ	二町四五〇〇	同
栄村	ソコベ澤	原野	一二二		三五町九三〇三	同
栄村	上ミ袋	原野	三七	い	一四〇一	同
栄村	上ミ袋	原野	四六ノ内	ろ	二七町〇一一六	同
栄村	佐藤田	原野	一〇ノ内		四町〇五〇六	同
栄村	山神澤	原野	二ノ内	い	一九町九九〇六	同
栄村	山神澤	原野	二二	ろ	五町四八二六	同
栄村	桂岱	原野	一九ノ内、二〇ノ内、二一		一八町九五〇四	同
栄村	上ミ田澤	原野	一、一五、一六		二〇町四〇一八	同
栄村	一通之澤	原野	一		二二町六三二五	同
栄村	折戸	原野	六一ノ内		一町六九二六	同
栄村	大澤倉下タ	原野	一四ノ内、二五ノ内、四五		四一町〇一一二	同
栄村	大澤滝ノ澤	原野	一、三三、三八		一六町五四二三	同
栄村	大澤下之村	原野	二〇ノ内		五町九七一四	同

栄村	根洗澤	原野	四五ノ内	い	二六町三六〇六	同
栄村	根洗澤	原野	二九ノ内	ろ	二〇町六四一六	同
栄村	根洗澤堤下タ	原野	一〇ノ内、二八	い	一三町三七二六	同
栄村	根洗澤堤下タ	原野	三ノ内	ろ	一町五〇〇八	同
栄村	金堀澤	原野	二八ノ内	い	四一町八七二六	同
栄村	金堀澤	原野	二八ノ内	ろ	一八	同
栄村	岩坂	原野	一、二		六町〇一〇二	同
栄村	三田	原野	一九、五二		一町〇四一六	同
計					五二一町五九〇〇	
栄村	堤澤	原野	四二ノ内		六八町一一〇六	同
栄村	深沢	原野	一四	い	一町〇四一六	同
栄村	深沢	原野	四四	ろ	一町二七一二	同
栄村	塚ノ岱	原野	一二二		二町九〇二三	同
栄村	陣馬岱	原野	三九、一一ノ内、二二、二三		一四町四五〇八	同
栄村	大石澤	原野	一一ノ内、二三ノ内、二四		三〇町二五一四	同
栄村	石ノ巻	原野	一		六五一〇	同

栄村	小摩当澤出口	原野	五ノ内、一七		七二二九	同
栄村	重三郎谷地	原野	一二ノ内、二〇ノ内、二九		一町四二一九	同
栄村	彦十郎谷地	原野	五九ノ内	い	三町〇八〇三	同
栄村	彦十郎谷地	原野	五七、六八	ろ	一四町四〇一八	同
栄村	徳左エ門谷地	原野	五〇、五一	い	九町八三〇八	同
栄村	徳左エ門谷地	原野	一五ノ内、四六ノ内	ろ	二八町六九〇三	同
栄村	中小又出口	原野	二七、五八	い	一〇町五五〇四	同
栄村	中小又出口	原野	二六	ろ	七町七四〇六	同
計					二一三町一五二八	
栄村	古屋敷下タ	原野	一一、一二ノ内、一三ノ内		三〇町〇三一〇	同
栄村	上ミ鳥越	原野	五ノ内、二八、二九、三〇ノ内、三一		二六町三三一九	同
栄村	大トシ	原野	二、七ノ内、八ノ内、九		六四町六九二七	同
栄村	松長根	原野	六ノ内		一六町八六〇三	同
栄村	下モノ澤	原野	二ノ内		一九町四三一五	同
栄村	中小又澤	原野	一ノ内、八ノ内、三三		一三〇町三〇一九	同
栄村	中小又澤	原野	一〇六、一〇七、一〇九ノ内	い	五町七六二〇	同

栄村	中小又澤	原野	一〇八、一一二	ろ	一町四三一〇	同
栄村	小摩当澤	原野	三一	は	一町二三三二	同
栄村	小摩当澤	原野	三ノ内	に	四町七一一四	同
栄村	小摩当澤	原野	一一一ノ内	ほ	八八〇八	同
栄村	小摩当澤	原野	一一〇ノ内	へ	五町七五〇〇	同
栄村	長坂澤	原野	一ノ内、三八ノ内、三九		四七町七五二六	同
栄村	家向ヒ	原野	五四、四八、五六ノ内、五九		二三町四五一四	同
計					三七八町六七〇七	
栄村	鳥屋場岱	原野	一五、二六、六四ノ内		一二町八四一八	同
栄村	孫六岱	原野	二三ノ内、四九ノ内		一一町六五二五	同
栄村	大悪木	原野	八五ノ内		一〇町二一二〇	同
栄村	唐塚岱	原野	六ノ内	い	二一二〇	同
栄村	唐塚岱	原野	七ノ内	ろ	五町〇七一五	同
計					四〇町〇一〇八	
栄村	五郎助澤	原野	五ノ内		一二町七一一五	同
栄村	吉ケ澤	原野	三八ノ内	い	二七町四〇二二	同

栄村	吉ケ澤	原野	三八ノ内	ろ	二一町八二〇四	同
栄村	吉ケ澤	原野	五八ノ内	は	一六町八八二六	同
栄村	飛子澤	原野	三	い	二八二一	同
栄村	飛子澤	原野	一三〇ノ内、三一	ろ	四六町二九一九	同
栄村	上ミノ澤	原野	二五ノ内	い	五二町八三一八	同
栄村	上ミノ澤	原野	三五	ろ	二一二四	同
栄村	川上ミ	原野	七、八、五七、五八ノ内、五九ノ内		七六町〇五一五	同
栄村	高坂戸	原野	一一		七町一五〇三	同
計					二六一町六七一七	
合計					一、四一五町一一〇〇	全面積

土地台帳面の反別では六六九町二畝九歩であったが、実測すると一、四一五町一反一畝〇〇歩の大原野であった。そして、関係町村の配当面積は、栄村四五五町二反九畝〇二歩・鷹巣町二六四町八反一畝一〇歩・沢口村（脇神）二四九町六反〇畝一二歩・真中村（櫃崎、赤石、出川、板沢、大祓、小袖の六部落共有）二〇九町四反九畝二七歩・二井田村（二井田、本宮、比内前田、杉沢、大子内、下川原の六部落共有）一三八町七反二畝二九歩・早口村（外川原）六九町七反六畝一八歩であった。

また、栄村字吉ケ沢（い）（三八番の内）原野実測反別二七町四反〇畝二二歩は、北秋田郡立農林学校基本財産として寄付。栄村字瀧ノ下一六番は、栄村摩当組の所有であることから、土地台帳記載の所有者を誤謬と認め、摩当組所有と訂正し引直しとしたことで、これらの反別を除外した全配当反別は、一、三八七町七反〇畝八歩であった。

また、協定済持分歩合に対する実施配当反別との過不足補償については次のようになっている。

栄村外一五ケ町村共有原野分割歩合ニ対スル配当反別過不足補償額

町村名	協定済持分歩合	協定済持分歩合に依ル算出反別	実施配当反別	差引反別 過	差引反別 不足	過不足反別ノ価格（一反歩三円）	出入区分
栄村	三分三厘	四五七、〇九四六	四五五、二九〇二		一、八〇四四	≒五四円	組合ヨリ受取ルベキ分
鷹巣町	一分九厘	二六三、六六一一	二六四、八一一〇	一、一四九九		≒三四円	組合へ支払ウベキ分
沢口村脇神	一分八厘	二四九、七八一九	二四九、六〇一二		〇、一八〇七	≒五円	組合ヨリ受取ルベキ分
真中村	一分五厘	二〇八、一五一六	二〇九、四九二七	一、三四一一		≒四〇円	組合へ支払ウベキ分
分割地総面積	一、三八七町七反八歩						

	二井田村	一分〇厘	一三八、七七〇一	一三八、七二〇九		〇、〇四九二	≒一円四〇銭	組合ヨリ受取ルベキ分
	早口村 外川原	〇分五厘	六九、三八一五	六九、七六一八	〇、三八〇三		≒一〇円五〇銭	組合へ支払ウベキ分
計		一〇分	一、三八六、八四〇八	一、三八七、六七七八	二、八七一三	二、〇三四三	≒一四四円九〇銭	

注：資料の数字の中で分割総面積反別と実施配当反別数に若干の微差が見られた

これらの提案を基に八月七日、関係町村の管理者が協議し協定した結果、次の六議案〈一、栄村外一五カ町村共有地ノ内字吉ケ沢三八番分筆ノ件　二、栄村外一五カ町村共有地ノ内字吉ケ沢三八番ノ二原野反別二七町四反〇畝二二歩、北秋田郡へ寄付ノ件　三、栄村外一五カ町村名義ノ栄村字瀧ノ下一六番土地台帳面所有者誤謬引直ノ件　四、栄村外一五カ町村共有地各町村へ分割配当ノ件　五、栄村外一五カ町村共有地配当反別過不足補償ノ件　六、栄村外一五カ町村共有地分割ニ関スル特約ノ件（分割前に既に開墾している土地に対しては売却処分するという特約）〉を関係町村の町村議会の審議に附することを決定し、その決議を待つこととしたのであった。

それを受けた町村議会は、二井田村会（八／一三）・栄村会（八／二八）・鷹巣町会（八／三〇）・早口村会（九／一八）と決議され、残りの真中、沢口の各村会も一〇月までは決まり、皆同一の決議を経て郡参事会に許可申請、一一月七日の郡参事会において許可となったのである。

四、おわりに

以上のように、明治四二年摩当山をめぐる六町村共有原野の分割問題ついて公文書をだどりながらみた。このようにして、分割された土地はその後、鷹巣町では町基本財産造成の目的をもって明治四三年より植栽に着手し、杉苗の植付けが進められた。また栄村でも、鷹巣町と同じく植林が進められ、模範林の設置も計画されるなど、二井田村を除けば（配当土地の管理が困難であることを理由に売却を希望）他の町村もそれに続くかのように有効活用に向けた計画が進められたのであった。

コラム(3)

鷹巣・阿仁地域の馬産について

鷹巣地方史研究会講話
平成二四年七月二一日

一、はじめに

照内捷二会長さんから、この地域は古くは馬産の地域でもあるし、このことについて話してもらえないかというお話しがありました。

以前この会の研究誌に「鷹巣・阿仁地域の馬産に関する一考察」という題で三回（五四号〜五六号）にわたって、発表させていただいたことがありました。

そこで、「歴史教室」という勉強会の場でもありますし、話題提供という軽い気持ちでお引き受けさせていただいたところであります。

五〇年以上前であれば、荷物の運搬や田畑の耕作は馬で行われていたし、普通に飼われていました。また家の近くのセリパ（小又）と呼ばれている空き地では、馬の種付けなどは普通に見られる光景でありました。時代の経過とともに、今ではその光景も心に残るだけになってしまいました。今日はその辺のところも、思い起こしながら、話題提供できればと思っておりますので、よろしくお願いいします。

二、馬産地としての阿仁

私は阿仁前田の生まれであります。子供の頃（昭和二〇年代後半から昭和三〇年代前半）は農家の家には牛馬がいて、農耕・運搬・堆肥作りに、また時には食用として身近な生活の中で馬は存在していました。

特に印象深い記憶として残っているのが、近くの河原に伯楽（馬医）が住み定期的に馬の種付けやセリが行われていました。その場所を地域の人たちは「セリパ」と呼んでおりました。セリ場がなまってそう呼ぶようになったのかはわかりません。また昔の秣場は「馬ころばし」という呼称で、そして馬車道は馬道払い行事（共同の草刈作業）として今に伝えられています。

馬産地として知られてきたところでありますが、その裏付け、根拠となる明治期の資料が多くないのも現実であります。次の資料でみていきます。

秋田県馬飼養農家、飼養頭数の推移

年次	飼育農家数	頭数
明治二五年	—	八一、二五九
二七年	—	七六、七七七
三一年	—	六三、八一九

三八年	―	五九、九一八
四四年	―	六三、九四三
大正　六年	―	五八、四九四
一〇年	四四、三五〇	六二、五八三
昭和　一年	四五、六三五	五八、八六三
七年	五一、三四七	六四、二九三
一〇年	四八、四八八	五八、八二二
二七年	四六、五一四	四九、四九六
三一年	三六、八六二	三八、五〇五
三六年	二四、五七〇	二五、三一〇
三八年	一六、一四〇	一六、三〇〇
四〇年	九、二二〇	九、三二〇
四六年	一、六三〇	一、六八〇
五一年	一九〇	二〇〇

『秋田県農業共済史』より作成

秋田県の馬の飼養農家戸数と、飼養頭数であります。明治の飼養農家数が不明になっておりますが、統計がでている大正一〇年からの飼養農家数と飼養頭数から計算すると、一農家が所有する頭数というのは、約一頭から多くて一・四頭であります。つまりいくら多くても二頭弱ということになります。そういうことからも飼育農家数も十分推測されるわけであります。明治期の飼養頭数の多さを知る数字となっております。

次に統計資料であります。

郡市別馬生産者・大正五年

郡市	馬生産者（人）
南秋田郡	九〇六
北秋田郡	六、八四五
山本郡	三、二〇九
河辺郡	一、七二六
由利郡	五、七一五

仙北郡	五、七四四
平鹿郡	一、八二三
雄勝郡	一、六二一
鹿角郡	二、三八一
秋田市	一六
計	二九、九八五

『秋田県史第六巻』より作成

これは、大正五年の秋田県畜産組合事業報告による資料であります。郡市別馬生産者数で『秋田県史第六巻』から作成したものであります。

生産者数で北秋田郡が群を抜いていることがわかります。秋田県全体の二三%を占めていることを示しております。

次に同じく大正五年の郡市別放牧採草地面積であります。『秋田県畜産史』から作成したものであります。

郡市別放牧採草地面積・大正五年

郡市	放牧・採草地面積（ha）
南秋田郡	六〇五
北秋田郡	三、三七二
山本郡	一六九
河辺郡	八
由利郡	七九三
仙北郡	三、三〇三
平鹿郡	ー
雄勝郡	一〇三
鹿角郡	二、五九三
秋田市	ー
計	一〇、九四六

『秋田県畜産史』より作成

北秋田郡は三、三七二haということで、県全体でも一番多い面積を有していたということであります。これらの数字からも北秋田地域が県内で最も馬の飼養が盛んであることを読み取ることができます。

次にセリ場と諸規則（制度）についてであります。

三、セリ場と諸規則（制度）

明治期のセリ場に関係する諸規則についての資料であります。主に関係するところを取り上げてみました。これをみれば、当時の状況を知ることができるわけであります。簡単に説明したいと思います。

■寛文九年（一六六九）―米内沢にセリ場開始

米内沢にセリ場が開始されたのは、寛文九年（一六六九）であります。郡奉行支配のもと駒の頭が置かれる。売り上げ代金の一〇〇分の四を納付させる馬業銭があった。藩政時代においても「駒糶場規則《こませり》」を定め藩主佐竹義宣は、転封後慶長年間（一五九六年～一六一四）領内に二歳駒セリ場を開設したり、「馬改め」と称して馬匹検査を実施したり、良馬の他領への輸出を禁止するなど産馬改良の実施に努める。秋田藩は良馬の産地として、幕府の注目するところとなったことなど記録として残されている。

■明治八年六月―県内四二カ所にセリ場が設置される（民営）。阿仁部は上杉・李岱・鎌沢・米内沢・前田・五味堀・小又・水無・荒瀬の九カ所となる。

■明治九年四月―「糶場規則」制定

売買高の一〇〇分の四を売買両人が折半してセリ駒税として課税され、産馬改良の資金とされる。県はこの年以来、馬産改良や畜産奨励に注目し、青森・岩手県から善良な種馬を購入。これを民間に貸与し良駒の繁殖を図る。

■明治一一年三月―「牛馬籍編成規則」制定

当時は補助金制度がなく、従来のセリ駒税をもって畜産奨励の経費としていたのであったが、明治一一年に地方税規制が発布されるとともにセリ駒税は課目外として徴収することができなくなる。上昇機運に向かった馬産も、資金難のため勢いを失うことになる。県はその保護対策として内務省に〝申出〟して牧畜資金を借り受け、積極的な畜産の保護奨励に努める。そして民間に貸与する馬が増えるにつれ県内各地に放牧場を経営する者が出てくる。この年の六月鷹巣町の成田直衛が、早口村字平滝岱官山二三四町歩に牛馬六〇頭余を放牧する。

■明治一三年一月―「馬籍編成規則」制定

セリ場の開設が定められる。北秋田郡を比内組・阿仁組の二部に分け、毎年一〇月二五日より開設されることとなる。県は畜産管理を民間に移行。畜産篤志家三七名を畜産協議員に選任（北秋田郡からは、長岐貞治・七日市、成田直衛・鷹巣、荒谷桂吉・大葛、田中吉五郎・上小阿仁、小林兵右衛門・上小阿仁、小松多治右衛門・東館八名の選出は県内最多の人数）し県畜産協議会が開催される。これにより、畜産業は民間に移りはじめての団体となる。これが秋田県における畜産組合（畜産会）のはじまりとなる。

■明治一四年一月―「種牛馬貸与規則」公布

軍馬購入始まる。

■明治一五年五月―「畜産協議会規則」制定

■明治一九年　六月―鷹巣競馬開催（現在の丸米商事付近）

競馬場の開設について、明治一九年六月に、成田直衛・高橋武三郎（綴子村長）・成田儀八郎・三沢彦治（湖南下宿先）・成田敬吉の五名の連署で県庁へ提出。これは北秋田産馬の宣伝効果をねらいとしたものなのか、今風の地域おこしのようなものなのか、推測されるところである。大館では、前の年の明治一八年九月一九・二〇日、片山競馬が開催されている。場所は、現在の大館警察署、大館市農協付近とされている。

■明治二〇年―洋馬アリゼリー種を国から県が払下げを受ける

これは、フランス軍が戦役に使用した乗馬を陸軍省が購入し県に払下げられたものを県内の馬産家八名に賃下げされた馬であります。北秋田郡では、成田儀八郎（鷹巣町）・長岐貞治（七日市）・山田理左衛門（阿仁町）の三名に賃下げられる。

■明治二四年四月―農商務省から貸し下げられていた種馬、サムクライド号が北秋田郡に種付け出張中病死

この馬はアメリカ産の農用の種馬であります。明治一八年政府から本県に貸与され、県内各地で供用されていたものである。鷹巣地方で使用中死亡したといわれております。大変優秀な種馬であったことから、県畜産会ではこれを惜しみ、明治二八年に鷹巣の七日市村に立派な石碑が建立されました。当時、県畜産組合長であった長岐貞治が建てたものであるといわれている。現在、鷹巣南中学校校庭に移されている。

■明治三一年　―神宮寺に秋田種馬所設置（農商務省が設置＝ハクニー種・トロッター種の種牡馬導入）

名称の変更を経て現在の「秋田県畜産試験場」となる（この種馬所の設置場所は大野岱も候補にあがっていたということで、前年農商務省の技師が視察していります。もし大野岱に設置されていれば、秋田県の畜産試験場は大野岱にできていたのかもしれない）。

■明治三三年三月―「産牛馬組合法」制定

七月「畜産会」が「秋田県産牛馬組合」として発足。セリ場の統廃合の問題もでてくる。

■明治三四年三月―「優良牝馬保護規定」制定
六月には「牡馬賞与規定」が制定されるなど、奨励金を交付して優良牝馬を県外に売却しないことや畜殖牝馬の保護奨励に努めることとなる。
■明治三九年―市場の統廃合により、県内四二カ所の市場が一八カ所に統合
北秋田郡は、鷹巣・米内沢・阿仁合の三カ所となる。
■明治四〇年―「乾田馬耕法」制定
馬産を奨励。
■明治四二年―阿仁合種馬区が設立
全県のセリ場で軍馬の購入が導入される。（明治二六年軍馬補充部設置。明治二七・二八年日清戦争に五万八千の馬動員。明治三七・三八年の日露戦争に一七万二千の馬動員。軍馬買上価格＝明治二二年六〇円米五俵、明治二八年八〇円米二〇俵、明治四二年一一〇円米二八俵）
■大正三年―「家畜市場法」制定
この法律によりこれまでのセリ場から家畜市場と改められる。
■大正四年―米内沢種付所開設
馬産の改良に努めることになる。米内沢公園では四月下旬から二カ月、種付けを行ったといわれている。

次に、セリ場の開設と日割りについてである。

四、セリ場の開設と日割り

セリは明治維新後の廃藩置県による県の統括から、明治一三年畜産管理を民間（県畜産組合）に移行されます。これまで県下四二カ所で春秋二回セリが開催されていましたが、明治一三年からは、県内セリ場の開設と開催される日程が割り振られるわけであります。統計資料は、明治一三年、最初の年のものであります。

北秋田郡では、比内部と阿仁部と郡方支配が

異なっていたため、このように比内組と阿仁組に分けられ、毎年一〇月二五日に開催されることになります。

明治一三年セリ場開設と日割り

【比内組】
明治一三年一〇月二五日（二日間）牝牡　綴子村
【阿仁組】
明治一三年一一月　九日（三日間）牝牡　鷹巣町
一一月一二日（三日間）牝牡　七日市
一一月一五日（三日間）牝牡　上杉村
一一月一八日（一日間）牝牡　李岱村
一一月一九日（二日間）牝牡　小沢田村
一一月二二日（三日間）牝牡　小又村
一一月二五日（二日間）牝牡　五味堀村・前田村
一一月二七日（一日間）牝牡　水無村
一一月二八日（二日間）牝牡　荒瀬村

ごらんのように、セリは一日のところもあれば、三日のところもあります。これはそれぞれのセリ場の規模によるものだと思われます。移動日をはさんでこのように一〇カ所で行われております。

同じように、明治一四年についてのセリ場の開設と日割りについてであります。

明治一四年セリ場開設と日割り

【比内組】
明治一四年一〇月二五日（二日間）牝牡　綴子村
【阿仁組】
明治一四年一一月　九日（三日間）牝牡　鷹巣村
一一月一二日（三日間）牝牡　七日市村
一一月一五日（三日間）牝牡　上杉村
一一月一八日（一日間）牝牡　李岱
一一月一九日（二日間）牝牡　小澤田村
一一月二一日（三日間）牝牡　小又村
一一月二四日（二日間）牝牡　前田村・五味堀村
一一月二六日（二日間）牝牡　水無村

一一月二八日（三日間）牝牡　荒瀬村

日程、日割り等、同じように予定通り行われております。

セリに出された牡牝馬でありますが、明治六年までは、三歳セリが一般的とされておりましたが、それ以降は二歳セリに改められております。

セリが近くなると農家は馬づくりに専念するようになり、ベテランの馬づくりは軍馬や農林省、畜産組合の買い上げ馬をめざしたといわれております。

明治末期から大正初期には農耕馬用の二歳馬は四〇円から七、八〇円、軍馬は二〇〇円前後、農林省や県畜産組合の牡馬買い上げは三〇〇円以上もして、馬づくりたちの夢は大きかったともいわれているわけであります。

次は明治二一年のものであります。

明治二一年セリ場開設と日割り

明治二一年一〇月二八日（二日間）牝牡　綴子村
　　　　一〇月三〇日（二日間）牝牡　鷹巣村
　　　　一一月　一日（二日間）牝牡　七日市村
　　　　一一月　三日（二日間）牝　大野村上杉
　　　　一一月　六日（一日間）牝　落合村李岱
　　　　一一月　七日（二日間）牝　上小阿仁村・小澤田村
　　　　一一月一〇日（二日間）牝　前田村・五味堀村
　　　　一一月一二日（二日間）牝牡　小又
　　　　一一月一四日（一日間）牝　阿仁合村水無
　　　　一一月一五日（三日間）牝牡　荒瀬村

この頃から、【比内組】【阿仁組】というような日割りはしなくなります。これまで見てきて気づかれた方もいたと思いますが、米内沢がないということであります。この年に、県畜産会は米内沢のセリ馬の必要性からその設置を建議しております。また、前田・五味堀の両セリ場を廃止して小又セリ場に合併する動きもでてまいります。

明治三八年から大正一二年までのものであります。

明治三八年セリ場開設と日割り

明治三八年一〇月二一日（五日間）　鷹巣
一〇月二六日（五日間）　米内沢
一〇月三一日（六日間）　阿仁町

明治四三年セリ場開設と日割り

明治四三年一〇月　七日（四日間）　鷹巣
一〇月一二日（四日間）　米内沢
一〇月一七日（五日間）　阿仁合

大正三年家畜市場開設と日割り

大正　三年一〇月一六日（三日間）　鷹巣
一〇月二一日（三日間）　米内沢
一〇月二四日（五日間）　阿仁合

大正一二年家畜市場開設と日割り

大正一二年一一月　三日（四日間）　鷹巣
一一月　八日（三日間）　米内沢
一一月一一日（四日間）　阿仁合

明治三三年からセリ馬の統廃合が畜産会の懸案とされていたのでありましたが、それが明治三八年からは、鷹巣・阿仁合・米内沢の三カ所に大きく統合されるようになってまいります。

また、大正三年からは、「家畜市場法」の施行にともないセリ馬から家畜市場と改称されることになり、セリ馬ということばなくなることになるわけであります。

また、大正一二年の家畜市場の開催は、予定では、一〇月一七日でありましたが、この年の九月におきた関東大震災のため、日割りが急遽変更し開催されたものであります。

以上のように、明治一三年にセリ場が開設されてから明治四三年までの二五年間にわたって行われたわけであります。

全県四二カ所のセリ場中、北秋田郡は一五カ所、全体の三六%を占めておりました。これは主として馬産が盛んであったということに加え交通が不便であったことが考えられます。

当時の阿仁地域は、道路も悪く、阿仁川には橋もなく、人馬共に舟や、歩いてわたったりしていたため、雨天で増水の時は危険であったということでセリ場の日割り変更もたびたびあったということであります。

明治二一年、畜産会は米内沢にセリ馬を新設するよう建議、そして明治三〇年には前田・五味堀の両セリ場を廃止して小又セリ場に合併する動きがでてまいります。

セリ市の開かれる日は、市日も同時に開かれ、市日商人も同じように移動していたようであります。道の両側には露店も並び、一年に一度のセリを見ようとする人たちや買い物をする人たちでその日ばかりは山村も人で賑わいだようであります。

阿仁部では水無のセリ場以外は旅館もなくそれぞれお得意様の農家にとまっていたようです。

一一月下旬には山々には雪も降り、セリ馬輸送には大変難儀されたようであります。上杉・李岱・七日市・鷹巣から二ツ井方面へ、小澤田・上小阿仁から五城目方面へは比較的容易であったが、阿仁部のセリ場は比立内から大覚野峠を越えて三日かけて角館方面へでなければならなかったということで大変輸送に難儀したようで、セリ馬輸送の最も困難な地とされていたようであります。明治三〇年頃まではこのような状況がつづいたようであります。

そして、明治三八年三月には、さらにセリ場が縮小されるようになってまいります。北秋田郡では、大館町・鷹巣町・米内沢町・阿仁町の四カ所になります。

そして、大正三年からは、「家畜市場法」の施行によって、これまでのセリ場から家畜市場に改称され、今日にいたっているわけであります。

次に資料は「明治一五年生産数五〇頭以上有する町村」と「その頃の取引高を比較した」ものであります。生産数では、鷹巣地域では澤口・七日市、阿仁地域では荒瀬・前田、そして上小阿仁がとくに多かったということであります。

「明治一五年生産数五〇頭以上有する町村（二歳駒頭数：北秋田郡）」

町村名／年	明治一五年	明治二二年	明治三〇年	明治四〇年	大正元年	大正一〇年	昭和三年
澤口	一一六	七一	八八	六四	六九	五七	四五
七日市	一四九	一一九	一〇六	八三	九〇	六一	六一
荒瀬	一七三	二四五	二〇七	一三九	一七〇	一〇五	九二
前田	二三〇	二四七	二八二	一七七	二〇九	一七一	一二九
上小阿仁	一八一	二〇八	一六七	一〇一	八三	八九	六九
阿仁合	九三	九五	七一	七九	七五	五七	二八
鷹巣	六九	九〇	五三	一七	二〇	八	六
下小阿仁	八八	九五	六〇	四五	五〇	六一	二六
米内沢	八六	一〇〇	一一〇	六一	九二	六二	五〇
綴子	九三	八七	七四	四四	七四	六七	六一
上大野	九〇	七四	九五	四〇	四七	四〇	三七

『秋田県畜産史』より作成

明治中頃の北秋田郡の取引高を秋田県全体と比較してみると

取引高の比較：秋田県、北秋田郡、大館

	頭数／金高（明治一六年）	頭数／金高（明治二一年）

秋田県全体	九、五〇八頭／七〇、三二〇円七銭五厘	八、九九一頭／一〇六、一四一円　五銭
北秋田郡	二、四〇五頭／二〇、五八〇円八四銭	二、一一二頭／二三、九一一円七〇銭
大館地方	九三六頭／七、六六六円一六銭	七八二頭／七、一九五円二銭

『大館市史第三巻（上）』より作成

取引では、北秋田郡は全県の取引の四分の一を占めているということ、取引高では、三分の一～四分の一となっており、取引頭数、取引額からみても馬産の盛んな地域であったということを示しているのではないかと思います。（取引額は一頭七円～一一円が全県平均。取引価格は明治末期、農耕馬四〇～八〇円・軍馬二〇〇円・農林商、県畜産組合三〇〇円。）

五、鷹巣・阿仁地域の馬の特徴

次の資料は、秋田馬、阿仁馬の位置づけ、特徴であります。

馬の系統は、百済の献上馬という説もありますが、在来馬の基礎となったのは、長野の木曽馬、宮崎の御崎《みさき》馬、長崎の対馬《つしま》馬、北海道和種、トカラ馬などがあげられております。

この資料は、明治初期、日本馬が全部在来馬であったころ、日本の馬種をこのように分けた学者もいるわけであります。

秋田馬、そして北秋田の馬はどのような位置づけになっているか知る程度のものであります。日本全体の馬を重馬・中馬・軽馬・小馬の四つの分類では、秋田馬は重馬、つまり体量が豊かで骨太、筋肉も厚く挽型馬であります。

そして、このような秋田馬の北秋田郡の馬は比内馬と阿仁馬に分類されているわけでありま す。

　その阿仁馬はさらに大阿仁馬・荒瀬馬ともいわれております。前田馬、小阿仁馬と分類されているわけであります。

　それぞれ比内・阿仁馬の特徴としては、大変おおざっぱな特徴ではありますが、比内馬は、釈迦内、白澤が主産地で顔・足・体全体が細めで関節が弱く阿仁馬には劣ります。

　その阿仁馬の荒瀬馬は、体高四尺六寸（一m三八cm）以上。目鼻顎大きく足も太く筋肉が発達していて毛も細かく蹄も幅があって厚めであります。

　小阿仁馬は、体高四尺六寸。体毛は細くて短く目は大きく耳が短めで顎は小さく薄めで関節が弱いです。

　前田馬は、荒瀬馬と小阿仁馬の中間で、足が細長く軟弱であります。


　というそれぞれの特徴でありますが、実際馬を見て比較すればはっきりするわけでありますが、文章にするとなかなかピンとこないところもあるわけであります。

六、鷹巣・阿仁地域の馬産振興貢献者

　次に鷹巣・阿仁地域の馬産の振興に貢献した人であります。最初に阿仁町であります。佐藤長治、荒瀬の人であります。幸屋、荒瀬、小又、小阿仁の各村に小分け馬の貸付等、阿仁の馬産事業に貢献したということであります。

　次に湊勇吉、荒瀬の人であります。荒瀬村の戸長、郡会議員として、荒瀬産馬の振興に尽力しております。

　次、鈴木弥右衛門であります。岩手・青森から南部産の優良種馬を導入して資質改良に努めるなど阿仁馬産の発展に貢献しております。

山田理左衛門であります。阿仁の地に初めて洋馬アルゼリー種の導入やポルスター号、ペルシュロン号を借り受けるとともに放牧場に私有地を提供するなど馬産の改良に努めております。また、阿仁合種馬区長として「阿仁馬」の名声を高めたということであります。

彼が購入した優良種牡馬で阿仁馬の改良に優秀な実績を残した馬といわれる「山仙号の碑」が阿仁合畑町の共同墓地内にあります。

次に合川町の伊藤幸助であります。杉山田の出身であります。乗馬術にすぐれ、郷土に優良馬の移入や畜産奨励、馬産改良に馬商の側から尽力した人であります。幸助は読み書きできなかったことから、いつも子分を従え、口述筆記させていたということであります。

明治二九年六〇歳でなくなりますが、明治三一年、郡の畜産有志会により顕彰碑が杉山田部落に建立されております。碑の裏に書かれた発起人の中には、阿仁の山田理左衛門、七日市の長崎貞治、上小阿仁の田中吉五郎の名前も見られます。

伊藤家の現在九代目にあたる伊藤正作さんの話しでは、この碑に使用された石は、能代から米代川・小阿仁川を舟で七〇人もの人をかけて運び、陸揚げされた石の移動にはゴロが使われたということが伝えられているということです。幸助が使用した馬具や乗馬用の道具もあったが、今では胴乱だけが残されているということでした。

また、杉山田村に隣接する雪田岱には古くから競馬場もあったということでした。その跡地をみせてもらって撮った写真であります。地元の人の話しによると、今でもこの地を競馬場とよんでいるようで、村有地も今では個人に分けられて耕作されているようであります。昔は、部落内でも馬に乗って走らせる練習をする人も見かけたということでありました。

次に鷹巣町であります。小笠原林平、前山の出身であります。乗馬取り（じょうめとり）に任命され、比内・阿仁地方の村々を巡回し、優良馬を藩に上げたということです。秋田藩では優秀な乗馬に適する牡の二歳駒を農村から上納させていた時の馬を選びだす役目の人をこのように言われておりました。

次に藤田熊助であります。前山の人でありま す。伯楽、馬の医者であります。村々を巡回し、健康法を施すなど、馬の健康に努めた人であります。

次に成田儀八郎、鷹巣の人であります。明治二〇年県内で初めて種馬アリゼリー号を購入するなど、馬産の改良に努めるとともに、県会議員としても畜産の振興に尽力した人であります。頌徳碑が鷹巣の浄運寺に建立されております。

次に成田直衛であります。儀八郎の弟でありま す。明治一一年には兄儀八郎が経営していた早口の牧場経営を引継ぎ、明治一三年には県畜産会・畜産組合の設立に尽力しております。

次は、長岐貞治、七日市の出身であります。畜産組合幹事、県畜産協議会会長を歴任。秋田県牛馬組合の発展の基礎を築くなど畜産振興に大きな役割を果たした人であります。明治二八年にはサムクライド号の石碑を建立。これらの功績が讃えられ、明治四一年顕彰碑（河辺の中央家畜市場から現在、七日市の長岐邸に移されております）、大正五年公徳碑（現在七日市神明社境内に移されている）がそれぞれ建てられております。

五、おわりに

最後になりますが、馬産の起源は奈良時代にまでさかのぼることができます。足利時代から徳川時代にかけては、将軍の乗用馬が秋田で生産されたという記録もあるといわれております。

さらに藩政時代にあっても、藩において積極的にその指導奨励に努めております。藩祖佐竹義宣は、領内横手、湯沢、大館、十二所の四カ所に二歳駒のセリ場を開設したり、特に九代藩主義和は馬産を特に奨励し数々の施策をとられております。

このような歴史の流れの中で、廃藩置県後の明治の動きをみたわけでありますが、時間にもなりましたので、この辺で終わりたいと思います。どうもありがとうございました。

Ⅲ 大館、地域社会の歴史と生活

1　羽後・大館銀行合併の経緯に関する考察

一、はじめに

株式会社大館銀行（株主約四〇〇名・資本金七〇万円）は地方産業の振興と庶民金融を目的として大館町長小林定修の呼びかけで、大正一〇年一〇月大館町字馬喰町一四番地に創設された。大正一一年には米内沢支店・毛馬内出張所を開設するなど、大正一五年までの営業成績は、この間に貸出総額三・二二倍、貯蓄総額八・六五倍と急増し、庶民はもとより中小商工業者の金融機関として県北産業の助長を図るべき任を担っていた。

大正一二年当時の役員は、取締役社長の野口長六を筆頭に、取締役竹村平吉・小林定修・木村作右衛門・小林誠喜・山城常助・明石敬吉、監査役石塚綱國・岩澤米四郎・石川正昭であった。

県北に本店を置く銀行としてその存続については願うところであったが、昭和三年九月に県南の羽後銀行と合併することとなり、七年足らずの行史を閉じることとなった。

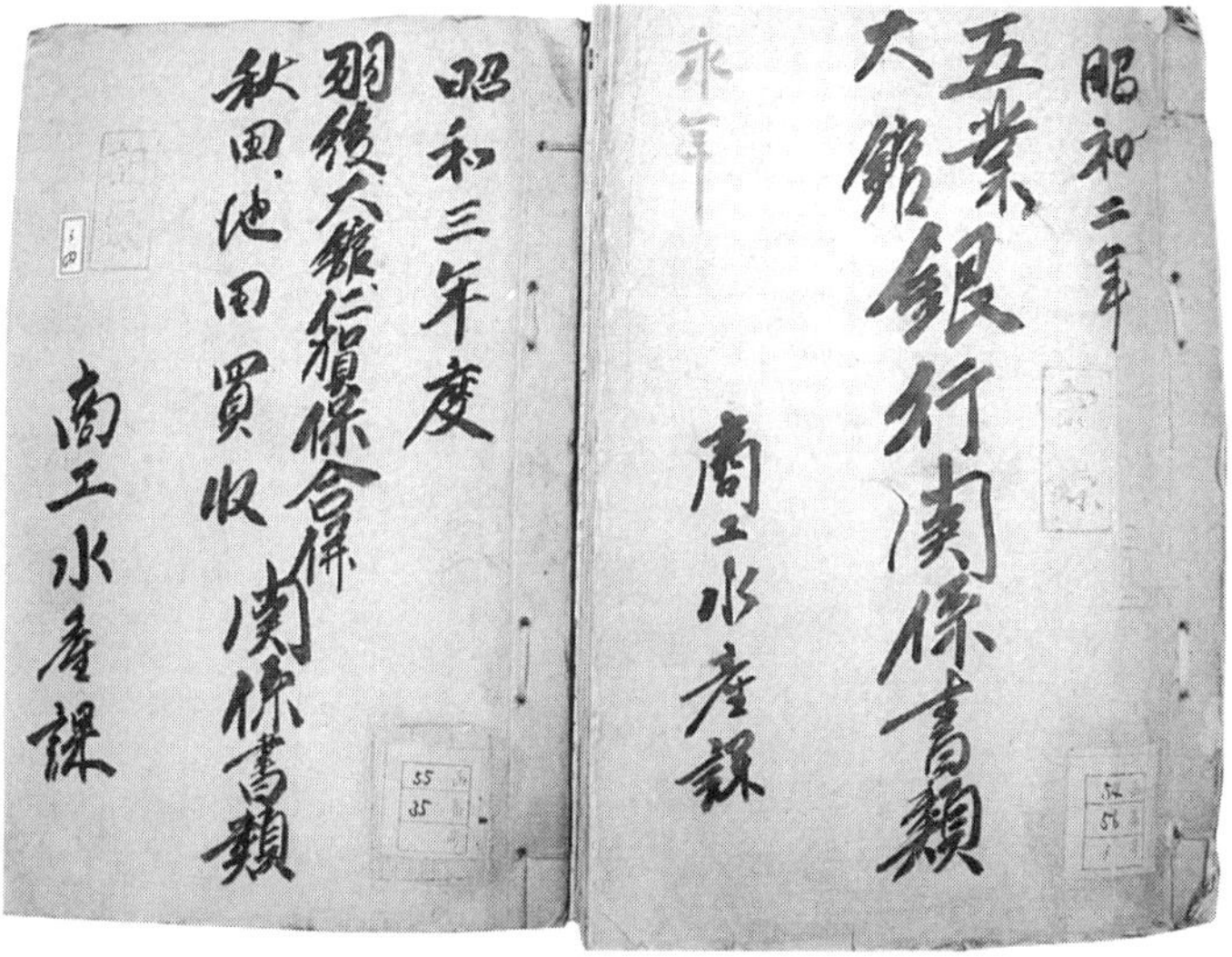

『五業大館銀行関係書類』、『羽後・大館・仁賀保合併関係書類』
（県公文書館蔵）

その当時の経緯について公文書『昭和二年五業大館銀行関係書類』、『昭和三年羽後、大館、仁賀保合併関係書類』県公文書館蔵（資料番号九三〇一〇三‐〇八〇二四、九三〇一〇三‐〇八〇二九）を通してみることにする。

二、合併前の貸付金状況

創業以降貸出総額も増加するなど順調な経営に見えたかに思えたが、貸出総額の増える中で、大正一三年に取締役の承認を経ないで貸付を行うという、不承認貸付事件が発覚し、訴訟問題に発展したことが経営の不安定を招くことになった。

大蔵省銀行局、県内務部勧業課から資産、負債、損益の状況調査を求められた銀行は昭和二年九月三〇日付で書類を提出する。昭和二年九月二日現在の不良貸付金は二三五、五一五円八一銭（欠損とする貸付二四、〇九二円一二銭・固定貸付七二、一六〇円八四銭・その他整理を要するもの一三九、二六二円八五銭）であった。これら不良資産は総貸出額の約四割に相当するもので資産の確保上迅速かつ相当の整理が必要と認められ指導を受けることになる。

つまり、欠損とする貸付金二四、〇九二円一二銭の内、回収可能分七、五八九円五二銭を差引一六、五〇六円六〇銭は回収不能と認め、整理期の昭和三年下期を待たず利益金並積立金から速やかに償却補填する。固定貸付金七二、一六〇円八四銭の内、回収したもの三、八三四円五三銭、支払期日を延期したもの一七、九七五円、訴訟中のもの二九、六〇四円九八銭、抵当権処分により回収困難なもの二〇、七六四円三三銭について整理を行うこと。その他整理を必要とされる一三九、二六二円八五銭の内、主たる藤田鉱業系列に属する会社の当座貸越一一七、三四一円三三銭については、今後は払込資本金及積立金の一〇分の一にし、担保も徴するようにすること。弁済期限経過の貸出は回収に努め、延期を有利と認めるものは書替し、不良貸付の整理に全力を尽くすこと等の指導を受け、銀行側は貸付金整理に努めることとなる。

昭和二年一一月一一日付県から大蔵省銀行局への報告では、貸付金整理の残金に対しては、昭和三年下期まで、剰余金又積立金を取崩し償却すると同時に弁済期限が経過している貸付金の回収については、債務者の資産強固で期日の延期を有利とみとめられるものは担保の追徴または信用ある保証人を附して書替すること。急速の整理が必要と認められるものは担保物件を処分もしくは連帯債務者に対し義務履行を促すなど解決に努めている。現状下においてはこれ等不良貸付を一掃するとして将来起こる銀行合併も止むおえないことを承知の上で回答している。

そして、大館銀行は昭和二年一一月二二日付県内務部長への報告で、回収不能分は訴訟中（昭和二年九月二六日秋田地方裁判所大館支部での判決によって一応の解決をみる）のもの及び回収見込みのものは、固定貸出整理と同じく昭和三年下半期までに整理を断行するとしている。

三、合併への動きと臨時株主総会

不承認貸付事件や不良貸付金問題も解決し、大館銀行内部の整理にもめどがついた昭和二年二月頃から銀行の合併の話がではじめてくるようになる。これは、昭和二年三月に公布された新銀行法で銀行の最低資本を規定して小銀行の整理統合を推進するものであった。これにより、大館銀行は合併か解散かの選択に迫られることになったのである。新銀行法による猶予期間内に、任意に解散するか、合併解散するかの有利性の中で地方銀行としての特色を維持し県南北の均衡をはかり創立の主旨を貫徹するためにも、県北に独立した本店を持つ銀行が必要と考え、能代銀行との合併をはかったが、話し合いがうまくいかず、せめて大館銀行の形を残すために県南に経営基盤をもつ羽後銀行との合併を選択することになったのである。

その後合併に関する話し合いは両行と立会人に銀行検査官を加えて幾度となく行われた。その中で、大館銀行役員の処遇や、株・株主の比率が問題となっていたが、その申合せも合意に至り、

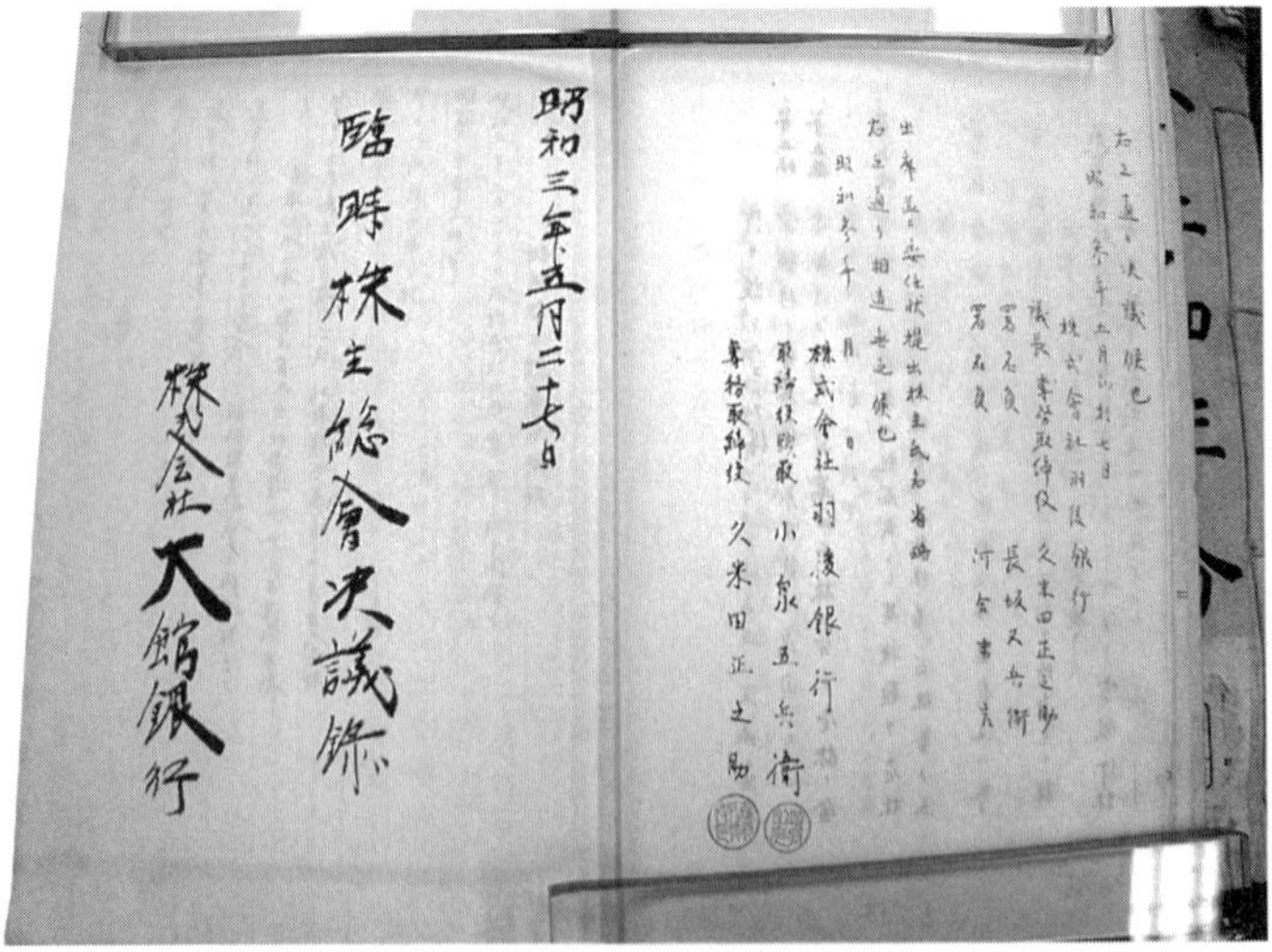

『昭和３年度　羽後、大館、仁賀保合併関係書類』（県公文書館蔵）

昭和三年五月一二日の合併協議において合併仮契約書が締結された。

その合意内容は、大館銀行は合併に先立ち九、八〇〇円を羽後銀行に払込む。羽後銀行は合併と同時に大館銀行の資本金総額七〇万円を増額し、額面五〇円払込金一七円五〇銭の株式を一四、〇〇〇株発行し、大館銀行株主に交付する。その際、大館銀行が払込む九、八〇〇円の払込手続きのために、一株一七円五〇銭の払込金を一六円八〇銭として計算する。大館銀行役員の処遇については、現役員の中から一名を羽後銀行取締役にするというものであった。

これらを経て、合併原案の審議を行うべき「臨時株主総会」が行われたのは、昭和三年五月二七日であった。北秋倶楽部に於いて出席株主二二六名、その株数一三、三八〇株

（内委任状株主一〇七名、その株数六、七二五株）の参加を得て午前一一時三〇分に開会された。議長は参加株主の中から畠山氏が指名され議事が進行された。

最初に竹村常務取締役から合併締結に至るまでの経過が報告され、昭和三年一月二九日の定時総会での合併案の提示を経て重役会義での交渉から昭和三年五月一一日県庁での合併仮契約の締結、そして役員（重役）の処遇については、内務部長、日銀支店長の裁量で一名入れることなどが報告された。

つづいて明石取締役から株・株主の比率についての報告が行われ、羽後銀行は昭和二年上下期共資本金に対し年一割一分一厘の利益。大館銀行は上期八分一厘、下期七分二厘となっていること。契約条項第三条（株式会社羽後銀行は合併により資本金七〇万円を増加し之に対する額面五〇円、払込金一六円八〇銭の株式一四、〇〇〇株を発行し合併期日の前日現在に於ける大館銀行の株主に対し大館銀行一株〈額面五〇円、払込金一七円五〇銭〉に付羽後銀行一株の割合を以て引換交付するものとする）について、羽後銀行と大館銀行は九対七で、大館銀行の払込資本金は二四五、〇〇〇円、羽後銀行の払込資本金は二三五、二〇〇円とする。すなわち合併により大館銀行払込資本金の内九、八〇〇円を諸積立へ振り替えること。そしてこの九、八〇〇円の内三、二七八円は大館銀行諸積立其他の不足額の補充ということでお願いしたいということ。また回収不能金ついては、大蔵省では昭和二年の検査では二四、〇九五円一二銭とみていたが、今では整理も進んでその額は二〇、〇〇〇円程度に減少していること。また諸積立金其他五二、七八四円三銭から、回収不能の貸出は二八、二七四円一〇銭とみて差引いてもよいよう払込資本金の一割に相当する金額二四、五〇〇円をもって現在の払込金額に対し一割増の株券を交付することで交渉したこと。回収不能と見なすべき金額は二〇、〇〇〇円程度で多額に見積もっても二五、〇〇〇円は出ないはずであり、羽後銀行も諒解していること。合併の暁には両行の資産は償却整理されること。合併問題については、佐々木日銀支店長と天谷内務部長より数カ月にわたる指導を賜り敬意を表したい。大館銀行創立の主旨は中小商工業者に対する一種の庶民金融機関として県北産業の助長を図るものであるから合併後といえどもこの趣旨を奉戴し大館銀行の特色を失わせたくないものであるということが話された。

そして、小林定修取締役からは、新銀行法により大館銀行は早晩合併か解散かの二途を選ばなければならない状態になったので、県南県北の均衡を図り創立の趣旨貫徹のため県北に独立する本店銀行が必要と考え、能代銀行へ話しをしたが応じられなかった。それで羽後銀行との合併を選択したという報告がされた。

最後に明石敬吉取締役から、昭和二年下半期の大館銀行、羽後銀行を比較すると、羽後銀行は資本金二、〇〇〇、〇〇〇円、内払込金一一〇、〇〇〇円。大館銀行は資本金七〇〇、〇〇〇円、内払込金二四五、〇〇〇円。諸積立金、退職手当基金を除き後期繰越金を加算したものでは羽後銀行が二六二、一五〇円、大館銀行五二、七七〇円。これらの払込資本金に対する比率は羽後銀行が二割三分八厘強。大館銀行は二割一分五厘強でこの差は二分二厘弱。羽後銀行の利益金は六

一、四四五円。大館銀行の利益金は八、八三八円。払込資本金に対する比率は羽後銀行一割一分一厘、大館銀行は七分二厘と以上の状況にあることが報告されている。

尚、合併実行に関する一切の事項は取締役に一任することで、異議なく満場一致で原案通り可決され、午後一二時五〇分閉会となる。

昭和三年五月二九日に「商法第七八条第二項」によって、債権者にたいする合併の公告がなされた。昭和三年八月一四日には両行合併が承認され、昭和三年九月二〇日に合併が実行され大館銀行の権利義務の一切は羽後銀行に包括的に移転となる。昭和三年九月二五日、大館銀行、羽後銀行の間で「合併実行届」が作成され、大蔵省に提出。昭和三年九月二七日、県内務部へ合併届を提出する。これによって合併の一切の手続きが終了された

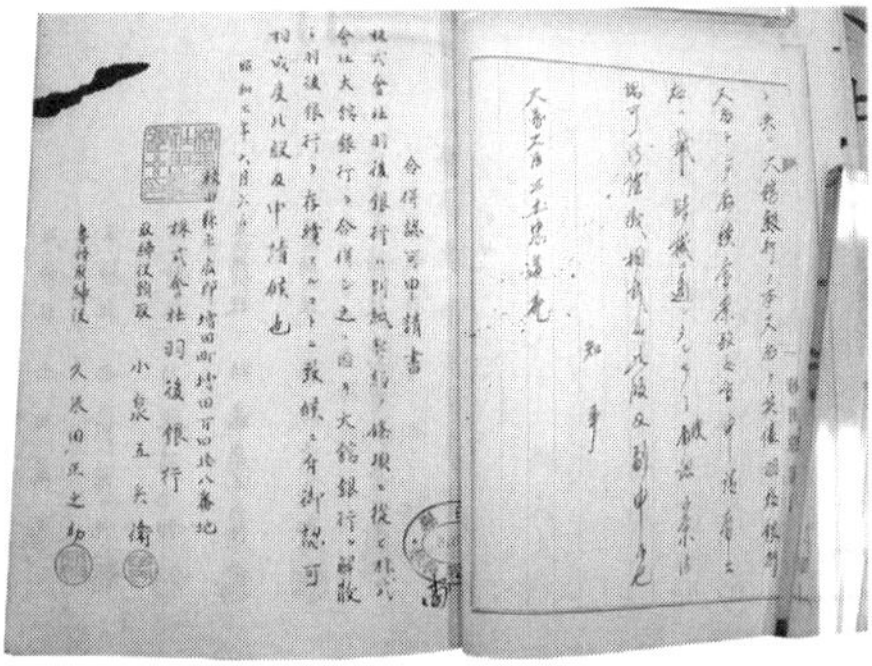

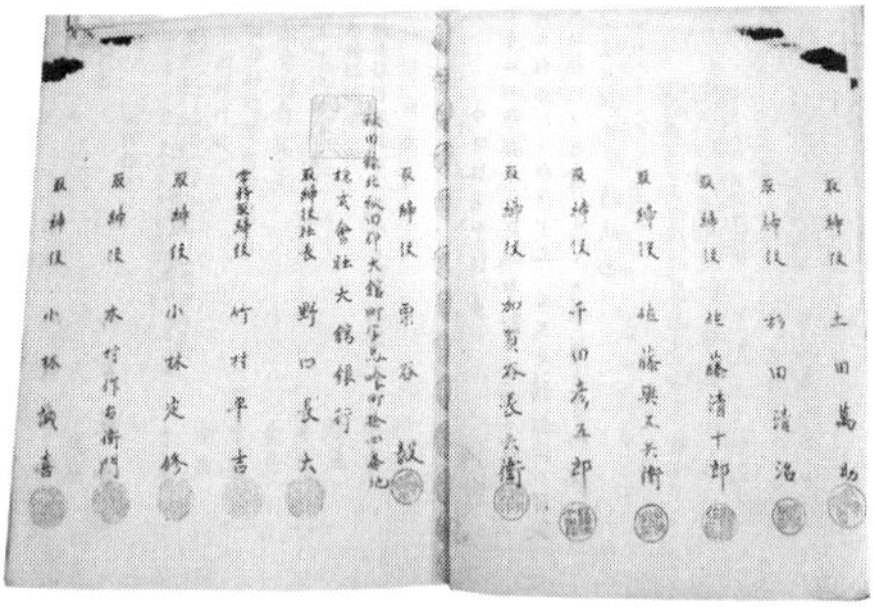

合併認可申請書『羽後、大館、仁賀保合併関係書類』（県公文書館蔵）

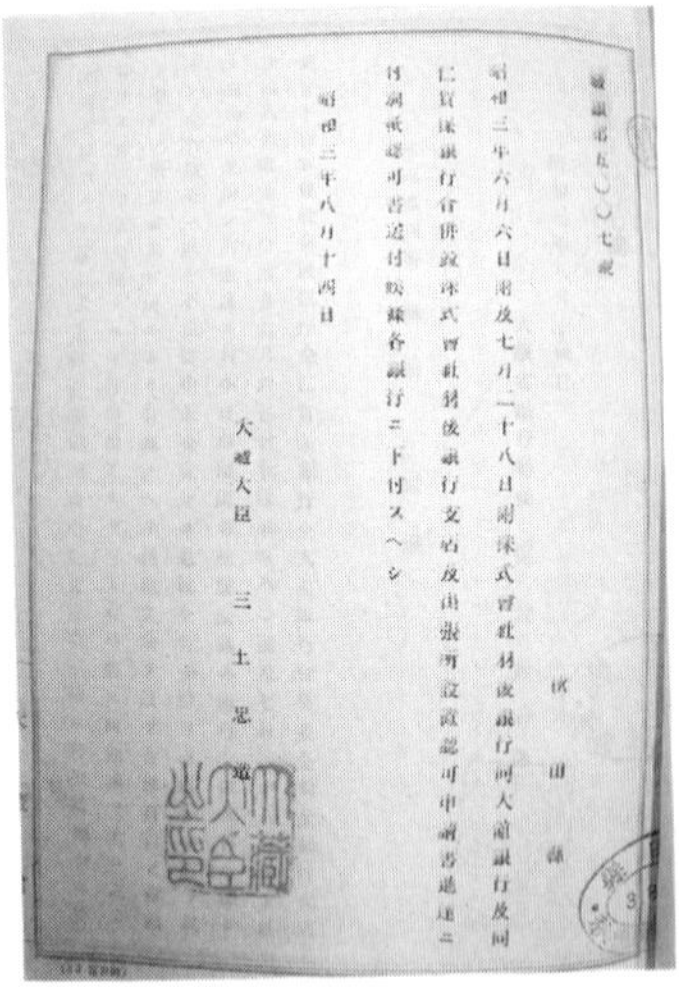

藏銀第五〇〇七號

秋田縣

昭和三年六月六日附及七月二十八日附株式會社羽後銀行同大館銀行及同仁賀保銀行合併竝株式會社羽後銀行支店及出張所設置認可申請書進達ニ付關係認可書送付候條各銀行ニ下付スヘシ

昭和三年八月十四日

大藏大臣　三土忠造

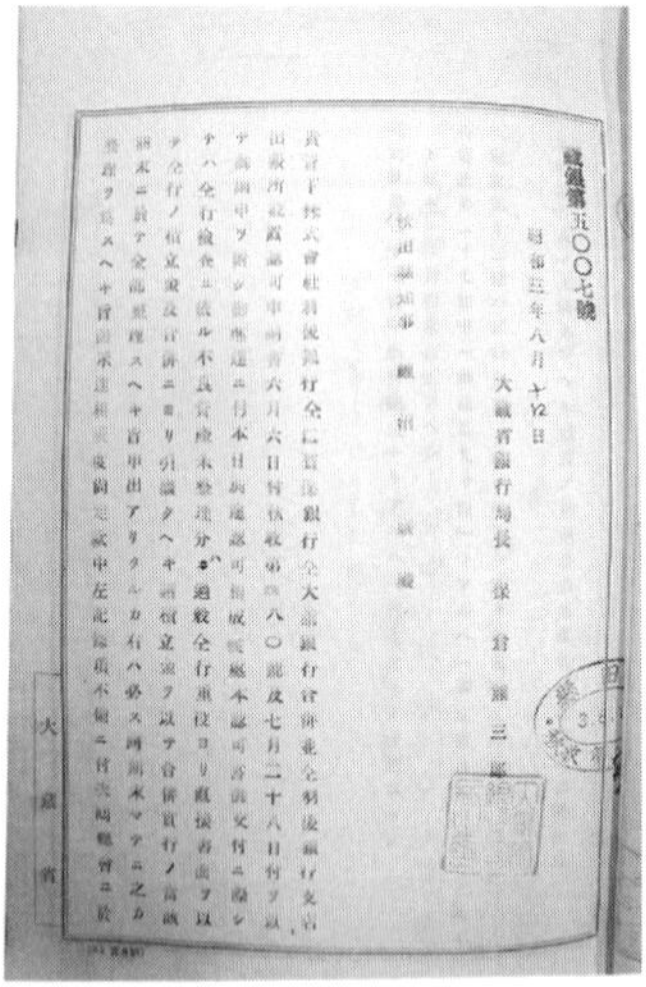

藏銀第五〇〇七號

昭和三年八月十四日

大藏省銀行局長　保倉熊三郎

秋田縣知事　殿

合併、支店認可『羽後、大館、仁賀保合併関係書類』（県公文書館蔵）

のである。

そして昭和八年八月一四日は、大館支店・米内沢支店の支店設置届が羽後銀行より大蔵大臣宛に出され認可される。

四、おわりに

大館銀行の創設から合併まで公文書をもとに調べてみた。地域経済を支える金融機関として地域社会に深く関わっていたことが資料から読み取ることができた。しかしながら、経営体質上からみて決して安定的だったとはいえなかったことは特に貸出先が大きく偏在していたこと、また、不良資産が総貸出額の四割を超えていたことに加え、その総貸出額も総貯蓄額の七割（預貸率）に達していたことからも知ることができる。

また、貸出先からは商売や企業名などが具体的に知ることができ、地域住民との繋がりの深さも感じとることができた。

2　矢立村粕田山事件

――粕田部落の山林売却問題を探る――

一、はじめに

矢立村は以前、独立した一つの部落として存在していた粕田、白沢、長走、橋桁の部落に分かれていた。それが明治二二年に実施された町村制による合併で誕生した村である。粕田部落は人口七〇〇人余を有し、所有財産はこれらの部落の中では最も多かったといわれている。そして部落の粕田山山林（粕田村字萱仮戸沢）は、村が誕生した頃から村有の雑木林として、萱仮戸郷林と呼ばれ薪炭等の利用として自由に伐採されいた。

これまでの歴史的経緯をみるとこの山は元禄年中（一六八八～一七〇三）に村で協議し、ここに杉苗を植付ければ村の基本財産となり、また水源の涵養にもなるということで植林されたという。ところがその木が成木になるにしたがい、盗伐が起り村方の監守をもってしてもその防禦は困難となったことから、藩主に御守護をお願いしたといわれている。藩では寛政一〇年（一七九

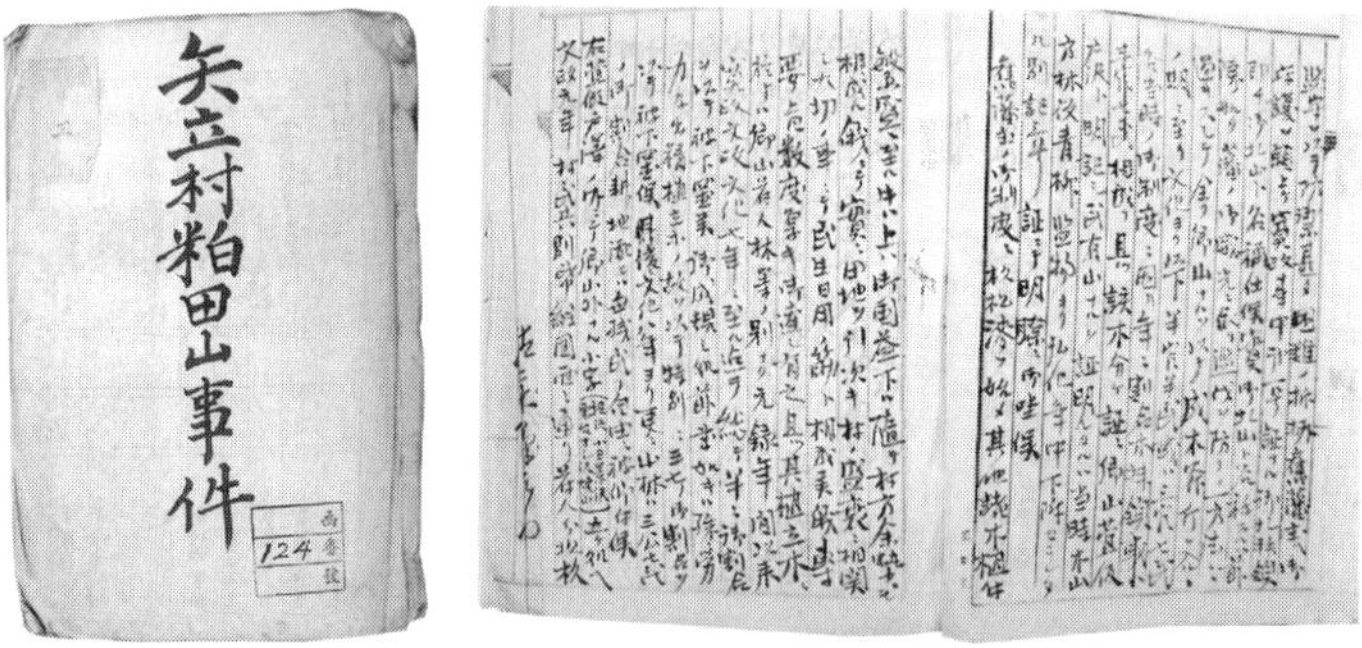

矢立村粕田山事件綴と萱仮戸沢民有地編入願の請願書写
（明治三二年『矢立村粕田山事件』県公文書館蔵）

八）に、盗伐防止から山に藩の名称（御礼山）を与え、文化年中（一八〇四～一八一七）より、半官半民あるいは三官七民など当時の制度によりその持分割合を決めて拝領させていた。そして、部落へ帰山となって萱仮戸沢と明記し民有山となったことは、弘化年中（一八四四～一八四七）木山方林役より下付されたことからも知られているところである。

つまり旧藩主の制度は、杉・松・漆をはじめその他諸々の木を植付けて繁盛すれば上は国の利益になり、下は村方が栄えることになるとした。また、田地を引継ぐことも村の盛衰にとって大切なことであり、かつ立木においては郷山林、村民林の別なく元禄年間いらい文化七年（一八一〇）にいたるまで割合を決めて拝領させてきたところであった。しかし粕田部落については山への植林等が考慮され特別三官七民の割合で下付され、その後文化八年（一八一一）からは耕地についてはすべて民に下付されることになったとされている。

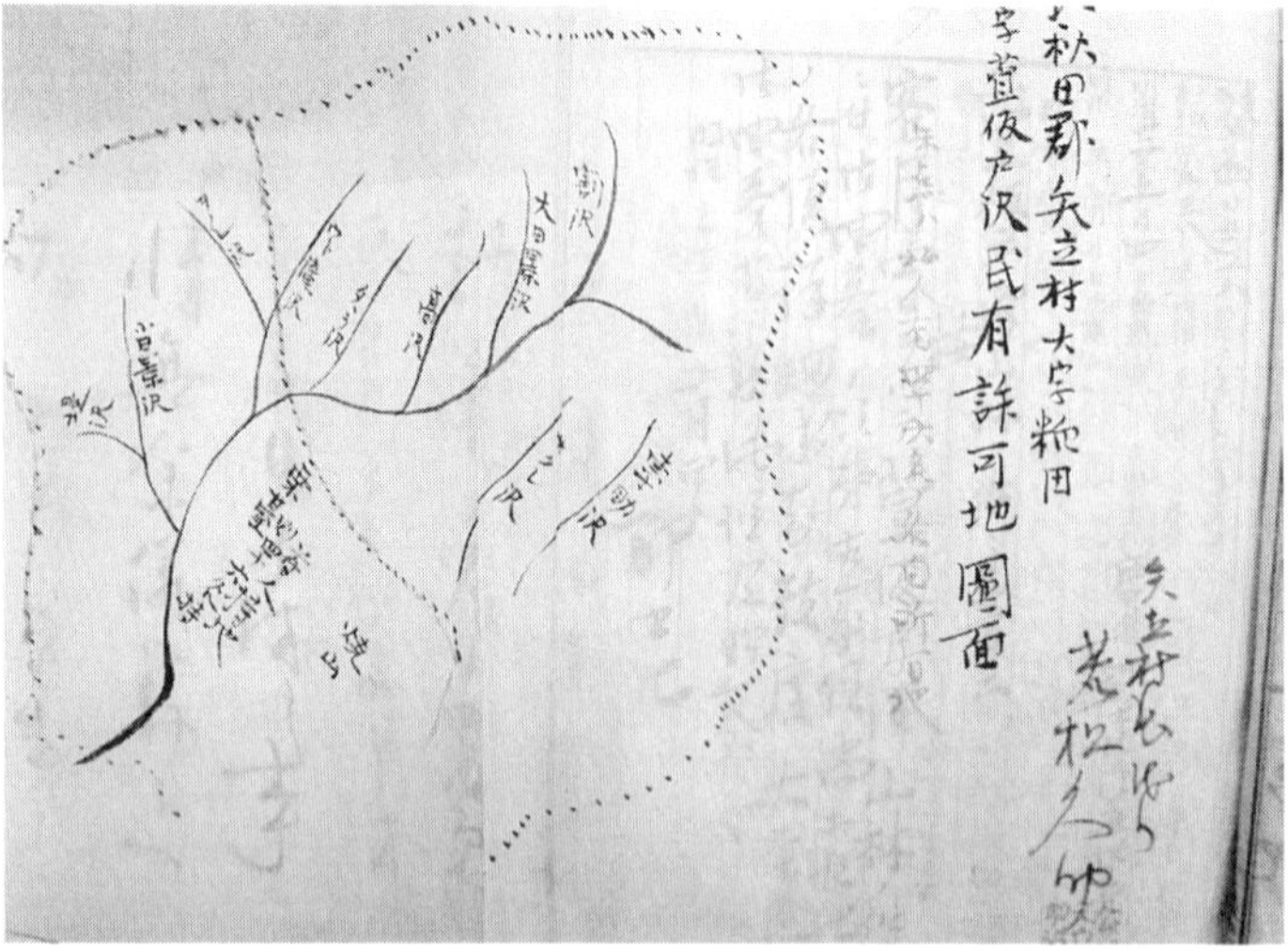

部落有、民有別境界絵図（『矢立村粕田山事件』県公文書館蔵）

そして萱仮戸沢については、郷山の外である小字の五カ所（堤沢・小日景沢・栗台・オノレ沢・焼山）は文政元年（一八一八）に村民へ下付されている。これについては植付けた人の所有に属し成木後は自由な伐採もできるようになった。しかしやがてこれにも官の許可が必要となり、天保四年（一八三三）～明治九年（一八七六）の間は肝煎りの押印または、秋田県大館支庁及秋田県令の指示で植付けた人の私林であることが明確化された。したがって、この五カ所は官林でないことも判明されている。

このようなことから、萱仮戸沢の山林は、その経緯からしても郷林・村民の所有であったことがわかる。そこで盗伐で問題となった郷林についてはそれを防ぐ手立てとして藩がこの山を御礼山と仮称するなどの防止対策がとられ、七〇年来所有権を有していなかった。このようなことから、明治六年（一八七三）の地券発行の際この地に一村の代理人名義の地券が下付されたのであった。ところが明治一〇年（一八七七）の地租改正の地券引上げ時に再び官林として処置されたことに対し部落では、納税負担の面から如何ともしがたく、まかせてしまったかたちとなったのでる。

それから月日も経過し、山林も、田畑同様村民生活に直接的な関係を有するものであることから、村で協議することとなり明治一五年（一八八二）、この山林を民有地に編入する願を秋田県令にお願することとなったのである。これが民有地編入出願のはじまりであり、編入後はさらに山林売却へと発展したのである。この問題がやがてどのように推移し結末を迎えたのか、資料『矢立村粕田山事件』（県公文書館蔵　資料番号九三〇一〇三－〇一四四六）からみることにしたい。

二、民有地編入請願と譲与契約問題

民有地編入の願出は、明治一五年に民有林所有者四六名と粕田部落より委任を受けた矢立村長が秋田県令に申出たのが最初であった。この地は、羽後国北秋田郡矢立村大字粕田字粕田沢官林小字萱仮戸沢で、その反別は三三町五反六畝二〇歩であった。そしてこの内、反別二〇町歩が矢立村粕田部落で残りの一三町五反六畝二〇歩（堤沢・小日景沢・栗台・オノレ沢・焼山）が民有林所有者四六名の所有であった。しかし、この粕田部落の二〇町歩については、立木のみについて三官七民の割合で拝領となっていたことは前述したとおりである。土地については、明治二二年粕田部落を代表して矢立村長が民有地への編入願を請願して却下され、明治二四年一月一五日秋田県知事へ再請願（民有林所有者四六名、粕田部落住民七六名）されていたのである。それに対して農商務大臣から字萱仮戸沢山林下戻し許可の指令（農商務省林九〇二七号）が下りたのは明治三一年一二月二六日であった。これによって、粕田部落の反別二〇町歩、民有林所有者四六名の反別一三町五反二〇歩はそれぞれの所有に下戻しとなり、明治三二年七月七日秋田大林区署立会のもと境界線の実測を済ませ、境界簿並びに境界図が作成され、それに署名・捺印し引渡されたとされている。

ところが、下戻許可の指令がでてまもない明治三二年三月、県の内部部長から北秋田郡役所郡参事会で許可となった矢立村の民有地編入出願及譲与契約（村長と伊藤・岩谷との譲与契約）について詳細な調査と提出の指示がだされたのであった。これは、粕田部落民七六名（粕田部落は住民が一〇五名〈戸主〉で、訴願者は七六名〈その後訴願を取消した者三名〉で、訴願しなかった者は二九名）から萱仮戸沢の民有地へ編入許可された山林の譲与に対し郡参事会の許可取消の訴願が提出（明治三二年二月）されたことで、これを受けた北秋田郡書記は町長にその詳細を照会したのであった。

この照会に矢立村役場（村長代理助役）は、郡参事会から許可の交付を受けたのは、明治三二年二月六日で二月七日に告示。民有林所有者四六名の代人（村長）の出願部分は、出願者各自の所有に帰すべきものであり粕田部落には何等関係を有しないこと。また、粕田部落の全戸数は一二〇戸で、この問題と関係を有する住民は一二四名であること。今般の訴願者は七三名で残りの五一名は、村長並びに郡参事会の許可処置を相当と認めているものであること。また、編入出願に付譲与契約は当初より関係部落一同の希望によるものであり、別紙委任状及契約書の写しの通り、粕田部落民全員が署名し、希望したものである。とした内容で明治三二年四月四日に回答している。

村からこの報告を受けた郡役所はそれをもとに県へ報告（明治三二年五月一一日）。その中には村からの報告された内容に加えて、四六名の代理人（村長）の出願は、四六名の所有権と部落の所有権を目的とする二つが含まれているものであること。但、部落所有への編入及譲与に関しては村会の議決を経る必要があり、これについては明治二九年三月二日の村会決議の結果から郡参事会は許可したものであるとしている。明治二九年三月の村会で、岩沢・伊藤と一〇分の六譲与契約を締結したが村長はこれを住民に告知しないで村会に付し、自ら議長となり部落外議員の過半数の賛成で可決している。

しかし、この契約は明治二四年の願書却下により代理人としての資格はすでに喪失しているなかでの契約であったとも指摘された。これに対して、粕田部落の一個人としての資格を有しているることから契約をしたものであるということで、郡参事会の許可もこのような状況化での微妙な判断であったことがわかる。

三、山林譲与契約問題と区会開設

明治二四年粕田部落の民有地編入出願は村長を代理人として擁立し、もしそれが許可になればその立木の幾分を代理人に与えることを契約したものであったが、願書は却下され、代理人の任務は尽くされなかったとして契約を解除。それ以後の運動については、伊藤、岩谷と部落との間で協議し両氏に尽力してもらうことにし、成功した場合は、立木の一〇分の六を報酬（粕田部落より与えられる一〇分の六の内、村長に三分、岩沢に一分五厘、伊藤に一分五厘の配分）として与え、運動費用については部落が負担することとした。

ところが、この山林は明治三二年粕田部落住民からの訴願で処分停止となっていたにもかかわらず、各自の持分の立木を売却しょうとするものであった。

従来であれば部落の所有財産を処分する場合は、あらかじめ部落民より、その処分案を村長に申出、あるいは村長よりこれを部落にはかり、そして村会に付し議案を発するものであった。このようにして矢立村の各部落においてもそのような所有財産を処分する場合は、すべてこの手続きによるものであった。したがって今回の山林処分については粕田部落にはからなかったのみならず、部落住民が知らない間にこれを形式上の村会で決議するなどして、それらの立木を村長、伊藤、岩沢に引渡すことは違法な処置で部落所有財産の侵害であたるとしたものであった。

つまり、村長は報酬配分の契約について、村長自身も利害関係にあるにもかかわらず、村長自身が議長として議決したことで、町村制規定に違反しており、違法で無効な村会決議を郡参事会が許可したのは不適当であること。また、町村有財産に確定した後の議決に対して許可を与えるのが筋で、いまだ町村有財産に確定していない案件の議決にたいして許可を与えたのは町村制規定に違反であること。町村制の規定に背き旧来の慣例（部落財産の処分は部落において行われる）に反した不適法な村会決議に対して許可を与えたのは違法であること。

このような事情から粕田住民によって県参事会に提出された訴願は、明治三二年六月中に開会された県参事会でも議案として取り上げられ、ついに明治三四年四月二二日には内務大臣により、郡参事会の許可及び村会の決議は取り消されることとなったのである。

しかし村長は、明治三四年一〇月一八日の村会で、下戻報酬として岩沢、伊藤への山林立木譲渡を再決議する。当日の出席議員は一〇名で、粕田部落選出議員は二名であった。しかしこの二名は、部落所有財産は村会で決議すべきではないし、仮に決議を得たとしても萱仮戸沢の山林はいまだ所有権が未登記のままになっていることから、まず登記が先でその権利を明確にしなければならないとしたこの意見には多数の議員から賛成を得た。また、岩沢、伊藤は実際には下戻しの請願行為は一切したこともない事実からも無効であり粕田部落住民が容認できるものではないとするものであった。

こうして紛優すること数年、明治三一年政府より下戻を得て以来部落所有財産である萱仮戸沢二番地の山林反別二〇町歩は登記もされないまま、いまだ区会が設けられていなかった。所有権を確定し、これに対する適切な管理方法を定め、財産保護する機関としての区会の開設は望むところであった。村会に対し区会開設を申請したが、明治三三年三月二二日の村会において区会開設不必要の建議が可決となる。粕田部落住民七五名（部落全戸数の四分の三、代理人佐藤、佐々木、三浦）による区会開設申請が直接郡参事会に提出されたのは明治三三年三月一六日であった。

四、粕田部落有財産と訴訟問題

萱仮戸沢二番地山林反別二〇町歩に対し粕田部落住民が、明治二九年三月二日村会で、契約が承認された村長、伊藤、岩沢への立木譲与を無効とする訴訟を提起したのは明治三二年であった。秋田地方裁判所大館支部は、大審院判決を例に、部落有財産に対しては区会の決議が必要であること。村長には管理権もなく区を代表する訴訟能力はないとするものであった。したがって訴訟を進めることは困難とされ廃罷訴訟となる。

この粕田部落有財産に動きが出たのは明治三四年であった。北秋田郡の小官がこの数年間の部落紛優を一掃すべく一一月二〇日、調停に乗り出すこととなった。大館町において北秋田郡長、矢立村長立会で部落総代人七名、関係者七名で協議し粕田部落民一一九の署名捺印で協定が成立することとなった。その中には、岩沢、伊藤に分割譲与した残りの杉及び檜は村会の決議を経て一切売却すること。杉立木の売却金は戸数を標準として部落住民に平等に配布すること。檜の売却金は訴願訴訟に支出された費用に充てること。部落住民に配当される金額の内から金一、〇〇

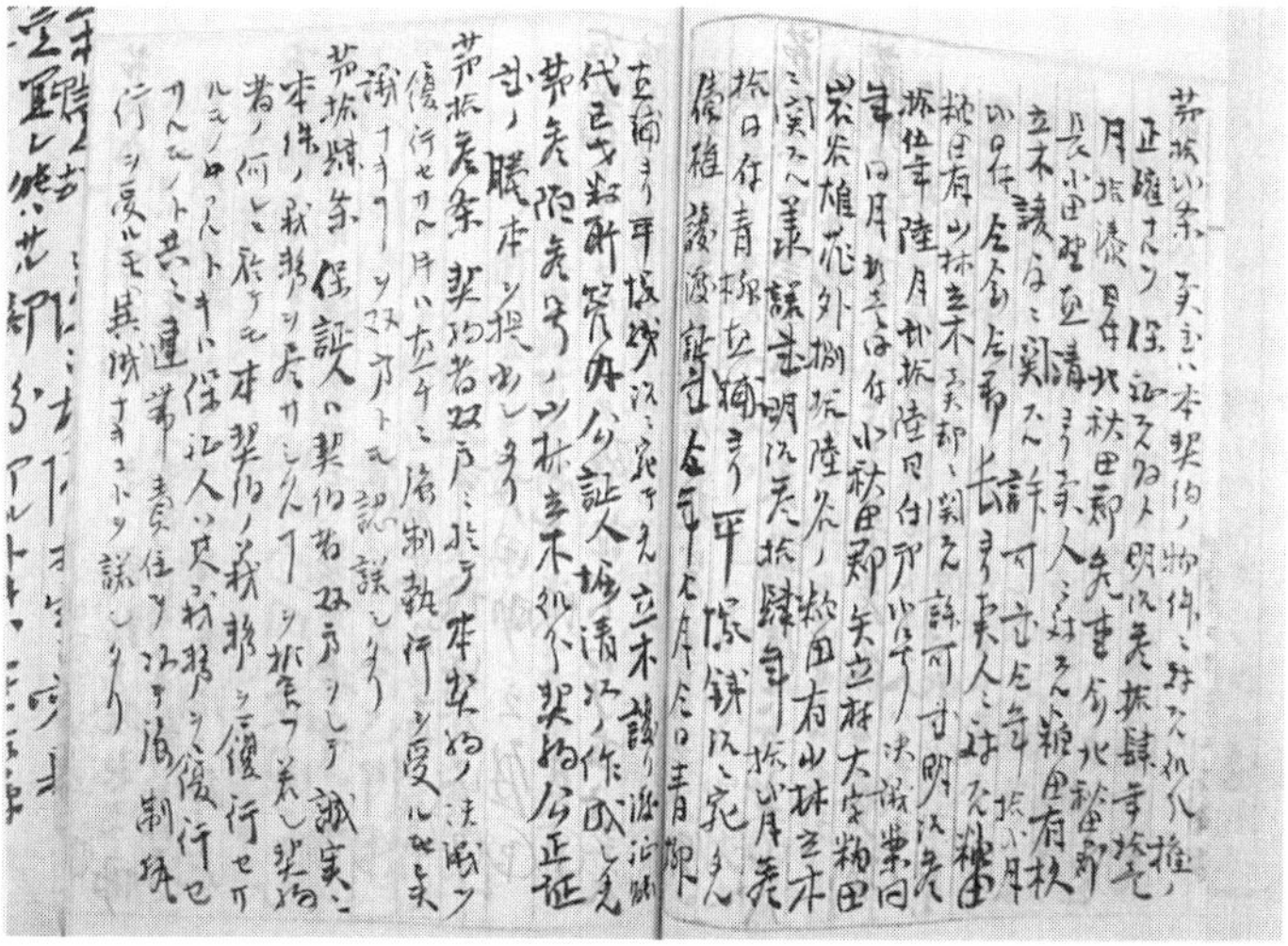

杉立木売買契約証書正本（『矢立村粕田山事件』県公文書館蔵）

○円を植栽費に充てること。岩沢、伊藤は訴願の示談金として、譲与で得た内から五厘を訴願に関して支出された費用を支出すること。杉、檜の伐採及び運搬に要する土地の使用並びに夫役等は、粕田部落から供給されるものとすること。そして、杉立木の譲与並びに配当等に関して部落住民は勿論、関係者においても訴願訴訟等一切提出しないものとすること。などが上げられている。

そして村長は一一月二七日に山林立木の売却申請を提出し、一二月二日郡参事会からの山林売却許可がおりたのであった。その調停で決定した協定事項を実行する際に最も重要視された山林材積計算（尺メ）調査には優れた技術の人材を当たらせなければならないとして、村長と郡役所が協議をして、大林区署から技術官一名の派遣を手配、矢立村の負担で一二月二八日に派遣従事させ売却に備えた。

五、粕田部落有山林売却と訴訟問題

部落有山林の売却は、明治三五年七月一七日、買受人・高谷（木造町）、売渡人・岩谷（村長）、保証人・平塚・石田（大館市）が青森市公証人役場において、立会人の尾坂（青森市）をもって売却契約が締結された。その時の杉立木売買契約証書正本から主な条文を抜粋したのが次である。

杉立木売買契約証書正本

第一条、高屋ハ、岩谷ノ申込ミニ依リ秋田県北秋田郡矢立村会ノ決議ニ依リ仝村大字粕田部落有萱仮戸沢山林ノ杉立木ヲ買受ケ岩谷ハ正ニ之レヲ賣渡シタリ但平塚、石田ハ高谷、岩谷ノ間ニ立チテ賣買ノ保証ヲ為シタリ

第二条、賣買物件及ヒ價格左ノ如シ
秋田県北秋田郡矢立村大字粕田部落有山林字萱仮戸沢
一、杉立木全部　但目通直径六寸以上木数一一、四八五本　此材積五八、二三五尺〆九一二外目通直径六寸未満ノモノ悉皆此代金五八、二三五円九一銭二厘
但一尺〆ニ付代金一円トス

一、焼損木　風倒木　枯損木　末木トモ村会ノ決議ヲ経テ本代金ノ内ニ組入レ引渡スモノトス

第三条、賣買ニ係ル杉立木　焼損木　風倒木　枯損木　末木等ハ本契約締結後何時ニテモ買主ノ請求ニ応シ立会引渡ヲ為スモノトス

第四条、賣買代金ハ延渡ノ契約ナルヲ以テ買主ハ其責務ヲ履践スヘキ保証トシテ本契約証書ト共ニ金六千円ヲ賣主ニ提供スベシ　但保証金ノ内二千円ハ約束手形ヲ以テ受渡ヲ為スヘキモノトス

第五条、賣買代金ハ左ノ四期ニ分チ授受スルモノトス

第一期　明治三五年一　一月一五日限　此金高　一二、二三五円九一銭二厘也

第二期　明治三六年　四月一五日限　此金高　一〇、〇〇〇円也

第三期　明治三六年　八月一五日限　此金高　一五、〇〇〇円也

第四期　明治三六年一　二月一五日限　此金高　二一、〇〇〇円也

但本期日ニ至リ立木材積五分ノ一伐採残リ居ルトキハ更ラニ五カ月間延期スルモノトス

第六条、本契約証書成立ト共ニ買主ヨリ売主へ提供シタル保証金六千円ハ第五条第四期ノ金高ヨリ差引スルモノトス

第七条、賣買物件ノ造材及ヒ搬出期限ハ本契約ノ日（明治三五年七月一七日）ヨリ明治三

七年一〇月二五日迄トス　但天災其ノ他ノ支障等アル時ハ相当延期スルコトヲ得

第八条、造材及搬出ノ為メニ要スル土地及ヒ支障雑木ハ粕田部落有ノモノハ無料トシ其ノ他ノモノハ賣主ニ於テ借地ノ手続ヲ為シ買主ニ於テ相当料金ヲ仕払ヒ雑木ハ相当価格ヲ以テ買収スヘシ

第九条、買主ニ於テ第五条ノ代金払渡ヲ為サザルトキハ更ニ相当ノ期日ヲ定メ売主ヨリ催告ヲ為シ尚ホ応セサル場合ハ本契約ヲ解除シ已ニ伐採搬出シタル木材ハ現状ノ侭引渡ノ手続ヲ要セス直チニ賣主に還付シ尚ホ賣主ニ於テ損害アルトキハ賠償スルモノトス

第一〇条、買主ハ賣主ノ承諾ヲ得ルニアラザレバ其権利ヲ他ニ転売スルコトヲ得サルモノトス

第一一条、賣主ニ於テ第三条及ヒ第八条ノ規定ヲ履践行セサルカ又ハ賣主ノ責任ニ係リ第三者ノ故障ニ依リ買主ノ事業進行ニ障害ヲ及ホシタルトキハ賣主ニ於テ相当ノ損害ヲ賠償シ若シ伐採搬出スルコト難ハサルトキニ至リタルトキハ本契約ヲ解除シ契約保証金ハ勿論已ニ拂渡シタル木材代金ハ之ヲ返却シ更ニ相当ノ損害ヲ賠償スルモノトス

第一三条、契約者双方ニ於テ本契約ノ議決ヲ履行セサルトキハ直チニ強制執行ヲ受ルトモ異議ナキコトヲ双方トモ認諾シタリ

第一四条、保証人ハ契約者双方ヲシテ誠実ニ本件ノ義務ヲ尽サシムルコトヲ誓フ若シ契約者ノ何レニ於モ本契約ノ義務ヲ履行セサルモノアルトキハ保証人ハ其義務ヲ履行セサル者ト共ニ連帯責任ヲ以テ強制執行ヲ受ルモ異議ナキコトヲ諾シタリ
第一五条、本契約ニ若シ訴訟ヲ提起スル場合アルトキハ青森県地方裁判所弘前支部ヲ以テ其裁判トスルコトヲ当事者間ニ於テ合意ヲ為シタリ

そして明治三五年七月一八日には、買主より保証金として六、〇〇〇円が売主に現金及び証書手形で支払われ、伐採作業に着手されたとされている。

ところが明治三七年になり、高谷よりこの杉立木売買から生じた訴訟が二件青森地方裁判所弘前支部に提起されたのであった。その一件は保証金返還請求で、もう一件は損害賠償請求であった。青森地方裁判所弘前支部では、それぞれ金額二、二六八円、金額六、七八四円の原告勝利の一審判決を下したのであった。しかし、被告の粕田村はこの判決を不服として宮城控訴院へ控訴し、明治四四年には損害賠償請求裁判、保証金返還請求裁判とも粕田部落の勝訴となったのであった。

その判決文内容は次のようなものであった。この売却された立木は、明治三四年一〇月に村会の決議及び郡参事会の許可を得て、編入された民有地の立木の内、一〇分の六を岩沢、伊藤へ分与されたもので、村長はこの二人から売却の委任を受けていたもので、その残りの一〇分の四は

明治三五年七月の村会決議及び郡参事会の許可を受けたもので、これを合わせて被訴訟人（高谷）へ売却されたものであったこと。この立木全部の材積は五八、二三二尺〆（目通直径六寸以上の木一二、四八五本）、代金五八、二三二円九一銭二厘で売却。保証金の六、〇〇〇円は契約成立とともに支払われ、残りの代金は、その支払期限を四期に分け、第一期一二、二三五円九一銭二厘（明治三五年一一月一五日限り）、第二期一〇、〇〇〇円（明治三六年四月一五日限り）、第三期一五、〇〇〇円（明治三六年八月一五日限り）、第四期二一、〇〇〇円（明治三六年一二月一五日限り）とし、もしこれが遅滞したときは、売主においてその契約を解除し、すでに伐採してしまった木材は、原状のすべてを引渡しの手続きをしなくても直ちに売主へ還付すべきとしたものであったこと。

被控訴人は保証金八、〇〇〇円を支払い、伐採事業経営の準備を整え立木を伐採し木材二〇、五九二尺〆余りを搬出。ところが第一期及び第三期分の支払いもせず、加えて控訴人（売主）の承諾なしに協定に反し売却したことで、岩谷村長は控訴部落を代表し、また岩沢、伊藤を代理して、明治三六年一〇月に三日以内に義務を履行するよう催告しても履行せず契約解除の意志を表すとともに、木材差し押さえの強制執行をしたこと。

これに対し被控訴人は、追加契約で代金支払いの猶予を求めたとしているが、これについても村会の採決を要することからその追加協約は控訴部落に対しても何の効力を生ずるものではないこと。村会の議決を経た前契約の期限内の代金支払い義務は免れないこと。仮に控訴部落に損害賠償（売人・被控訴人が伐採事業経営に関してかかった総額四、一八七円四七銭五厘とこれに対する年五分の利率）の責任があるとしても、控訴部落有は一〇分の四に過ぎず、それ以外の一〇分の六は、岩沢・伊藤の売り渡したものであるから、控訴部落に対して全部の損害を請求するのは不当であり、その損害額についても認められるものではないこと。

また、保証金の支払いについても部落に納入すべき金員については、町村制の規定に従い、収入役において受領すべきもので、村長にはその権限はないこと。被訴訟人は、明治三六年三月一六日より明治三六年九月までの間に木材二〇、五九二尺〆以上を運搬し売却したその価額（二〇、五九二円）を代金として、訴訟部落へ支払わなければならないとしたこと。

したがって、この契約は解除されたものとして、すでに伐採搬出された木材の所有権は、売主に移転するものであり、訴訟部落はこれを差し押さえ、他へ売却したとしても、このために、被訴訟人の権利を侵害したものとはいえないとした。しかし、この他の争点に対しては判断を与える必要があり、控訴の理由はあるとしたものであった。

その他の争点についての損害賠償は、上告中で弘前支部裁判所において審理中であったが、原告の高谷と交渉を重ね示談が成立し、大正二年三月二二日に開催された村会で示談承認案が可決された。大正二年四月一日示談契約が締結された。その示談協定契約は次の内容であった。

示談協定契約書写

高谷対北秋田郡矢立村大字粕田部落間ノ明治三五年七月一七日、公証人森芳麿役場ニ於テ締結シタル粕田部落有萱仮戸沢山林立木賣買契約証及仝三五年一一月一五日付追加契約ニ基因シ提起サレタル訴訟事件及当事者間ニ存在スル一切ノ権利義務ニ関シ起ル可キ将来ノ紛優ヲ排除スルノ目的ヲ以テ今般当事者間協議ノ上左ニ示談契約ヲ締結ス

第一条、矢立村大字粕田部落ハ示談金トシテ金三千円を高谷代理人三上直吉ニ支払フ事但

右金額支払時期左之如シ

第一期　金一、〇〇〇円大正二年四月二五日限り

第二期　金一、〇〇〇円大正二年五月三〇日限り

第三期　金一、〇〇〇円大正二年六月三〇日限り

三上直吉ハ本条金員受領ノ専権ヲ有スルモノトス

第二条、高谷ハ右第一期示談金受領前ニ当ツテ現ニ青森地方裁判所弘前支部ニ繋属シアル保証金及木代金返還請求事件中大字粕田ニ関スル部分ノ取下ヲ為ス可ク又同時期ニ於テ大字粕田ハ目下大審院ニ繋属中ノ当事者間損害賠償事件上告ノ取下ヲ為ス事

第三条、本契約成立シタル以上ハ当事者間ノ有スル一切ノ権利義務ハ消滅シタモノトス但

本契約ハ単ニ大字粕田ニ係ル部分ヲ和解シタルモノニシテ伊藤、岩谷ニ対スル関係ハ本和解ノ範囲ニ入ニズ

第四条、本契約締結ニ就テハ高谷対伊藤外一名間ノ保証金及木代余金返還請求事件ノ勝敗ニ関セス粕田部落ハ一切其責任ヲ負ハサルモノトス

第五条、本契約ハ矢立村会ノ決議及郡長ノ認可手続ヲ矢立村長ニ於テ為ス可シ　岩谷、佐藤、佐々木、若狭、佐々ハ連帯シテ右議決及認可ヲ得ヘキ事並ニ本契約ノ実行ヲ担保ス第一右決議及認可ヲ得サルトキハ前示岩谷外四名ハ本和解契約ト独立シテ第一条ノ通リ金三、〇〇〇円ヲ連帯シテ支払ノ責ニ任ズ

本証二通ヲ製シ大字粕田　高谷各一通ヲ所持ス

大正二年四月一日

青森県西津軽郡木造町

高谷

秋田県北秋田郡矢立村大字粕田部落

代表者矢立村長

秋田県北秋田郡矢立村大字粕田

粕田部落民代表五名

これによって、高谷対明治三五年七月一七日契約（粕田部落有萱仮戸沢山林売買契約）及明治三五年一一月一五日追加契約に基因して提起された訴訟事件及当事者間に存在する一切の権利義務に関して将来起こるべき紛優は排除されたのであった。

六、おわりに

北秋田郡矢立村大字粕田部落の山林民有地編入と山林売却問題について公文書『矢立村粕田山事件』（県公文書館蔵）を読み解きながらこの事件の真相を探ってみた。これらの資料は一部断片的であったとはいえ具体的で迫力を感じさせられるとともに、当時の村落社会を知る興味深いものであった。

また問題となった萱仮戸沢山林の所有、管理、利用については、元禄から天保年間そして明治期の地券発行と地租改正に至るまでそれぞれの時代情勢の変化も注目されるところでもあった。

山林は財産上においても生活に直接関係するものであり民有地編入請願は村民のだれもが希望するところであった。しかし、官有から民有地への編入請願は粕田部落有財産と粕田部落民の個人有財産者との共同の請願であったことも特徴とするところであった。したがってここでとり上げたのは主に粕田部落有に編入になった二〇町歩についてであった。

問題の発端となったのは、明治二二年村長が代理人となった民有地編入出願が却下されたことで、代理人資格が喪失している中での契約（編入出願が許可されたら持分を譲与する契約〈岩谷三分・岩澤一・五分・伊藤一・五分の持分〉）であった。また村会の過半数で譲与契約が可決したことを村民に告知しなかったことで疑念がもたれることとなった。くわえて、譲与許可取消訴願中にもかかわらず、三名の持分を部落にはかることなくこの部落有財産を売却しようとした。

これによって、慣例を無視した村会決議を郡参事会が許可したということで、この問題はさらに深く、郡・県参事会にまで広がることとなった。そして最終的には内務大臣により譲与許可が取消されることとなったのであった。

しかし村会は、この立木譲渡問題を再決議。このようにして紛優すること数年にわたりこの山林は登記されないままとなった。これに対し所有権の確立と適切な管理、財産の保護を取扱う区会開設が望まれ、区会開設申請が直接郡参事会に提出された。このような中で、紛優を憂慮した北秋田郡役所は官吏を通して調停に乗り出し関係者と協議、伊藤、岩沢へ分割譲渡した残りの立木を村会の決議を経て全部売却処理することにし、今後これらについての訴願訴訟は一切しないことで協定を成立させたのであった。

さて今度はこの部落有立木の売却はどうなっていくのか。最初の売却契約が締結されたのは明治三四年一二月二七日であった。売却先は、青柳・松山で契約は能代港富町公証役場で行われた。しかしこの契約は、民事裁判となり実行されることはなく解消される。明治三五年七月一七日次の売却契約が青森市公証役場で締結される。買受人は木造町の高谷であった。そして翌日の一八日には買主より保証金が支払われ伐採事業が開始されることとなった。

ところが、明治三七年になって買受人の高谷から青森地方裁判所弘前支部に保証金返還請求と損害賠償請求の二件について訴訟がおこされることとなった。一審は原告勝利となったが不服として控訴した粕田部落は明治四四年宮城県控訴院判決で勝訴判決となっている。しかし宮城控訴審の判決の中でも指摘されたように、その他の争点については判断されなければならないものもあるとあったように、実際これについては弘前区裁判所において審議中であった。同時に村との示談交渉もすすめられ、大正二年四月一日には示談が締結され、これにより当事者間に有する一切の権利義務は消滅したものとして、この問題が終焉したのであった。

3　森の狩人

――大館地区猟友会大館支部の仲間たち――

一、猟銃所持許可証取得と猟友会入会

猟銃所持許可証を取得したのは平成六年であるから、所持歴二三年ということになる。今でもよく人から聞かれるのは、どうして猟銃を持つようになったのかという質問である。そう聞かれるといつもその返答に困るのである。阿仁前田で生まれ育った私は、子供の頃から父親の狩猟姿を見ていたし、よく山へも連れていってもらって動植物の話しも聞かされた。ウサギやヤマドリ、カモなど食べさせてもらうこともあった。しかし、獲物を捕ることだけに執着する訳でもなくどちらかといえば狩猟を娯楽として楽しんでいるようにも思えた。いま思うとそんな生育が自然と猟銃の所持に向かわせたのかもしれない。弟も私が知らない間に猟銃を所持していたところをみると私と同じではなかったかと考えている。親父と息子たちが揃って狩猟に出かけたこともあったが、それも親父が亡くなる前の一時の間であった。

カモ猟28年　於、米代川

所持免許の取得とともに猟友会へ入会した。当時は結婚して大館に住居を構えていたので、大館地区猟友会の大館支部（九支部＝釈迦内・花矢・大館・長木・下川沿・上川沿・二井田・真中・十二所）に入会することになった。当時は会員も四〇名を超え結構にぎやかであった。それから二〇年も過ぎ現在は一八名にまで減少し、平均年齢も六四歳を超えているが女性も含め比較的若い加入者もみられるようになってきた。

減少した大きな原因は高齢化による脱会と新規加入者の減少である。現在は大館地区猟友会では支部の再編（統合）が検討されている。これまで大館支部では、平成四年度から大館市との業務委託で行われているカラスの駆除をはじめクリーアップにも積極的に協力しているところである。

二、カモ撃ちと野兎の巻き狩り

狩猟の解禁日は一一月一日である。待ちに待ったカモ猟の始まりである。猟師たちは安全を第

野兎の巻狩り27年2/15　於、比内本宮

一に休猟期間中実施される事故防止講習や射撃練習を重ねこの日を迎えることになる。猟場はおもに沼、湖、川などであるが、下見や、足場の整理、小屋掛けなどしてこの日に備える。

初猟は支部が中心となったり、猟友会の仲間同士であったり、中には単独であったりとさまざまである。朝明けの闇の中でじっとその時を待つ緊張感、そして飛び立つカモを撃ち落とす瞬間の感触を得るのである。そして夜には猟仲間とそのカモ鍋をいただきながらカモ談義に花を咲かせるのである。

一方、野兎の巻狩りであるが猟友会大館支部では四回（一月二回、二月二回）実施している。猟場は大野岱、田代、比内で毎回一〇人前後の会員が集まる。起伏の比較的少ない杉林を選び、指揮役（シカリ）の指示で追い手（セコ）と撃ち手（ブッパ）が半々に分かれてそれぞれが持ち場に着く。開始の合図で一斉に追い手が大きな声で撃ち手方向に向かって追い詰めていく。特に追い手は脇から逃げられないよう、そして追い手同士の間隔が乱れないように細心の注意を払う。途中、目の前を野兎が猛スピードで逃げ回る場面に遭遇することもよくある。やがて前方撃ち手方向からパーン、パーンという射撃音が耳に入る。追い終えた先には何頭かの仕留められた野兎が雪の上に横たわっている。疲れを忘れる喜びの対面である。一回の巻狩りに要す時間は一時間半前後である。獲物は捕れないときもあるが二、三羽捕れるときもある。それを一日四回ほど行うのである。

三、カラス、クマの有害駆除

有害駆除は、各市町村からの申請で県が許可して行われる。近年大館市では特にカラス、クマの被害から市民の生活を守るべき対策として、平成二五年度より、「大館市鳥獣被害対策実施隊員及び対象鳥獣捕獲員」を委嘱し駆除を実施している。猟友会もその委嘱を受けて、市街地のカラス生息調査や駆除を年四回ほど実施している。

またクマについても、これまでにない出没が多かった昨年は、ツキノワグマ有害駆除緊急出動や檻の設置で多くのクマを駆除することができた。しかし、駆除は選択肢の一つであって対策の絶対的なものではない。それだけに頼ることはよくないことは猟友会員の知るところである。なぜならば、狩猟は必要とする分の獲物を仕留めて、無駄にすることなく頂く極私的な行為に対し野生動物を殺すことが目的で年間数多くの猪、鹿等が捕殺され廃棄処分されている駆除とは本質的に異質なものであるからである。

四、食料としての獲物

マタギの世界では、山からの獲物は山の神からの授かり物といわれている。その授かり物を食するには解体しなければならない。この行為も神聖化されているものである。自然を敬い、命を

檻での捕獲28年7/6　於柄沢貯水池

檻の設置28年5/23　於池内

クマの解体とクマ鍋

野兎の解体

頂き、命を繋げる命の連鎖は自然の成り行きである。しかし、食べる分しか捕獲しないし、捕ったら美味しく残さず食べるのが供養である。つまり食べることも狩猟の一部と考えている。したがって、部位は銃弾で傷つけないよう、一発で仕留めることも美味しく食べることにつながる。ましてや半矢となると獲物を苦しめるうえ肉の質まで劣化させてしまうのである。

仕留めた直後の獣はあたたかい。野兎の毛はスルリと剥げ、クマの毛剥ぎにしても大変なことではない。内臓を腹出した後は部位ごとに切り落とす。これを仲間内で食べる時は、内臓も肉は骨付きでブツ切りにして鍋の中で煮込まれ、髄の旨味が加わる。猟の安全と獲物への感謝を込めて乾杯。熱々の鍋は疲れた体にしみ込み、まさに生き物が食べ物に変わり人間も自然のなかで生かされていることを実感させられる時でもある。

獲物の味については、季節、雄雌、年齢、食べ物によって味が変わるのも野生肉の特徴でもある。たしかに天然の獣は家畜とちがって餌も環境も管理されていない。これは実際食べている人にとっては実感するところである。子供の頃食べた味とは違うし、今でも年毎の微妙な変化にも気づくことがある。狩猟を通して環境について気づかされることは以外に多いのである。

狩猟がもたらすもう一つの喜びは、共同作業である。皆で力を合わせて獲物を手に入れること。捕れても、捕れなくても、あの獲物を待つ緊張感、ドキドキ感がいい。たしかに命を奪うことは重い行為である。しかし、森や食、地域を理解し、人生を豊かにする意味のある社会的行為であると考えている。

五、クマとの共生

東北、秋田の特徴は、人間の生活域に極めて近い森や林にクマが生息していることである。これは世界的に見ても先進国では日本だけのようである。高密度で人とクマが暮らしてきた秋田県民は長い歴史の中でクマと付き合い共存してきたのである。

特に、ツキノワグマは国際的に希少動物で本州全体の推定生息数は一五、〇〇〇頭前後とされ、繁殖能力も弱い。九州では既に絶滅し、その他の地域においても絶滅の恐れがあると心配されている所もある。秋田県では古くから当たり前のようにクマと人間との距離が近いところで共存してきた。

また、クマは豊かな森林を代表する存在であるともいわれている。クマが生存できる環境を保てば、さらに多くの動植物が生存できる豊かな環境となるのである。秋田でクマが多いということは、それだけ多くの自然が残っている証拠でもある。

ところが近年、クマが人間の生活圏に出没し、目撃情報が増加の一途をたどっている。平成二八年度は、クマの出没報告が八七二回、死亡者四名、捕獲数四五〇頭と過去最多となった。県自然保護課では平成三一年度から「休猟区」の全廃を決めた。その理由の一つに生息域が拡大されているとされるクマの捕獲を促す狙いもあるとされている。一方、県野生鳥獣保護管理検討委員会から、「クマ猟を自粛すべき」との意見もだされている。

人口減少が進む県内では、人間の生活圏とクマの生息域の境界があいまいになりつつある。都市集中の生活スタイルの進行と、中山間地域での活動の減少によりクマの活動エリアが人間側に広がる中で、人間と動物の共存に重要な役割を果たしてきた里山の境界域の再構築と、クマの生息状況を把握し、人とのあつれきを減らす保護管理の仕組みが求められている。クマの絶滅を避けるため秋田県の維持する目安はおよそ一、〇〇〇頭（平成二八年四月現在、秋田県の生息数一、〇一五頭と推定している。推定精度を高める努力も同時に行われている。）とし、人と野生動物が共存するには何が最適なのか、常に見直し続けることの必要性も問われているところである（平成二九年、クマが人里に出没しにくい環境づくりの検証、鹿角市集落にモデル地区設定）。まさに、クマを考えることは、自然を考え、社会を考えることでもある。

また大館ではクマだけでなく、新たにイノシシやニホンジカの目撃情報も増え、生態系や自然環境の変化も心配されている。平成二八年にはイノシシが複数出没し国内最北の出没地となった。イノシシは、雪深い地域では適応しにくいとされてきたが、全国的に生息域が拡大されている。温暖化による積雪量の減少、人口減や高齢化に伴う中山間地の耕作放棄地の拡大などが要因とされている。一方ニホンジカは、かつて秋田県内に生息していたが、明治以降の狩猟によって絶滅していた。近年では白神山地にも複数目撃されるようになり、東北森林管理局では平成二八年からシカの捕獲檻を設置するなどの対策に乗り出した。このようなシカやイノシシは雑食で木の新芽や下草などを食べるため、樹木が枯れるなどして土砂災害を起こす危険や、マダニが媒介するウィルス感染症のリスクも指摘されている。農林被害（二〇〇億円〈平成二九年一月、農水省発表〉）の七割がシカとイノシシによるものであることを考えるとこの対策も急がれるところである。

Ⅳ 鹿角、伝記と鉱山の歴史

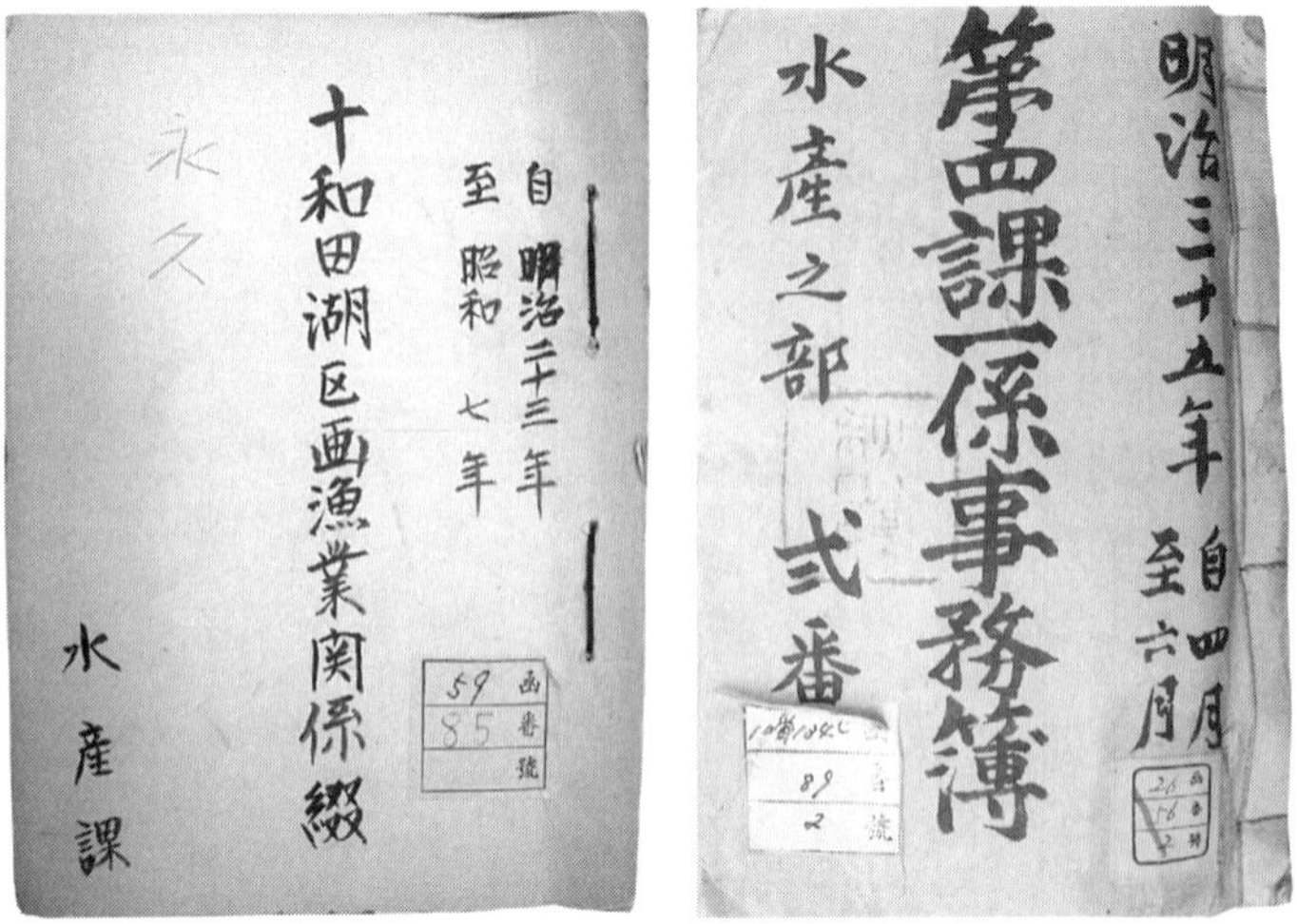

『自明治二十三年至昭和七年　十和田湖区画漁業関係綴』
『明治三十五年自四月至六月第四課一係事務簿』（県公文書館蔵）

1　和井内貞行
――ヒメマス放流記――

一、はじめに

十和田湖のヒメマス養殖と観光開発に生涯を捧げた和井内貞行の功績は今や誰しもが知るところである。

その詳細を示す資料『自明治二十三年至昭和七年十和田湖区画漁業関係綴水産課』、『明治三十五年自四月至六月第四課一係事務簿水産之部弐番』、『和井内貞行叙位内申』（県公文書館蔵　資料番号九三〇一-〇三-〇七二六三、九三〇一-〇三-〇七一八八、九三〇一〇

三-〇八七一三）から、当時の状況を把握するため各種魚児放流数、漁獲数、魚卵配付先、配付数量、事業経費、収支決済、叙正七位授与内申について調べることにする。

二、各年各種魚児放流数と漁獲数量（明治一七年〜大正一〇年）

年次	魚児放流数		漁獲数量		備考
	種類	数量	種類	数量	
明治一七年	鯉	六〇〇尾			明治一六年有志で養魚計画
明治一八年	鯉	一、四〇〇尾			銚子大滝魚道開通十和田湖養魚創業計画（和井内貞行・三浦泉八・鈴木通貫）
明治一九年					
明治二〇年					
明治二一年	嘉魚	二七〇尾			
明治二二年					
明治二三年	嘉魚	一四五尾		補魚禁止	養魚願（八月青森県、九月秋田県へ） 捕獲禁止願（九月青森県法奥澤村へ）

明治二四年	鯉 嘉魚 沼貝 蜆貝 鰌	三、〇〇〇尾 六一尾		補魚禁止	捕獲禁止願（六月秋田県）
明治二五年	鯉 鮒 金魚	五、〇〇〇尾 一、〇〇〇尾 五〇尾		補魚禁止	養魚願
明治二六年				補魚禁止	水面使用免許（二六／一〇～三四／九）：秋田青森両県
明治二七年				補魚禁止	
明治二八年				補魚禁止	
明治二九年	鯉 鮒	二〇、〇〇〇尾 一、〇〇〇尾		補魚禁止	産卵期の捕獲禁止（鯉：七／一～七／二五、嘉魚：一〇／一～一〇／二〇）
明治三〇年			鯉	六二一尾	
明治三一年			鯉	七六六尾	
明治三二年			鯉	二六九尾	

明治三三年	鯉 鱒 鰻	一〇、〇〇〇尾 五、〇〇〇尾 五〇尾	鯉 鮒	一二五尾 三石一斗	銚子大滝魚道再開
明治三四年	鱒 鯉	三五、〇〇〇尾 五、六〇〇尾	鯉 鮒	三四七尾 九八八升	養鱒願（三四／一〇～三七／九 鱒種魚捕獲禁止）
明治三五年	鯉 鱒	七、〇〇〇尾 五二、〇〇〇尾	鯉 鮒	一九六尾 六三五升	姫鱒（カバチェッポ）支笏湖より魚卵需人口孵化 法奥澤村魚業組合設置申請 十和田湖新規持場漁業願申請
明治三六年	鱒 姫鱒（カバチェッポ）	五〇、〇〇〇尾 三〇、〇〇〇尾	鯉 鮒 鱒	七六尾 五六二升 三三六尾	
明治三七年	鱒	一〇〇、〇〇〇尾	鯉 鮒 鱒	三三尾 一、〇八五升 一、七七五尾	漁業免許（明治三七年二月一〇日～大正二年二月一〇日） 鮭卵青森県藤坂村相坂川より需人口孵化
明治三八年	鱒 鮭 蝦	二〇〇、〇〇〇尾 五〇、〇〇〇尾 一石	鯉 鮒 鱒	六六尾 五七七升 一四、七〇〇尾	蝦八郎潟より需移入

明治三九年	姫鱒	一、二〇〇、〇〇〇尾	鯉 鮒 鱒	六六尾 二七七貫 三、三九四尾	
明治四〇年	姫鱒 鯉	二、二五〇、〇〇〇尾 五、〇〇〇尾	鯉 鮒 鱒	二七尾 二八三貫 七二六尾	
明治四一年	鱒	三八八、〇〇〇尾	鯉 鮒 鱒	一六六尾 四〇〇貫 七、九三一尾	
明治四二年	鱒 姫鱒	七〇、〇〇〇尾 四、四〇〇、〇〇〇尾	鯉 鮒 鱒	一五〇尾 三六五貫 一一、一二四尾	
明治四三年	姫鱒 鯉	七、〇〇〇、〇〇〇尾 一〇、〇〇〇尾	鯉 鮒 鱒	一〇尾 五六四貫 二〇、四三一尾	
明治四四年	姫鱒 鯉	五、〇七〇、〇〇〇尾 一、四二〇尾	鯉 鱒 鮒	五〇尾 一五、一七七尾 八一四貫	
大正一年	姫鱒	四、〇〇〇、〇〇〇尾	鯉 鱒 鮒	一五尾 七、一六〇尾 八六八貫	

大正二年	姫鱒	四五〇、〇〇〇尾	鯉 鱒 鮒	八尾 二〇、七二二尾 三一六貫	漁業免許更新（大正二年二月一〇日～二〇年間）
大正三年	姫鱒	三五〇、〇〇〇尾	鯉 鱒 鮒	二尾 三五、三四二尾 一一三貫	
大正四年	姫鱒	五、一〇〇、〇〇〇尾	鯉 鱒 鮒	七尾 二四、九〇〇尾 二二六貫	
大正五年	姫鱒 鯉 蝦	三、〇〇〇、〇〇〇尾 一、五〇〇尾 一斗五升	鯉 鱒 鮒	三尾 一七、〇八一尾 五三八貫	
大正六年	姫鱒	一、三五〇、〇〇〇尾	鯉 鱒 鮒	四尾 一八、四六二尾 二八九貫	
大正七年	姫鱒	六二〇、〇〇〇尾	鯉 鱒 鮒	二尾 一八、七〇四尾 二一九貫	
大正八年	姫鱒	三、二五〇、〇〇〇尾	鯉 鱒 鮒	一五尾 九、四五六尾 三二〇貫	

大正九年	姫鱒 鱒	一、五〇〇、〇〇〇尾 二、二〇〇尾	鯉 鱒 鮒	一五尾 一二、八三七尾 二八七貫	
大正一〇年	姫鱒	一、七〇〇、〇〇〇尾			
【備考】	明治一七年～大正一〇年魚児等放流総数 鯉（七〇、五二〇尾）、鱒（九〇二、二〇〇尾）、鮒（二、〇〇〇尾）、嘉魚（四七六尾）、金魚（五〇尾）、鰻（五〇尾）、姫鱒（四一、一七〇、〇〇〇尾）、鮭（五〇、〇〇〇尾）、蝦（一石一斗五升）、沼貝、蜆、鰌				

明治一六年湖水下流子ノ口に魚道開削の計画がでて鯉、嘉魚の稚魚放流を試みたところ僅か数年にしてその成長の良さに将来の希望を持った和井内貞行は、明治二三年（八月青森県、九月秋田県）に湖面借用願を出し、翌二四年に許可が下り正式に放流が開始されることとなった。

明治二四年には、これまでの鯉や嘉魚に加えて、沼貝、蜆貝、鰌、さらに明治二五年には鮒、金魚などの放流も試みられた。その中で鯉や鮒、嘉魚の繁殖が著しく、明治二九年からは鯉、鮒の放流が盛んとなった。しかし、鯉の捕獲は六・七月の二カ月で、この捕獲量は湖辺居住者の食用に過ぎず、鯉や鮒だけでの漁業進歩は難しかった。

明治三〇年代に入り、鱒の人口孵化にも取り組むようになった。明治三一年には、栃木県の日光中宮祠湖養魚場へ研究のため伝習生を派遣。明治三四年からは、日光中宮祠湖養魚場や近江琵

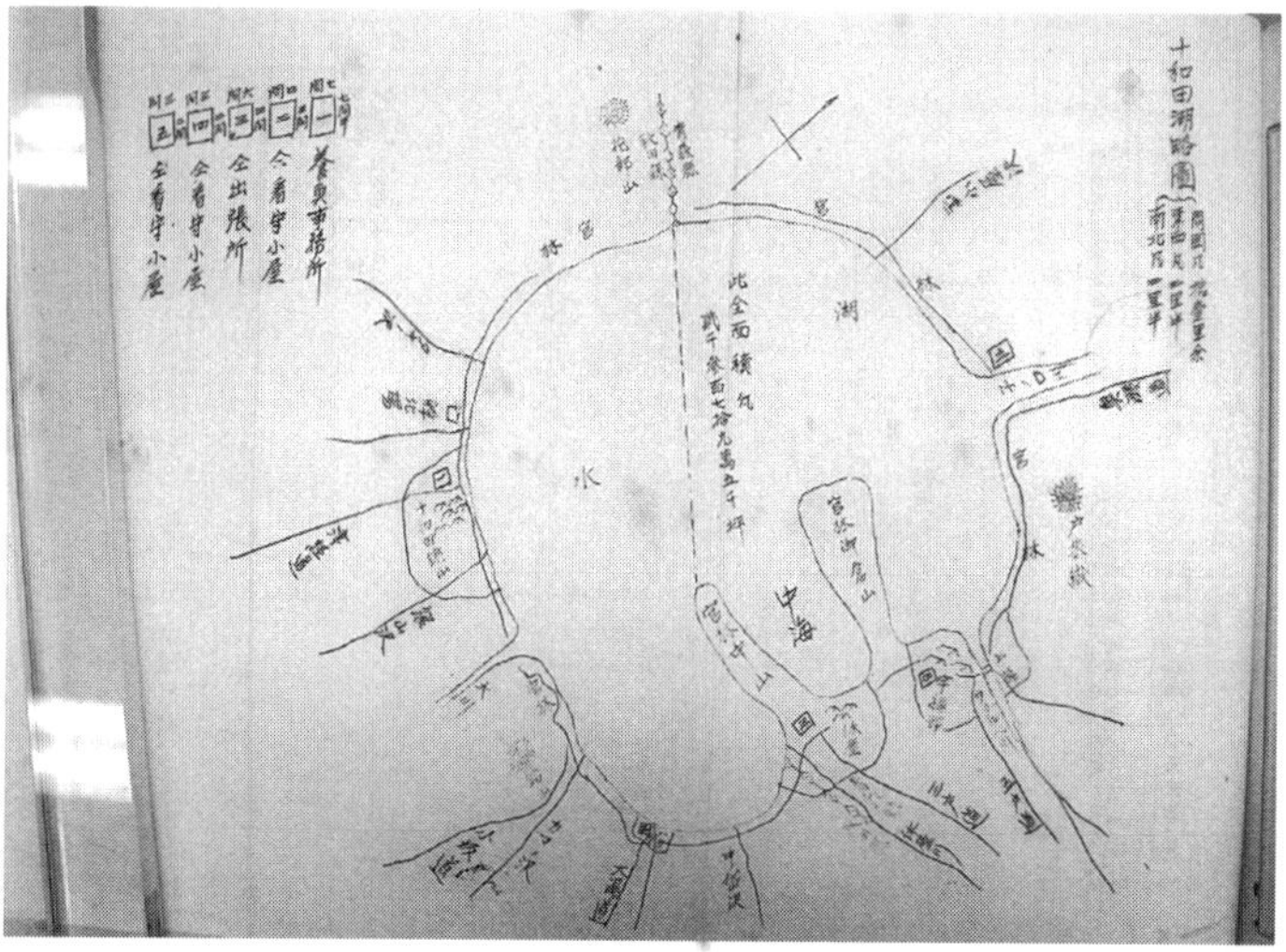

「明治34年十和田湖養鱒願添付図」（県公文書館蔵）

琵湖養魚場から種卵を取寄せて人口孵化実験などをするようになる。そして、明治三四年一〇月より明治三七年九月までの三カ年を種魚の捕獲禁止にするとともに、産卵期の一〇月から一二月までの三カ月は捕獲禁止にするなどして産卵の保護に努めた。

一方上図（明治三四年十和田湖養鱒願添付図）のように、養魚取締まりのため、事務所を置き、外湖辺四カ所、出張所一カ所、監守小屋三カ所を設け、産卵期は看守人が諸渓流を巡視し、鳥害には発砲で予防するなどして産卵を保護した。

明治三五年一二月には、北海道千歳郡支笏湖から魚卵を求めて人口孵化を行い、明治三六年五月三〇、〇〇〇尾を放流。明治三八年魚類の餌となる蝦を八郎潟から移入するとともに、青森県上北郡藤坂村相坂川より求めた鮭卵を孵化し五〇、〇〇〇尾を放流する。

三、魚卵（鱒）配付先と配付数量（明治三七年～大正九年）

これまで放流したなかで、捕獲採卵に至ったのは鱒であった。明治三八年より漸次採卵し親鱒を十分捕獲するまでになって、親鱒は他からの供給を必要としなくなり、自家養殖のものから採卵しても尚余裕がでるまでの効果を見るまでになった。

そのため、十和田湖放流の魚児を除き、その他を分与するまでになった。次図は、明治三七年～大正九年までの魚卵（鱒）の配付先とその数量である。配付先は北海道、本州、はては朝鮮まで、その数は六七カ所まで及び、その数量は四、二七八万六、〇〇〇粒にまでたっした。

No.	配付先	配付数量（粒）
一	帝室林野管理局日光中宮祠湖	七四九万七、〇〇〇
二	帝室林野管理局箱根芦ノ湖	五五〇万
三	群馬県利根郡片品村千明賢治	五万
四	群馬県利根郡片品村平野長蔵	一八五万
五	群馬県群馬郡室町榛名湖	一万
六	山形県庁	一三六万

七	山形県北村山郡役所	二万
八	秋田県水産試験場	二八九万
九	秋田県南秋田郡北浦町役場	六一万
一〇	秋田県仙北郡田沢湖漁業組合	一一〇万
一一	青森県水産試験場	一六二万
一二	福島県庁	九一六万
一三	福島市阿部英夫	三五万
一四	福島県相馬郡中村町大谷忠吉	五万
一五	福島県信夫郡土湯村養魚組合	六〇万
一六	福島県大澤郡沼澤村孵化場	三〇万
一七	茨城県水産試験場	一万
一八	茨城県水産学校	五、〇〇〇
一九	茨城県筑波郡田井村菊池良四郎	五万
二〇	茨城県上市女子師範学校	五、〇〇〇
二一	新潟県立能生水産学校	二一万
二二	新潟県中頸城郡吉川村橋立廣作	一万

二三	新潟県中頸城郡菅名村高地清吾	一万
二四	新潟県岩船郡村上鮭産育養所	八、〇〇〇
二五	栃木県西那須野松方侯爵農場	一〇万
二六	滋賀県水産試験場	一五五万
二七	滋賀県坂田郡醍ケ井村上丹生宗谷藤野養魚場	六万
二八	栃木県西那須野大山侯爵内齊藤貞造	一万
二九	東京市岩崎町久彌別邸	三万
三〇	東京市麹町区有楽町池上電気鉄道会社	九、〇〇〇
三一	東京府北豊嶋郡高田村村部岡子爵邸	六万
三二	神奈川県箱根湯本岩崎小彌太別邸	九万
三三	北海道庁立小樽水産学校	一〇万
三四	北海道札幌区農科大学教授中尾節蔵	二〇万
三五	北海道虻田郡倶知安村高山万次郎	五万
三六	北海道虻田郡虻田村漁業組合	五〇万
三七	東京水産講習所	七、〇〇〇
三八	宮城県水産試験場	二三万二、〇〇〇

三九	神奈川県足柄上郡三保村鶴田千壽	一万
四〇	兵庫県水産組合	三五万
四一	兵庫県朝来郡山口村進藤長治	一五万
四二	兵庫県穴栗郡役所	一万
四三	長野県北安曇郡役所	三五万
四四	長野県上水内郡信濃尻村池田万作	一七二万
四五	兵庫県楫保郡役所	三万
四六	長野県南佐久郡農会	一八万
四七	島根県安濃郡佐比賣村役場	一〇万
四八	愛媛県水産試験場	一万
四九	愛知県丹波郡大山町丹波伊三郎	二〇万
五〇	秋田県由利郡上郷村須田森市	三万
五一	京都府葛野郡嵯峨村井上與四郎	二万
五二	京都府加佐郡役所	一万
五三	三重県水産試験場	五一万
五四	石川県水産試験場	一〇万

五五	石川県南都郡役所	一三〇万
五六	石川県北巨摩郡清哲村水産組合	三万
五七	石川県南都留郡船津村水産組合	三三万
五八	石川県西八代郡上九一色村渡邊正太郎	三〇万
五九	鳥取県庁	一〇万
六〇	鳥取市包丁人町齊藤惣太郎	二万
六一	朝鮮総督府平安南道	三九万
六二	岩手県稗貫郡大田村佐藤學蔵	一一万
六三	岩手県二戸郡浄法寺村小田島五郎	三、〇〇〇
六四	岐阜県不破郡役所	四万
六五	静岡県水産試験場	六万
六六	岡山県水産試験場	五万
六七	岐阜県武儀郡洲村砂場庄五郎	一万
【備考】	魚卵総数量四、二七八万六、〇〇〇粒	

四、養殖事業着手以降の事業経費及び収支決済

明治一九年〜明治三八年の収支状況である。鯉は大湯村の千葉禮八から求めている。明治三八年時で六、三五八円五〇銭九厘の償還金が残っていたことを、このような具体的数字で見ると、その困窮さが身をもって感じ取ることができる。

明治三八年五月、三年前に放流したカバチエッポが群れをなして帰ってきた時である。この年は大凶作の年でもあった。貞行は、湖辺居住者凶作救助分として捕獲鱒の八割（一一、七七一尾）を提供していたのである。

以降、十和田湖養殖事業はこのヒメマス売却で収益をのばすこととなったのである。

【支出の部】明治一九年度〜明治三八年度

年度	金額	内訳
一九〜二九	一、〇五四円一一銭〇厘	創業費
三〇	四六八円九三銭一厘	養魚費（八〇円七二銭）補魚費（三八八円二一銭一厘）
三一	八二四円一八銭四厘	補魚費（四九四円一八銭四厘）事務所費（三三〇円）
三二	四九三円二二銭一厘	補魚費（一三三円二二銭一厘）事務所費（三六〇円）
三三	九〇〇円三四銭九厘	養魚費（三三四円一七銭）補魚費（二〇六円一七銭九厘）事務所費（三六〇円）

三四	八三七円九五銭一厘	養魚費（一五八円二銭一厘）補魚費（三一九円九三銭）事務所費（三六〇円）
三五	一、一〇六円二八銭五厘	養魚費（三五五円四二銭六厘）補魚費（四四四円八五銭九厘）事務所費（三〇六円）
三六	八九六円三八銭一厘	養魚費（二五七円四二銭四厘）補魚費（二一四円一五銭七厘）事務所費（四二四円八〇銭）
三七	八六七円四七銭一厘	養魚費（三一一円二銭七厘）補魚費（一六五円二七銭四厘）事務所費（三九一円一七銭）
三八	一、四六九円一二銭二厘	養魚費（八二九円二四銭三厘）保護費（一八五円三四銭八厘）事務所費（四五四円五三銭一厘）
合計	九、〇一八円一〇銭五厘	

【収入の部】明治三〇年度〜明治三八年度

年度	金額	内訳
三〇	三六〇円三一銭	鯉六二八尾（内四〇尾現品使用、残五八八尾売却）
三一	五〇九円八二銭	鯉七六六尾（内二七尾現品使用、残七三九尾売却）
三二	一六五円一五銭	鯉二六九尾（内四尾放流、残二六五尾売却）
三三	一一一円八二銭八厘	鯉一二五尾（内二八尾漁夫配当、残九七尾売却）鮒三石一斗四升八合（内一石二斗六升九合漁夫配当、残一石八斗七升九合売却）

三四	三四三円八二銭	鯉三四七尾（内二〇尾漁夫配当、残三二七尾売却）鮒九石八斗八升二合（内四石九斗四升一合漁夫配当、残四石九斗四升一合売却）
三五	二八八円　五銭	鯉一九六尾（内二八尾現品使用、残一六八尾売却）鮒六石三斗五升（内七斗九升現品使用、二斗四升放流残五石三斗二升売却）鱒二七一尾（内三五尾採卵、一二六尾現品使用、残一一〇尾売却）
三六	一七七円七六銭八厘	鯉七六尾（内九尾現品使用、残六七尾売却）鮒五石六斗二升（内八斗四升七合現品使用、一斗一升五合放流、残四石六斗五升八合売却）鱒三三六尾（内一三〇尾採卵、八七尾現品使用、残一一九尾売却）
三七	二七六円四〇銭四厘	鯉三三尾売却、鮒一〇石八斗五升七合（内八斗現品使用、残一〇石五升七合売却）鱒一、七七五尾（内七〇〇尾漁夫配当、残一、〇七五尾売却）
三八	四二六円四四銭六厘	鯉六六尾（内一三尾現品使用、残五三尾売却）鮒五石七斗七升（内一石三斗七升現品使用、残四石四斗売却）鱒一四、七三一尾（内六七四現品使用、一一、七七一尾湖辺居住者凶作救助分、残二、二八六尾売却）
合計	二、六五九円五九銭六厘	
総計	支出合計九、〇一八円一〇銭五厘―収入合計二、六五九円五九銭六厘＝差引不足分六、三五八円五〇銭九厘　償還分	

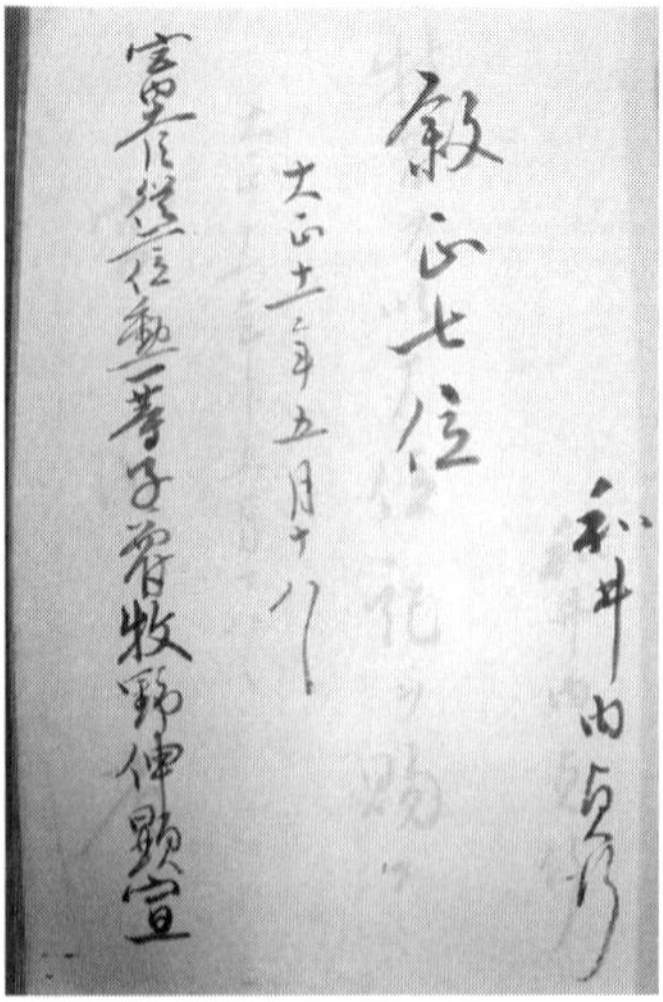

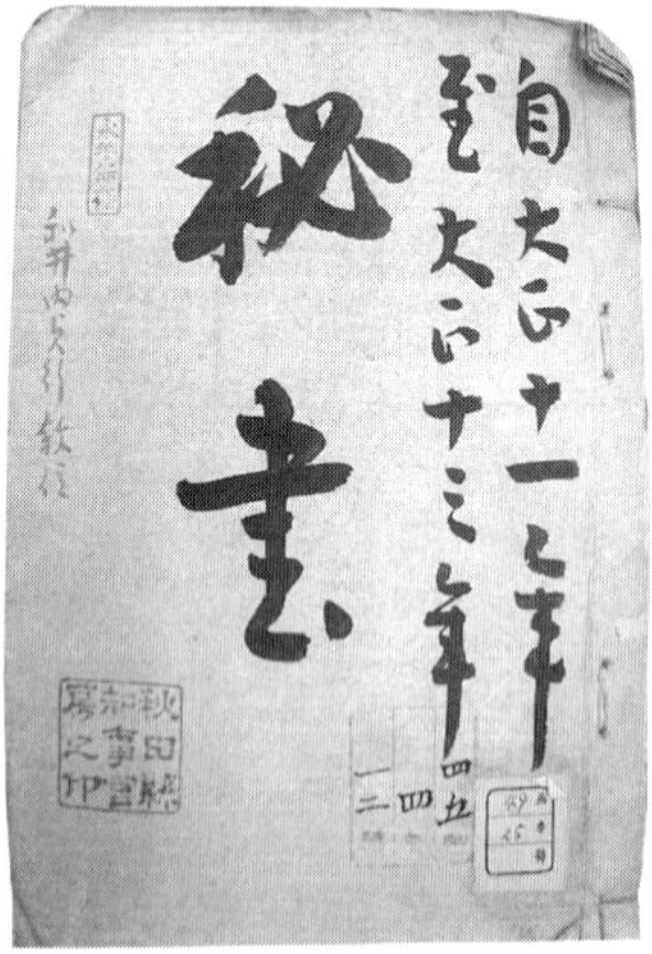

『秘書　和井内貞行叙位』
（県公文書館蔵）

五、叙位内申

大正一一年五月一八日宮内省叙正七位授与される。この功労者叙位ノ義ニ付の内申は次のようなものであった。

本籍秋田県鹿角郡毛馬内町毛馬内
現住所秋田県鹿角郡七滝村大字上向十和田百四十三番地

和井内　貞行

安政五年二月十日生

右者資性堅忍不撓、夙ニ思ヲ水産ノ業ニ潜之数十年一日ノ如ク、精励刻苦、具サニ辛酸ヲ嘗メテ、斯業ノ進展ニ鋭意シ、今ヤ本県ニ於ケル養魚王トシテ一大生産ヲ開キ国富ヲ増進シ、公益ヲ興セルノ偉績、近古多ク其匹儔ヲ見ズ、十和田湖ノ風光明媚、天下ニ冠絶セル如ク、和井内鱒ノ成功モ、亦海内獨業ヲ以テ賞賛セラレッツアリ、彼乃水産業ニ着眼セル動機ハ、明治十四年以来小坂鉱山ニ勤務シ、十和田支所詰タリシニ基ケリ、湖中因リ水草繁茂、食餌豊饒ナルモ、古来一ツ魚族ヲ産セサルハ湖ノ東北ニ子ノ口ノ大瀑布アリテ、魚族ノ溯流シ得サルニ由ル、而シテ彼ハ日夕湖面ヲ眺ムルニ付ケ、奈何ニシテ此湖面ヲ利用セバヤト念ジタル末、始メテ養魚ノ有望ナルニ想到セリ、是ニ於テ明治十七年彼独力養魚ニ着手シ、最初鯉、鮒、嘉魚等ノ放流ヲ試ミ子ノ口ノ瀑布ヲ開鑿シテ魚道ヲ作リ、魚族ノ蕃殖ニ務メタル結果、生育頗ル良好ナリシモ、其漁獲意ノ如クナラズ、事業トシテハ何等価値ナキヲ認メ、百方苦心ノ末、養鱒事業ニ変更シ、明治三十年小坂鉱山ヲ辞シ、各地ノ養魚場ヲ視察シ、献身的ニ斯業ニ従事スルコトトナリ、明治三十三年日光ヨリ鱒卵ヲ輸入シ、人口孵化法ヲ用ヒ、育養ノ後放流セルニ、其結果良好ニシテ鱒ノ群遊ヲ見タルモ、其性ヤ散在性ニシテ、漁獲意ノ如クナラズ、而カモ此時既ニ祖先伝来ノ田畑山林ヲ売却シ、殆ト一擔ズヲ餘サツルノ窮境ニ陥レリ、而シテ当時一人ノ彼乃成功ヲ信ズル者ナリ、親戚知巳挙リテ之乃中止ヲ勧告セルモ、彼ハ頑トシテ之ヲ肯カズ、東奔西馳シテ初一含ニ向テ突進セリ、明治三十五年隅々人ノ談ヲ聞クニ『十和田湖ニハ北海道支笏湖ニ産スルカバチッポト称スル鱒魚アリ適当ナラント』此ノ天来ノ聲ハ殆ト彼ヲ九死ノ間ニ救ヘリ、彼則チ其言ニ基キ、三十六年五月五萬尾ヲ放流セリ、此鱒魚タル、放流後三年ヲ経テ、放流所ニ復帰スルヲ性トス、故ニ成功ノ奈何ハ三年後ノ後ニ期セラルヘカラズ、此間ニ於ケル彼ノ苦心ハ、因ヨリ筆紙ノ画ス所ニアラズ、資金欠乏シ、信用地ヲ拂ヒ、親友知己亦タ彼ヲ目スルニ養魚狂ヲ以テセリ、サレバ父母亦タ彼乃前途ヲ危ムニ至レリ、如此彼乃死生栄辱ノ境ニ立ツニ当ツテ、貧苦ト闘ヒ、困難ヲ共ニセルハ、独リ妻女アリシノミ、妍麗ナル十和田湖畔ヲ其死所ト定メ、最後迄奮闘ヲ続ケタル、三年ノ歳月ハ、即チ来レリ、果セル哉三年目ノ三十八年十月一群ノ鱒魚勇シク放流所ヲ目懸ケテ回帰シ来リ、茲ニ始メテ愁眉ヲ開クヲ得タリ（如此彼乃産ヲ興シ業ヲ開ケルハ献身的努力ニシテ、其成功ヤ全ク猛志堅行ニ由ル）、和井内鱒ノ名、天下ニ宣伝セラル、洵ニ故ナキニ悲ナリ、明治三十八年歳凶、湖畔ノ細民飢テ流離セントス、彼則チ食魚ヲ販路セシメ、之乃救済ノ資ニ充ツ、居民始メテ其堵ニ安シズルヲ得タリ。如此彼乃明治十七年以来放養セル鱒魚以下百萬ヲ超ヘ、其採卵セルモノ無慮数千萬ヲ算ス、而シテ彼乃創業以来、費ヲ投ズル数万金ニシテ、今ヤ厳然タル一大国産トシテ厚生利用ノ道ヲ開クニ至レリ、而シテ其意ノ堅思不屈ニシテ開物成務ニ貢献セルノ偉績、真ニ天下後世ノ範ト為スニ呈ル、本人ハ裏ニ功績ニ依リ緑綬褒章ヲ賜ハリシカ、爾来素者ヲ堅持シ、今尚弥寝食ヲ忘レテ斯業ノ為ニ精励ス、現時彼乃一代ノ苦心ト熱血ヲ傾画シテ、育成ニ努メタル幾千万粒ノ魚卵ハ、大八州ノ津々浦々ハ勿論、假会山間僻所ノ地ト雖モ、苟モ湖沼河川ノ存在スル箇所ハ、其風土ノ何タルヲ問ハズ、殆ト和井内鱒魚卵ノ恩恵ヲ受ラサルハナリ、其恵沢ノ及ボス所、遠ク朝鮮ハ道ノ一角ニ波及セルカ如キ、奈何ニ彼乃功績ノ煬々トシテ帝国水産界ノ為ニ不朽ノ功業ヲ仰セシカラトスヘキ、然ルニ本人ハ目下病床ニ臥シ、昨今危篤ノ状態ニアリ、就テハ本人平素ノ功労ニ対シ明治二十年勅令第十号叙位条例ニ依リ、此際相当ノ御恩典ニ浴スルヲ得バ、独リ本人ノ名誉ノミナラズ、亦タ以テ世同人間ニ裨益ヲ與フル不勘儀ト存候至急何分ノ御詮議相成度別紙成候調相添此段及内申候也

秋田県知事　　農商務大臣男爵山本達雄殿

六、おわりに

このように示されている具体的数字から当時の状況を把握することができた。そして、水産局から本県水産養殖業者和井内貞行に関する照会に秋田県知事は大正一〇年一〇月四日報告の水産養殖計画概要で「十和田湖ニ於ケル養殖事業計画ニ関シテハ水産局及秋田県水産試験場ノ調査指

来年ト共ニ繁殖シ今日ニ及ヘリ」と記している。

大正7年頃、生出に造られた孵化場はいまも残る

導ニ基キ始メ鯉、嘉魚、鮒等ノ放養ヲ為シタルモ鯉ハ天然ノ蕃殖ニ敵セス且ツ販路ノ関係上思ハシカラス之ヲ中止シ次ニ琵琶湖産鱒日光中禅寺湖産鱒、河鱒等ノ孵化放流ヲ試ミタルモ何レモ不成功ニ終リ幾多ノ苦心モ水泡ニ帰シタリ、カクテ明治三五年一二月北海道支笏湖ヨリ支笏産鱒ノ卵ヲ購入シ之ヲ孵化放流シタルニ其ノ結果極メテ良好ニシテ爾

2　幻の軽便汽車鉄道
――明治二八年小坂鉱山鉱業用軌道布設計画について――

一、はじめに

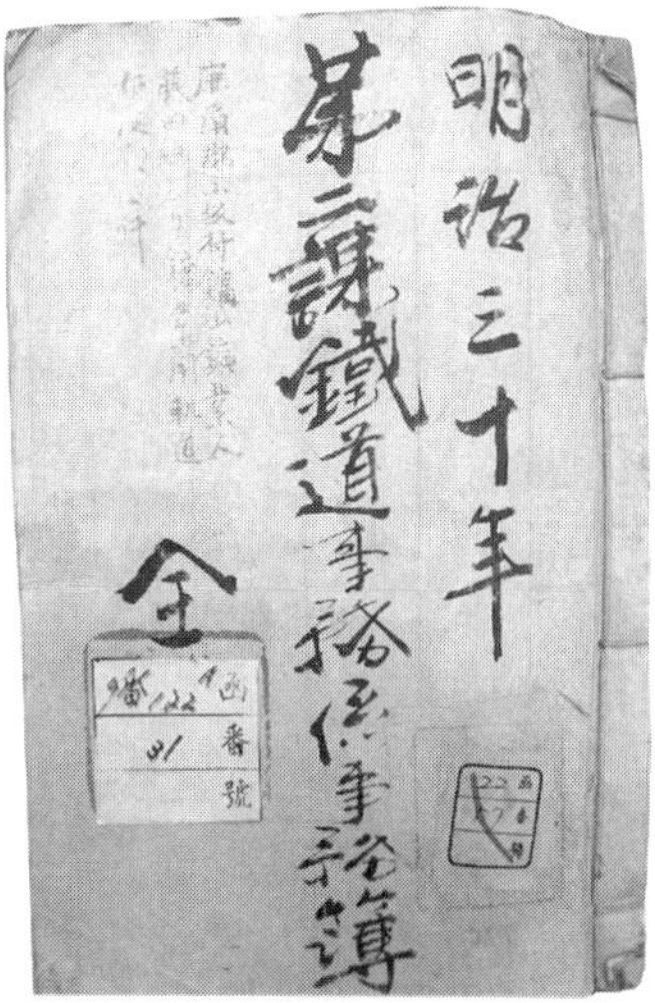

小坂鉱山鉱業用軌道布設関係綴（『明治三十年第二課鉄道事務係事務簿』県公文書館蔵）

明治二七年八月一九日付で、小坂鉱山鉱業人合名会社藤田組社長藤田傳三郎代理仙石亮より鉱業用軌道布設願が平山靖彦秋田県知事宛に出されている資料がある（『明治三十年第二課鉄道事務係事務簿』県公文書館蔵：資料番号九三〇一〇三‐〇七九一六）。

まさに小坂鉱山が藤田組に払下げられて一〇カ年が経過し銅生産も増産に向か

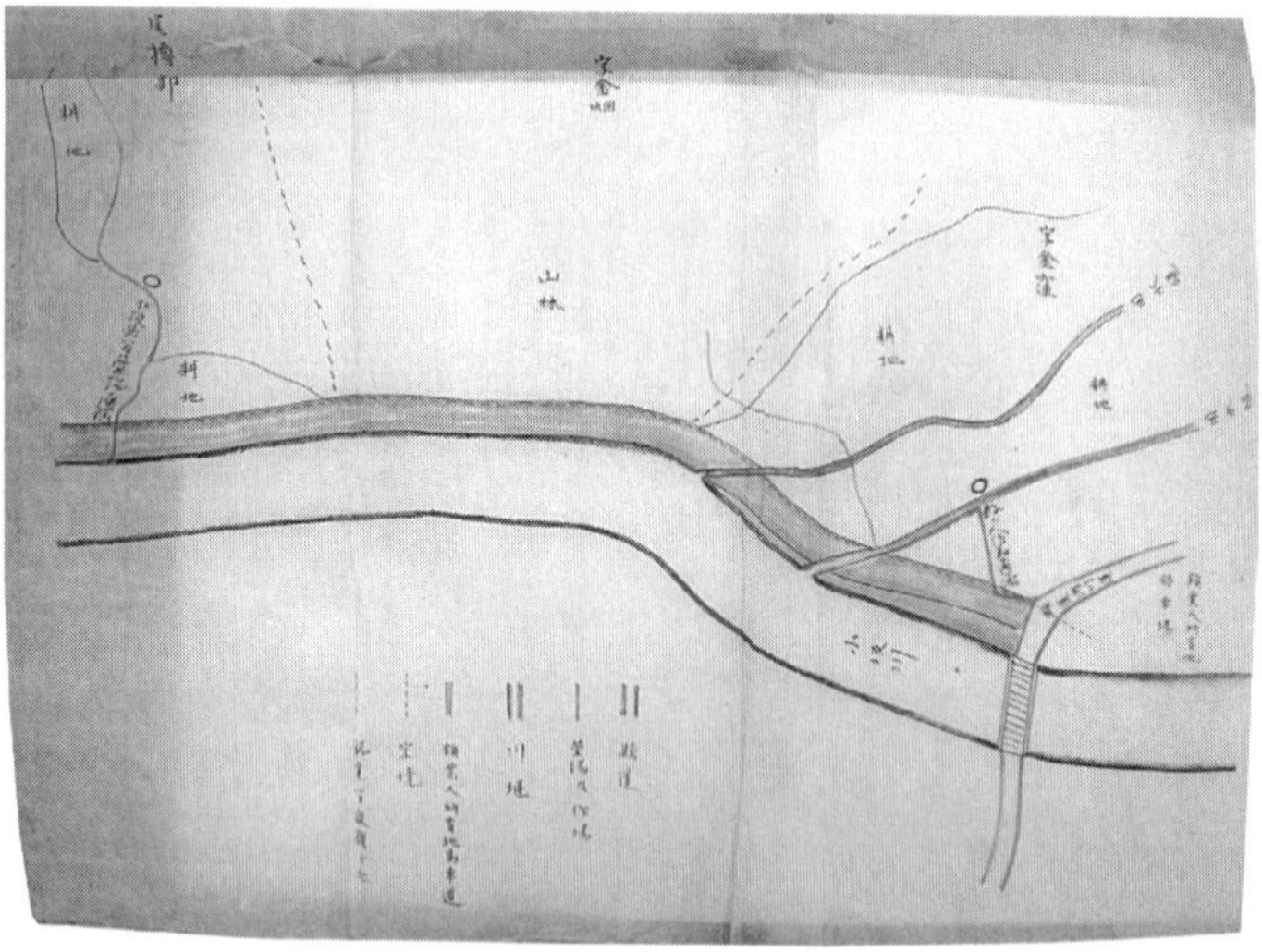

小坂鉱山軌道線路実測図　軌道延長二拾町五拾六間七分　自小坂村字山崎至小坂鉱山製煉場（『第二課鉄道事務係事務簿』県公文書館蔵）

い軌道に乗ろうとしていた頃であった。翌明治二八年には布設免許もおり二月八日には命令書も下付されるなど小坂鉱山にとっては、小坂鉄道（明治三八年八月二三日建設認可申請）建設の前提ともなる意義深い事業計画ではなかったかと考える。

　この資料をもとに、当時の状況と軌道布設の役割について考えてみることにしたい。

二、布設の意図

　当時小坂鉱山では製錬に多量の木材（薪・木炭）が必要とされ、明治二五年まで小坂の官林から供給されていた。しかし、その樹木の伐採も尽くされて、明治二六年からは需要の過半は大湯の官林から供給されるようになった。

　大湯の官林から伐採された木は山元から

大湯川を流して関上の上から毛馬内の南陣馬まで運河を作って流すなど、毛馬内までは川を利用した運送であった。しかし、毛馬内から小坂までの間は馬車による運送の外なく、その運送も農繁期になると停滞をきたすなど不便で事業経営上も好ましいことではなかった。

また、事業拡張の計画中にあって薪炭は勿論のことすべての需要品の増加が見込まれていたことからも馬車での運送は無理なことから車道に依る以外方法はないという状況であった。

このようなことからまず小坂村の山崎〜鉱山間二〇町余りの所へ軌道を布設しようというものであった。さいわいこの該当地は県道と山道を通過するほか小坂鉱山の所有地が多く、一部個人（小笠原）の所有地（小坂村字尾樽部一七番地、三三番地、三七番地、四一番地、四二番地の田畑）についても承諾済で何等差障りないことから布設の認可を得るべく申請（明治二七年八月一九日）となったのである。

三、設計書にみる鉱業用軽便汽車鉄道の概要

小坂鑛山軽便汽車鉄道設計書（原文のまま）

小坂鑛山軽便汽車鉄道設計書

一、線路ハ小坂字山崎ヲ起点トシ之ヨリ字金畑ノ山裾ニ添フテ字尾樽部ノ田面ヲ通過シ西向ノ山腹ヲ開鑿シテ小坂鑛山第二溜池ニ至リ此延長単線千貳百五拾六間七分

停車場ハ山崎及鑛山ノ二カ所ニシテ山崎停車場ハ田面ヲ潰築シ鑛山内ハ第二溜池ヲ埋立停車場トナス

一、軌道ハ単線延長千貮百五拾六間七分各停車場内軌道ハ本線支線（二線）ノ三線ニシテ此延長貮百五拾間ナリ

一、線路ノ勾配ハ最急六十分ノ一ニシテ屈曲ノ半径ハ最少三百六拾尺ナリ

一、軌道ノ幅員ハ貮尺六寸ニシテ軌條ノ重量ハ壱碼ニ付貮拾五磅ノモノヲ使用ス

一、線路ノ幅員ハ馬踏拾貮尺ニシテ築堤ノ傾斜面ハ土砂ノ部壱割弐分之出口ヲ以テ被包シ野面石垣ノ傾斜面ハ五分計リトス

一、路面ハ幅六尺高壱尺五寸玉砂利ヲ布築シ其上ニ枕木ヲ横置シ全木下タ及間隔ニハ高六寸篩砂利ヲ布均ス

一、枕木ハ栗材ニシテ長五尺三寸五分ニ七寸角ヲ長拾八尺ニ對シ八本宛ヲ横置ス

一、溜池排水堰踏切リノ場所ハ扶形暗渠ニシテ渡リ拾貮尺幅拾貮尺両台高八尺石造ナリ而シテ石裏ハ栗、石、真砂、石灰ノ三種ヲ以テ突キ堅メリ

一、懸道通過ノ分ハ別紙図面ノ通リ路面ト軌條面ト水準ニシテ軌道ノ間隔及ヒ軌道外凡ソ壱間内外、踏切リ木ヲ使用ス

一、機関車ノ重量ハ七噸半ニシテ速力ハ壱時間ニ八哩以上十二哩ヲ使用ス

一、曳引力ハ三噸積ノ貨車拾台内外ナリ

一、停車場ニハ旋車盤ヲ据付ケ機関車ヲシテ往復ノ便ニ供ス
一、停車場内ノ建モノハ総テ木造ナリ
　右之通候也

以上のように、起点山崎の停車場を出発した機関車は、すぐに濁川県道を横切り山崎橋を左手に小坂鉱山道（馬車道）に沿って直進。金窪地内にある二カ所の用水路を渡り金細地内を経て尾樽部の終点（鉱山）までの区間約二・二七kmを、途中人通りの多い三カ所の秣場通路（横断道）を時速四〇キロ前後の速さで運行される計画であったことがわかる。

明治二七年八月一九日の申請から、許可が下りたのは明治二八年二月八日であった。鉱山側では降雪の季節前までに布設したい計画のようだったが、この間、人馬通行上の危険防止、個人所有耕地に絡む一部布設線路の変更、幅員の訂正等で半年ほどの日数を費やすこととなった。

四、命令書

許可の命令書は次のようなものであった（原文のまま）。

鑛業用軌道布設免許命令書
第一條　今般秋田懸陸中國鹿角郡小坂村小坂鑛山鑛業人合名會社藤田組社長藤田傳三

郎代理仙石亮ニ對シ許可スル所ノ鑛業用軽便汽車鉄道布設ハ秋田懸陸中國鹿角郡小坂村小坂字山崎ヨリ仝村小坂鑛山第二溜池ニ至ル右路線ハ在来道路及起業者ニ於テ新設スベキ軌道敷ニ拠リ之ヲ布設シ鑛物並ニ鑛業上需要品運搬ノ用ニ供スルモノトス

第二條　鉄道ノ布設許可年限ハ許可ノ日ヨリ満十五カ年トス

第三條　起業者ハ本書下附ノ日ヨリ三ケ月以内ニ着手シ其後六カ月以内ニ竣工スベシ若シ其期限内ニ着手又ハ竣工シ難キ相当ノ事由アルトキハ延期ヲ興フヘシト雖トモ半途ニシテ工事ヲ廃シ満一カ月ヲ過キ再興セラルトキハ軌道布設ノ許可ヲ解キ道路ハ原形ニ修復セシム可シ但其費用ハ起業者ノ負擔トス

第四條　軌道ノ築造ハ左ノ各項ニ準據スヘシ

第一項　軌道内面ノ幅員ハ貳尺六寸ヲ超エルヘカラス

第二項　道路ニ布設スル場所ハ区域毎一定ノ方向ニ依リ左右ノ一方軌道外仮定懸道ニアリテハ幅二間以上其他ニアリテハ幅八尺以上ノ餘地ヲ置クヘシ

第三項　両側人家アル地ニ於テハ其中央ニ片側人家アル地ニ於テハ他ノ一方ヘ布設シ軌道ト人家トノ間各八尺以上ノ餘地ヲ置キ第四項ノ構造ニ処スヘシ

第四項　道路ヲ横断スル場所ハ軌道ノ内外ト木屑又ハ砂利ヲ埋メ道路面ト高低ナカラシムヘシ

第五項　道路ト軌道ト高低アリ工事上止ムヲ得サル場合ニ於テハ道路ヲ切下ケ又ハ盛土ヲ為スヲ得ヘシト雖モ其勾配ハ二十五分ノ一ヲ超エヘカラス

第六項　道路ニ沿イ及ビ道路ニ布設スヘキ場所ノ勾配ハ二十五分ノ一ヲ以テ最強限トシ屈曲半径ハ三十六尺ヲ減スヘカラス

第五條　軌道布設ノ為メ道路橋梁ノ変換又ハ移設ヲ要スルトキハ更ニ願出許可ヲ受ケルヘシ但其費用ハ起業者ノ負擔トス

第六條　軌道布設ニシテ左ノ各項ニ当ルモノハ堅牢ナル構造ヲ用ヒ充分修補ヲ加ヘ掃除ノ義務ヲ負擔スヘシ

第一項　道路ニ布設スル場所ハ軌道内及其左右弐尺通リ

第二項　橋梁及暗渠

第三項　前二項ノ外軌道ノ為メ破損シタルモノノ修補

第七條　道路橋梁又ハ用悪水路等ノ新築又ハ修繕ヲ要スルトキ其工事ニ支障アルケ所ハ一時其材鉄道軌等ヲ撤去セシムルコトアルヘシ但撤去及移設ノ費用ハ起業者ニ於テ負擔シ休業中ノ損失ハ賠償ノ限ニアラス

第八條　軌道布設ノ為メ道路ノ所廣メヲ要スルトキハ当廳ノ許可ヲ受クヘシ但所廣メタル増加ノ地所ハ無償ニテ一般道ノ地種目ニ編入スヘシ

第九條　前條ノ為メ用悪水路ノ変更ヲ要スルトキハ関係町村ト協議シ該町村指定ノ場所へ設置スヘシ但其費用ハ起業者ノ負擔トス

第十條　道路ノ敷地内ニ停車場及ヒ物置場ヲ設ケヘカラス

第十一條　道路ヲ横断スル場所ニハ担当ノ警備ヲ為スヘシ

第十二條　当廳ニ於テ凡ソ鉄路ニ関スル事物ニシテ公衆ノ安全若クハ便益上要用ナリト認メ起業者ニ其設備又ハ修正ヲ命スル事アルトキハ之ヲ拒ムコトヲ得ス

第十三條　臨時特殊ノ場合又ハ道路ヲ横断スルケ所ニシテ人馬通行最モ頻繁ノ場合ニ於テハ一時通車ヲ停止セシムル事アルヘシ但此場合ニ於テ要償スル事ヲ得ス

第十四條　鉄道基材其他鉄道ニ属スル物件及敷地ハ当廳ノ許可ヲ得ルニアラサレハ他ニ賣渡譲渡又ハ債權ノ擔保トナス事ヲ得ス

第十五條　此鉄道ハ鑛業一途ノ物品ヲ運送スルノ外他ノ営業ヲ為スコトヲ許サス

第十六條　鉄道布設年限ノ満了又ハ年度中廃止ノ場合ニ於テハ公道ニ係ル部分ハ当廳ノ指定スル期限内ニ於テ自費ヲ以テ悉皆取拂ヒ原形ニ復サシムヘシ

第十七條　許可ノ期限中ト雖トモ公益ヲ害シタルトキ若シクハ法律命令ノ施行ニ依リ又ハ公益上官ニ於テ必要ト認ムルトキハ此命令ノ條項ヲ増減変更シ又ハ本件

許可ヲ停止シ若クハ禁止スル事アルヘシ但此場合ニ於テ起業者損失アルモ官ニ於テ之ヲ賠償セス

第十八條　此命令書ニ違背スルカ若クハ義務ヲ怠リ又ハ一カ年以上使用セサルトキハ何時ニテモ鉄軌基材等ノ撤去ヲ命シ公道ニ係ル部分ハ原形ニ復サシムヘシ若シ本條ノ命令ニ従ハサルトキハ当廳ニ於テ鉄軌基材等公賣ニ付シ原形修復ノ費用ニ充テ不足アルトキハ徴収シ残余アルトキハ還付スヘシ

右尊守スヘシ

明治二十八年二月八日　秋田懸知事　平山靖彦

五、おわりに

以上のようにこの布設計画は、鉱山関連物資を含めこれからますます需要量の増加が見込まれる木材の輸送に対応した計画であった（この計画に加えて鉱山側ではこれまでの毛馬内から馬車での運搬の不便を解消するために、古川橋の下流に土場を作り、そこから小坂までの軽便鉄道布設を出願。明治二九年四月七日毛馬内町議会は町会を召集し審議。審議は公益上布設了承の動きの中、当時木材の運搬を担っていた馬車引たちの大反対にあい騒動となったが、五月九日に小坂鉱山軽便鉄道布設に認諾を与えることとなる。しかし明治三一年二月一四日の町会への諮問の中

国道282号線山崎橋（軌道起点附近）から町道沿に終点の尾樽部方面（同和鉱業秋田事業所、小坂製錬所）を望む

に「小坂鉱山ハ目下非常ノ変動ヲ来シ為ニ軽便鉄道布設ノ希望絶チ」とあることから、この計画も実現されなかったことがわかる）。

明治二八年の布設免許、そして二月八日には命令書の下付となったものの、以降三カ月以内の着手、六カ月以内の竣工等の実行された形跡はない。その理由は果たしてなんであったのか。日清戦争後の経済の不透明さの中で、銀貨の下落、全体的な土鉱量の減少など、多額の資金を必要とする鉄道布設を断念せざるを得なかったのか。

現在、軌道布設計画の起点（停車場）となった場所は住宅地（山崎団地）となっている。濁川県道（現在国道二八二号線）を横切った場所にはガソリンスタンドが建ち、軌道線路の計画された所は小坂川に沿った町道となって終点の尾樽部に続いている。

幻の鉄道となったが、それから一〇年後の明治三八年八月二三日、小坂鉱山は小坂・大館間の鉱山専用鉄道の建設認可申請したことを考えると、この布設鉄道計画の取組みは無駄ではなかったといえよう。

3　大正二年尾去沢鉱山鉱毒除害沈殿池決壊について

一、はじめに

大正二年六月二八日、尾去沢鉱山の鉱毒除害施設としてつくられた沈殿池（鹿角郡尾去沢鉱山字下タ沢）が決壊し鉱毒水が米代川に流れた（別所川支流の三ツ矢沢から別所川を経由し米代川へ流出）。この日の午前中より水面が濃褐色に濁化し、これを水源とする沿岸の耕地はことごとく毒水の浸害を被るのみならず流域の魚族をも毒死させるなど流域沿岸各地を恐怖にさせた事件であった。

これは公益上重大な問題であるとして、調査を嘱託された郡書記と尾去沢鉱山、毒水氾濫の区域長によって踏査された調査報告書と前田復二郎北秋田郡長から奏豊助秋田県知事宛の報告（『尾去澤鉱烟毒関係綴』『大正二年煙害関係書類』県公文書館蔵資料番号九三〇一〇三‐〇八一四八、九三〇一〇三‐〇六六〇〇）は当時の状況を知ることができる貴重な資料となっている。

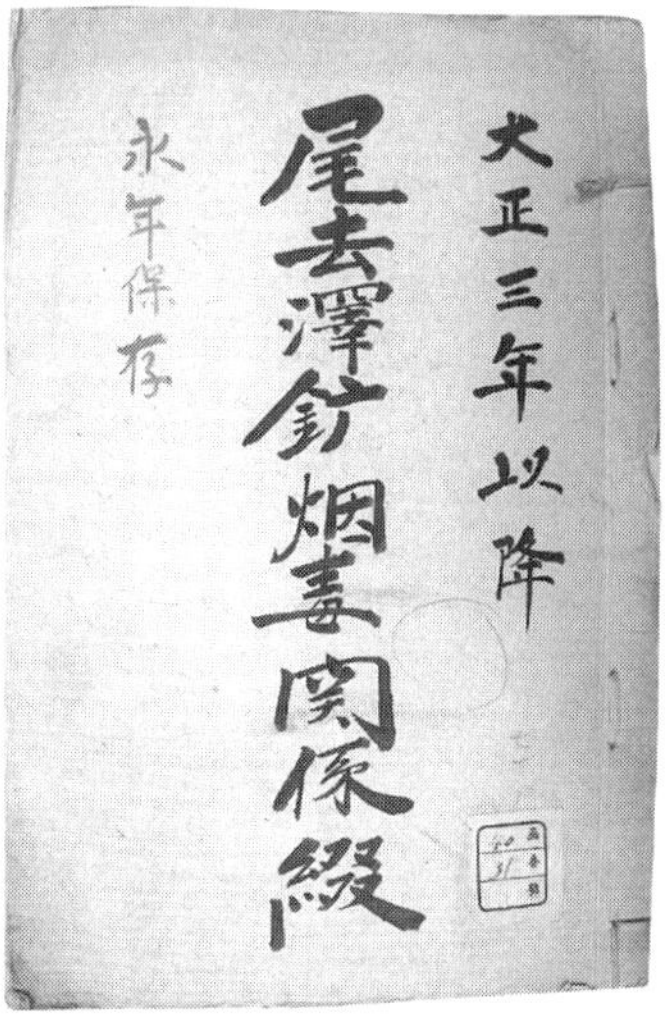

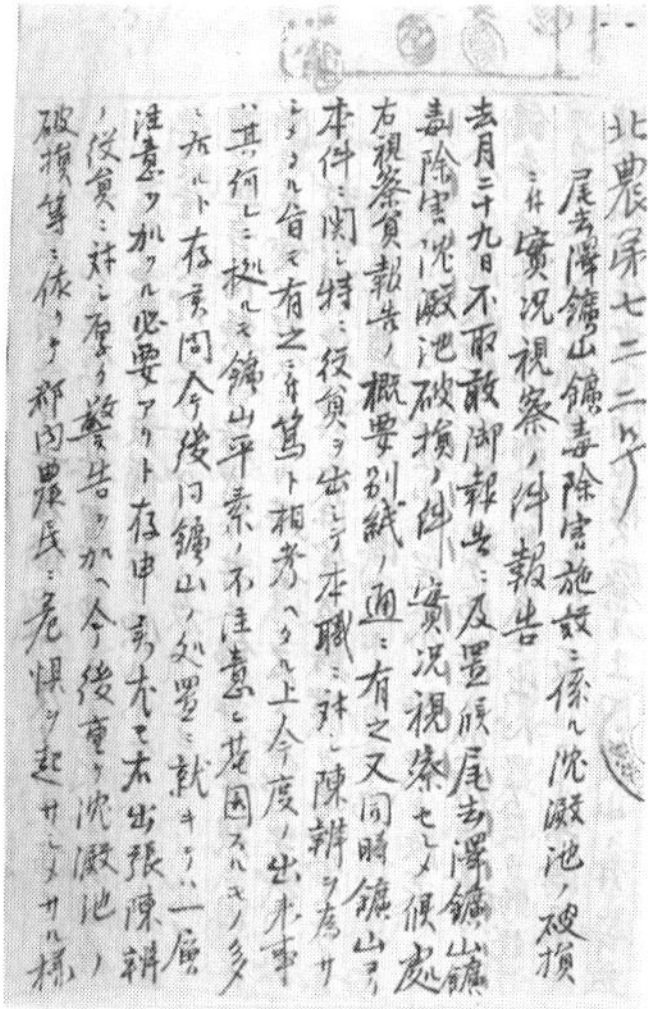

北農第七二二号
尾去澤鑛山鑛毒除害施設ニ係ル沈澱池ノ破損ニ付實況視察ノ件報告
去月二十九日不取敢御報告ニ及置候尾去澤鑛山鑛毒除害沈澱池破損ノ件ハ實況視察セシメ候處右視察員報告ノ概要別紙ノ通ニ有之又同時鑛山ヨリ本件ニ関シ特ニ役員ヲ出シテ本職ニ対シ陳辯ヲ為サシメタル旨モ有之ニ付篤ト相考ヘタル上今度ノ出来事ハ其ノ例ニ徴スルモ鑛山平素ノ不注意ニ基因スルモノ多キニ在ルト存候間今後同鑛山ノ処置ニ就キテハ一層注意ヲ加フル必要アリト存申候尤モ右出張陳辯ノ役員ニ対シ厳ニ警告ヲ加ヘ今後重テ沈澱池ノ破損等ニ依リテ部内農民ニ危惧ヲ起サシメサル様

『尾去澤鉱烟毒関係綴』（県公文書館蔵）

これをもとに、決壊の原因と経過、被害状況、補償等についてみることにする。

二、沈殿池の状況

沈殿池は尾去沢鉱山が尾去沢字下タ沢に建設したもので、鉱山の本山方面から流下する鉱毒水を沈殿させるため渓谷を利用して深さ一丈五尺（四・五m）巾一三間（四一・四m）の石垣で築かれたものであった。

またこの沈殿池は略図に示すように、四個の小沈殿池を設けその下部に更に一個の大沈殿池が設けられていたがその装置は薄弱不備なものであった。尾去沢鉱山採掘選鉱製錬事業に伴う鉱毒除害の設備としてはあまりにも形式的なものであったことから、昨年（大正元年）の調査の際に警告が与えられていたところであった。

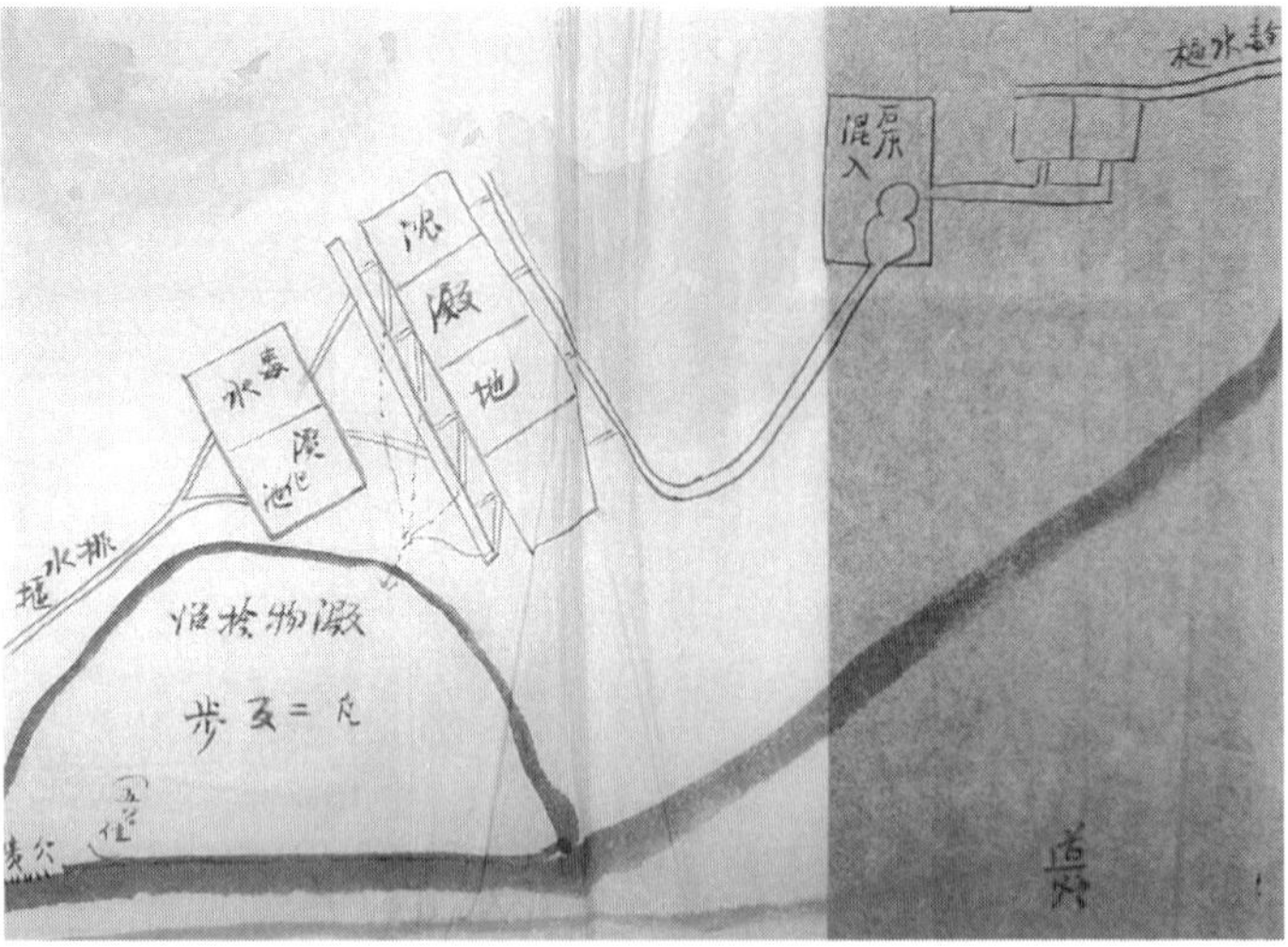

沈殿池略図『尾去澤鉱烟毒関係綴』（県公文書館蔵）

三、決壊の原因と経過

警告に対して鉱山は大沈殿池に対し堤防を築設したが、その堤防は幅九尺（二・七m）高さ一〇尺（三m）場踏三尺（九〇cm）位であたかも牧場の馬除け堤防の如きものにして毒物貯溜の目的をもってする沈殿池の防備としては何等の価値もない装置であったことを認めざるを得ないものであった。

今回決壊したのはその堤防の一部八間（一四・四m）の巾を有するもので、堤防破損の跡を見ると根底より破れ沈殿池面積約二反歩に充満する含毒泥渣を洗流させることとなった。鉱山の現場員の言うところによれば、決壊前日に四個の小沈殿池及濾過池等に充満した遊泥を大沈殿池に排送していることなどから考えると、昨夜の降雨を利用し沈澱濾過池に於ける含毒泥渣の大掃除をしたのではないかという疑いもあった。堤防決壊の原因について鉱山員に問いただしても不可抗力による事変であると述べるものの、このような形式的薄弱な堤防によって支えられていた沈殿池には絶えず一分間に五〇立方の毒水が流入されていた。加えて四個の沈殿池に充満する泥渣を移送したとすれば当然認められるものではない。鉱山の処置は少なくとも堤防決壊を予期したものと認定せざるを得ないものであった。

また鉱山側の沈殿物の放流に対しても魚類には多少は有害でも植物には無害であるという見解をみると、今回の事件は故意に堤防を決壊して毒物の大清掃をしたとまではいかないまでも、鉱毒予防に対する誠意のなさを推知する一証といえよう。

四、除害方法の改善要求（原文のまま）

一、坑水及鑛排水

坑水及選鉱排水ハ其含有審カナラスト雖モ多量ノ毒素ヲ有スルコト勿論ニシテ現ニ水化銅ヲ採取スルニヨリテ見ルモ明瞭ナルヲ以テ之ヲ石灰混和場ニ送リ適量ノ石灰ヲ混和シテ水中ニ含有スル硫酸銅硫酸亜鉛硫酸鉄等ヲ変シテ不溶解性ノ水酸化物トナシ沈殿池ニ於テ之ヲ沈殿セシメ更ニ濾過池ニ於テ浮遊物を除去シタル後河流ニ放出セシメザルベカラズ然ルニ尾去沢鉱山ハ之等ノ設備ヲ有スルカ如シト雖モ形式的ニシテ実功的ニアラサル嫌アルノミナラス今回ノ如キ沈殿物ヲ根底ヨリ放流スルコトアリトセバ害多クシテ益

ナキノ結果ヲ見ルガ故ニ沈殿池ノ如キハ最モ堅固ノ装置ヲ要スルモノト認ム

二、沈殿池ノ泥渣

沈殿池泥渣ハ通常比較的多量ノ有害物ヲ含有スルヲ以テ時々之ヲ浚渫シテ乾燥シタル後尽ク一定ノ堆積場ニ輸送シ散逸流失セシメサルヲ要ス降雨ヲ利用シテ流捨スルガ如キハ断シテ不可ナリ

三、堆積場

鉱物、泥渣等ノ堆積物ニハ多少ノ除害設備アルベシト雖モ浸透水ノ流出ニ対シテハ厳重ノ設備ナカルベカラス即チ各堆積物ノ排水法ヲ改良シ浸透水ハ総テ沈殿池ニ導クヲ要ス

四、捨石カラミ

捨石カラミヲ鑛滓ニ堆積又ハ散在セシメ雨露日光ニ晒ラスハ鉱毒ノ主要ナル原因ナルヲ以テ捨石及カラミハ旧坑内ニ慎塞スルハ適切ノ予防法ト認ム尾去沢鉱山ハ幾分ノ廃鉱ヲ有スルヲ以テ之ヲ処理スルニ於テ最モ利便ナルベシ

五、灌漑水の除害

尾去沢鉱山ヨリ流出スル鉱毒ハ米代川流域ニ於ケル耕地ニ灌漑水トシテ輸送セラルルヲ以テ該沿岸主ナル用水路ニ対シ流量ヲ節制スルニ足ルベキ完全ナル樋門ヲ備フルヲ要ス然ラザレバ洪水ノ際ハ勿論平常ニ於テモ徒ラニ多大ノ水量ヲ流入セシメ有害物ノ耕地ニ侵入スル勢ヲ助長シ灌漑水ヨリ来ル被害損度ヲ劇甚ナラシムルモノアリ故ニ流水所入口

ヲ改良シ平時必要ノ水ヲ限リ之ヲ流過セシメ増水ノ際ハ其濁流ヲシテ用水路ニ入ル残リサラシムル設備ナカルベカラス又洪水ニ当リ濁水耕地ニ氾濫スル箇所ニ対シテハ堤防ヲ築造スルノ必要ヲ認ム

六、被害地農事の改良

被害地ノ地勢及地質ハ固ヨリ区々タリ又被害ノ程度同一ナラス故ニ鉱業者ハ適当ノ試作場ヲ設ケ土地ノ改良方法ヲ講シ各地ニ適合スル作物ノ選定耕作法ノ研究等常ニ農事改良ノ指導者アルベシ

五、おわりに

この決壊は、鉱山の平素の不注意に基因するものであったこと。元来尾去沢鉱山は鉱毒除害設備に於いては十分であったとはいえず沈殿池泥渣の処理は米代川に放流されていた。流域沿岸の耕地に氾濫して植付後日数の経過しない田地を侵害したことでその被害に対しては今後収穫期に至る迄の間に充分調査して相当の損害賠償の要求に対応しなければならないとされた。鉱山の隆盛と共に鉱毒の処理に困り漸く民憂を起こすに至って大正二年に及んで北秋田郡米代川沿岸の数町村はこれに対し除害及び賠償を要求する意を以て期成同盟会を組織しようとしている時でもあった。

鉱山は従来の施設を改良して完全なる沈殿池を設け、泥渣の処理を善くして鉱毒の流下を防ぎ

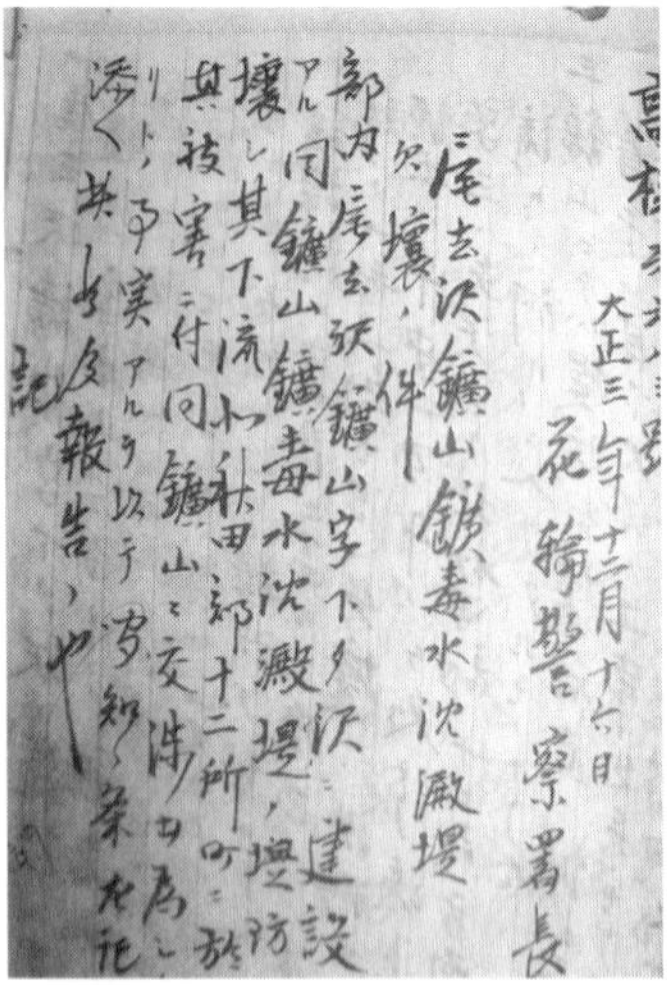

大正３年11月24日２回目決壊の報告書（『尾去澤鉱因毒関係綴』県公文書館蔵）

郡内農民に安心を与えて問題が起らないようにする必要から、将来このような決壊を再び起こさないことを言明したにもかかわらず、僅か一年余りでその事故は繰り返されたのであった。

大正三年一一月二四日の降雨で東端の一部約七間（一二・六ｍ）が決壊、沈殿した泥土が中央一間（一・八ｍ）より流下し字三矢沢より北秋田郡十二所方面を経て米代川に流れたのである。鉱山側では決壊した堤防の下に第二の堤防建築を計画し準備はすすめられているところであった。

鉱山からの排水は硫酸銅を含み酸性が強く、鉱山地内の水系は鉱毒水のため汚染され、田畑に灌漑する作物の生育や川魚、生物に害がもたらされた。かつてこの川は鉱山（田郡銅山）から流れ出る鉱水で赤茶色に汚染され、河床は赤く染まり住民に赤川と呼ばれていたと古老はいう。

まさにこの沈殿池も排出される鉱毒水に途中で石灰を投入して攪拌中和し沈澱させ、うわ水を川へ放流して毒水を薄めるためのものであった。とくに降雨時の増水や、漏水、決壊により、下流の水田に被害を与えることによる被害補償で会社側は補償額の妥結に難航したのである。

今は清流となって中新田（三矢沢）集落を流れる川

鉱山の最盛期には、この三矢沢にも三つの部落（田郡・上新田・中新田）があって上新田には昭和二六年頃までは小学校もあったといわれている。その鉱山も昭和四三年には閉山となり、今は二村（田郡・上新田）が廃村となり、中新田集落に数軒がのこるのみとなっている。

4 北鹿鉱煙毒史考
――明治・大正期の小坂鉱山を中心として――

一、はじめに

北鹿の鉱山一帯で煙害問題が表面化するのは、明治三〇年代に入ってからのことである。明治一七年に藤田組に払下げられた小坂鉱山は、明治三四年頃から産銅が顕著になり、買鉱や新技術の開発も加わるなどして、明治四二年には足尾鉱山に次ぐ生産量を示していた。しかし、その裏側では鉱煙毒による被害が鉱山周辺の山野に広がり、住民の生産と生活を圧迫しはじめていた。このような問題が最初に起ったのが、煙突直下の周辺地域であった。明治三四年には小坂村・七滝村の一部に小坂鉱山側から煙害賠償金の支払いが行われるようになるが、これは他町村に波及するのを恐れて極秘にされたともいわれている。

上空での空気稀薄を考えた大煙突の建設は、逆効果となり噴出される多量の亜硫酸瓦斯を広範囲に飛散させた。そして周辺山野の草木を枯らし、赤茶けた岩肌が露出する荒涼とした銅山特有

小坂鉱山煙害関係書類（県公文書館蔵）

の風景と共に、煙害反対運動を展開させる原因となった。

小坂鉱山には地元から働きに出ている人も多く、鉱山と地元民との関係は親密であったが、煙害の発生とともに、両者の関係は悪化するなど煙害問題の深刻さを示していた。また小作人からの減免要求を出された地主層も反対した。

このような動きはやがて周辺にも広がり、中小地主層を構成母体としていた北秋田郡では郡会が明治三八年二月一五日に内務大臣、秋田県知事へ提出した「鉱煙毒被害に対する意見書」は、その後の「建議書、意見書、陳情書、請願書」などの一貫した要求となる反対運動の第一歩となった。このような動きが後にどう展開していったのか、公文書（煙害関係書類）を通して北鹿の煙害問題をみることにしたい。

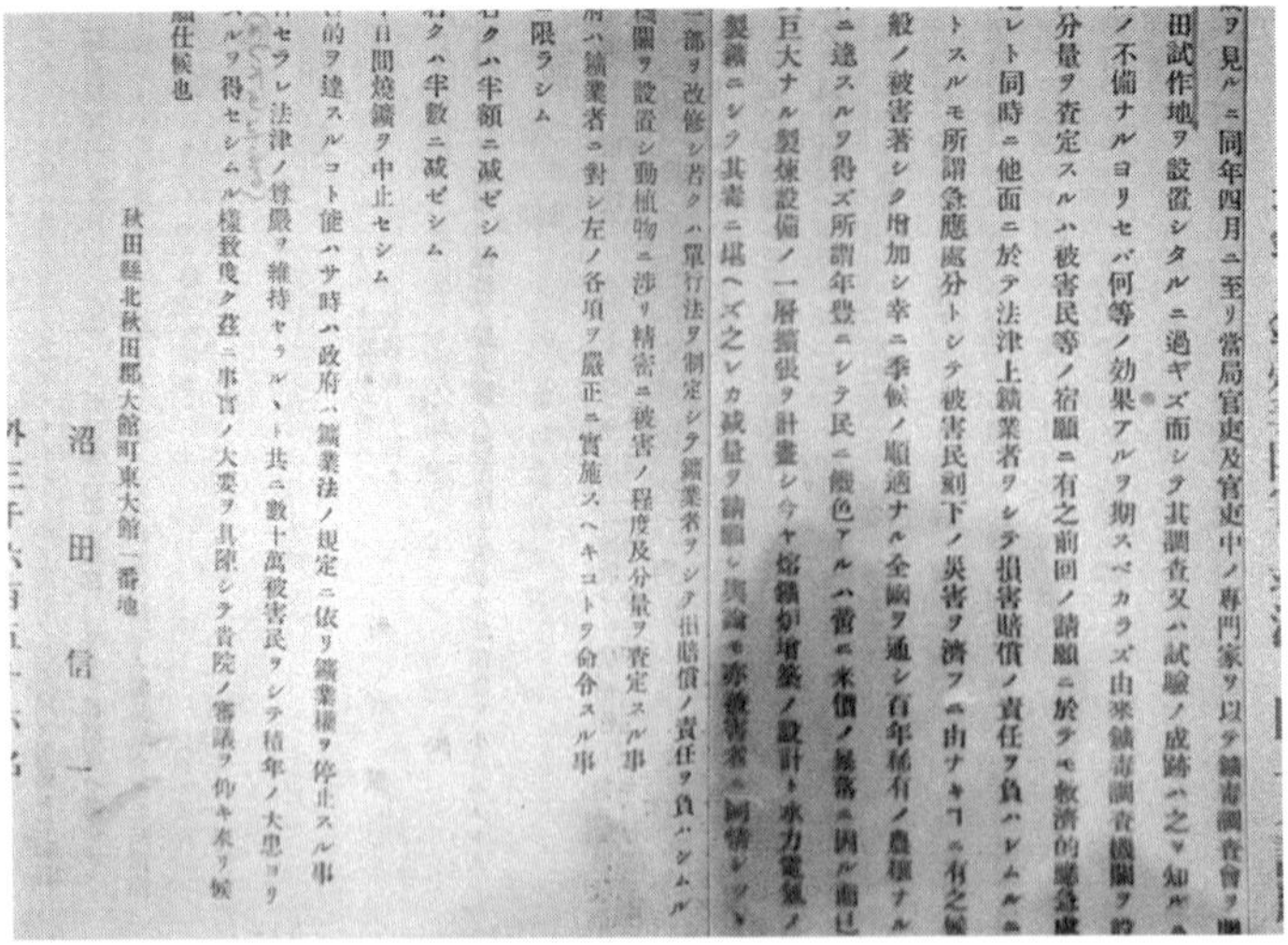
ヲ見ルニ同年四月ニ至リ當局官吏及官吏中ノ專門家ヲ以テ鑛毒調査會ヲ
田試作地ヲ設置シタルニ過ギズ而シテ其調査又ハ試驗ノ成跡ハ之ヲ知ルニ
ノ不備ナルヨリセバ何等ノ効果アルヲ期スベカラズ由來鑛毒調査機關ヲ設
分量ヲ査定スルハ被害民等ノ宿願ニ有之前回ノ請願ニ於テモ救濟的應急處
レト同時ニ他面ニ於テ法律上鑛業者ヲシテ損害賠償ノ責任ヲ負ハシムルニ
トスルモ所謂急應處分トシテ被害民刻下ノ災害ヲ濟フニ由ナキヿニ有之候
般ノ被害著シク増加シ幸ニ季候ノ順適ナル全歳ヲ通シ百年稀有ノ豊穣ナル
ニ逢スルヲ得ズ所謂年豊ニシテ民ニ饑色アルハ當ニ未償ノ凶落ニ因ル
巨大ナル製煉設備ノ一層擴張ヲ計畫シ今ヤ熔鑛炉増築ノ設計ト水力電氣ノ
製鑛ニシテ其毒ニ堪ヘズ之レカ減量ヲ請願シ輿論モ亦鑛毒害ニ同情シツ
一部ヲ改修シ若クハ單行法ヲ制定シテ鑛業者ヲシテ損害賠償ノ責任ヲ負ハシムル
機關ヲ設置シ動植物ニ渉リ精密ニ被害ノ程度及分量ヲ査定スル事
府ハ鑛業者ニ對シ左ノ各項ヲ嚴正ニ實施スヘキコトヲ命令スル事
限ラシム
若クハ半額ニ減ゼシム
若クハ半數ニ減ゼシム
日間燒鑛ヲ中止セシム
的ヲ達スルコト能ハサ時ハ政府ハ鑛業法ノ規定ニ依リ鑛業權ヲ停止スル事
セラレ法律ノ尊嚴ヲ維持セラルヽト共ニ數十萬被害民ヲシテ積年ノ大患ヨリ
ルヲ得セシムル樣致度ク茲ニ事實ノ大要ヲ具陳シテ貴院ノ審議ヲ仰キ奉リ候
願候也

秋田縣北秋田郡大館町東大館一番地
沼田信一
外三千六百…名

秋田県小坂鉱山鉱烟毒除害及救済に関する請願書

二、小坂鉱山

1、煙害問題に対する意見書、陳情書、請願書と県、国の対応

煙害の表面化とそれに対する意見書が提出されるようになるのは明治三八年になってからである。北秋田郡会が明治三八年二月一五日付で内務大臣、秋田県知事へ提出した「意見書」が小坂鉱山の煙害に反対する最初のものであった。煙毒による山林・田畑・人畜への影響を強く訴え政府に速やかな対応を望んだ三点（一、専門家による鉱毒実情調査の実施。二、鉱業者による除害設備の設置。三、除害不能の場合の特許取消）はその後の運動に大きな影響を与えることとなった。

この動きに続くかのように地元では明治三八年四月毛馬内町議会が「鉱煙毒に関する建議」、一一月一六日山瀬村長・一一月二九日川上沿村長・一一月二九日花岡村助役が「小坂鉱山鉱毒に関する意見書」を県知事へ、一二月五日釈迦内村長が「小坂鉱山煙毒被害排除についての請願」を県議会にそれぞれ行っている。

明治三九年に入ると一二月に県議会が「鉱毒調査費の設定に関する意見書」を県知事に提出。自治体の建議、意見書、請願等は煙害の排除を訴えたのに対し、県議会の意見書は農鉱両立を基本としていたが、帝国議会の県国会議員は小坂製錬所の移転を画策していたともいわれている。

明治四〇年代には、四二年一月県国会議員が「小坂鉱山鉱毒に関する請願」を農商務大臣に提出し、煙害予防の予算化、鉱業法の一部改正と損害賠償責任の明確化、鉱毒調査機関の設置、製錬は小坂鉱山の産鉱に限定、鉱石製錬を三分の一に減少、煙突の高さを三分の一若しくは半分、稲開花季の三〇日間焼鉱中止、今後三カ月間に於いて予防計画を立て実行しない場合は鉱業法により鉱業権を取り消等を要請するなどまさに帝国議会の政治問題であるとするものであった。四三年二月二五日には大館町の沼田信一外三、六五六名から「秋田県小坂鉱山鉱烟毒除害及救済に関する請願」が行われ、「請願は願旨の要領を述べるに過ぎず、被害事実の資料を添付する」としている。その資料は請願内容の根拠資料として説得力をもたせるものであった。その請願書の全文と資料は次のようになっている。

秋田県小坂鉱山鉱烟毒除害及救済ニ関スル請願

合資会社藤田組ノ経営ニ係ル本県鹿角郡小坂鉱山鉱烟毒ノ顕著ナルニ至リシハ去ル明治三十五年以降ノコトニ有之爾来同鉱山製錬業ノ拡張ト共ニ漸次劇甚ヲ致シ森林及一般農事ヨリ人畜ニ至ルマデ其被害益々増長シ殆ント底止スルトコロ無ク小坂附近数里ノ間ニ在テハ其住民一日モ堵ニ安ンズルコト能ハザルニ至リ候ニ付昨明治四十二年一月第二十五議会ノ開院ニ際シ被害民等ハ其事情ヲ披陳シテ之レカ救済ヲ請願シ両院ノ御採択ヲ得タリシコトニ有之候

然ルニ爾来政府ノ之レニ対スル施設ヲ見ルニ同年四月ニ至リ当局官吏及官吏中ノ専門家ヲ以テ鉱毒調査会ヲ開設シタルト北秋田鹿角ノ二郡ニ於テ水田試作地ヲ設置シタルニ過ギズ而シテ其調査又ハ試験ノ成跡ハ之ヲ知ルニ由ナキモ其規模権限ノ偏狭ニシテ施設ノ不備ナルヨリセバ何等ノ効果ウルヲ期スベカラズ由来鉱毒調査機関ヲ設置シ動植物ニ渉リ精密ニ被害ノ程度及分量ヲ査定スルハ被害民等ノ宿願ニ有之前回ノ請願ニ於テモ救済的応急処分ノ一條件トシタルトコロニ候へ共是レト同時ニ他面ニ於テ法律上鉱業者ヲシテ損害賠償ノ責任ヲ負フニ由ナキコトニ有之候テ昨年請願以後ノ実況ヲ挙クレバ一般ノ被害著シク増加シ幸ニ季候ノ順適ナル全国ヲ通シ百年稀有ノ農穫ナルニ拘ハラズ被害地ノ多クハ猶ホ平年作ニ達スルヲ得ズ所謂年豊ニシテ民ニ餓色アルハ当ニ米価ノ暴落ニ因ル而巳ニアラズ而

シテ鉱山ノ一方ニ視ルニ其巨大ナル製錬設備ノ一層拡張ヲ計画シ今ヤ溶鉱炉増築ノ設計ト水力電気ノ増設中ニ在リ従来一昼夜一千二百噸ノ製鉱ニシテ其毒ニ堪ヘズ之レカ減量ヲ請願シ輿論モ亦被害者ニ同情シツツアルニ方ヲ自ラ省ミテ其毒害ノ低減ヲ図ルコトヲ為サズ却テ傲然数千馬力ノ原力ヲ劇増シテシテ其毒ノ倍加スルヲ顧ミサル者アリ烟毒増大ノ傾向此ノ如キニ止其採鉱ニ於テ一昨年来鉱物ノ露天掘ヲ開始シ数百千尺ニ渉ル鉱床ヲ露出シ猶ホ年々之ヲ継続スヘシト云フヲ以テ雨露ノ浸潤ニ従ヒ毒分ノ流出スルモノ年ヲ遂ウテ加リ其下流ニ於ケル水毒ノ害又将ニ料ラレザラントス加之前年来害除方法トシテ試験シツツアル亜硫酸駆除法ノ到頭其無効ナルヲ知リテ巳ニ之ヲ放棄シタルニ拘ハラズ今猶試験中ナリト称シツツアリ被害者ニ対スル賠償ニ至テハ依然舊ノ如ク二三部落ノ外田地ノ被害ヲ認メズト強弁シ纔ニ畑ノ賠償ヲ為スノミ而シテ近時政府者ノ声明ニ依レバ鉱毒損害ノ救済方法ニ関スル政府ノ希望ハ鉱業主ト被害民トノ円満ナル協定ニ依リ解決スルニ在リト云フモ政府者ノ被害民ニ莅ム従来ノ態度ハ動モスレバ之ヲ壓迫セントスルノ外未タ会テ妥協ノ動機ヲ与フルノ措置アルナシ鉱業ノ既得権ト営業者ノ緩漫ヲ奇貨トシ妄状至ラザル無キコト前陳ノ如クナル鉱業主ニ対シ円満ナル協定ヲ被害民ニ強ユルカ如キ畢竟言者の誠意ニ疑ナキ能ハズ善意的ニ之レヲ解スルモ政府ハ鉱業ノ利益ヲ過信シテ鉱毒ノ怖ルヘキヲ念ハズ被害民ノ窮苦ヲ度外視スルニ非ルカヲ恐ルル次第ニ有之候

惟フニ鉱業モ亦生産ノ一ニシテ其発展ハ国富ノ増進ニ外ナラザルヲ以テ之ヲ奨励シ助長

スルハ国家ノ一要務タルヲ失ハズト雖モ其利弊ヲ察セズシテ絶対ニ之ヲ庇保スルカ如キハ復其本意ニ非ザルベシ故ニ鉱業法ニ於テモ明カニ公益ヲ害スルモノト認メタルトキハ鉱業ノ出願ヲ許可セズト規程シ又己ニ許可シタル鉱業権ニ対シテモ公益ヲ害スルノ處アリト認メタルトキハ農商務大臣ハ鉱業権者ニ其予防又ハ鉱業ノ停止ヲ命スヘシト規程シアリ然ルニ

一、政府ハ鉱毒ノ総体ニ渉リ完全ナル予防計画ヲ立テ鉱業者ニ対シ実行ヲ命令スル事

二、応急処分トシテ鉱業法ノ一部ヲ改修シ若クハ単行法ヲ制定シテ鉱業者ヲシテ損害賠償ノ責任ヲ負ハシムルト共ニ完全ナル鉱毒調査機関ヲ設置シ動植物ニ渉リ精密ニ被害ノ程度及分量ヲ査定スル事

三、前項処分ノ期間ニ於テ政府ハ鉱業者ニ対シ左ノ各項ヲ厳正ニ実施スヘキコトヲ命令スル事

一、製錬ハ小坂鉱山ノ産鉱ニ限ラシム

一、鉱石製錬量ヲ三分ノ一若クハ半額ニ減ゼシム

一、煙突ノ高度ヲ三分ノ若クハ半数ニ減ゼシム

一、稲花開発ノ季ニ当リ三十日間焼鉱ヲ中止セシム

四、今後三カ年間予防計画ノ目的ヲ達スルコト能ハサ時ハ政府ハ鉱業法ノ規定ニ依リ鉱業権ヲ停止スル事

等ノ各条件ハ迅速ニ而モ厳正ニ施行セラレ法律ノ尊厳ヲ維持セラルルト共ニ数十萬被害民ヲシテ積年ノ大患ヨリ脱出シ安ンジテ国家ノ恵沢ニ均霑スルヲ得セシムル様致度ク茲ニ事実ノ大要ヲ具陳シテ貴院ノ審議ヲ仰キ奉リ候右議院法第六十二條ニ依リ謹テ請願仕候也

明治四十三年二月二十五日

秋田県北秋田郡大館町東大館一番地　沼田信一　外三千六百五十六名

資料

―明治四二年度　被害区域（鹿角、北秋田、山本三郡、南津軽郡）―

・米作（大館町外二三カ村）

被害地面積八、八四二町九反（全米作面積の八割六二強）

損害額二二、一二一石二二（二二二一、二一二円九〇銭＝一割一九）

劇害地（大館町、釈迦内村、長木村、山瀬村＝平年の二割二七減収）

無害地（扇田町、十二所町、七日市村、栄村＝平年の二割九〇増収）

・大豆（大館町外二三カ村）

被害地面積四、八一一町九反（全大豆作面積の七割四六強）

損害額一〇、三五七石六三（八二、八六〇円九二銭＝二割五〇）

※大豆価格一石八円

・損害合計

田　二二一、二一二円九〇銭（北秋田郡全町村）

畑　八二、八六〇円九二銭（北秋田郡全町村）

山林　九八九、一〇〇円〇〇銭（国有林長木、矢立事業区）

畜産及養蚕　三九、六〇四円二〇銭（北秋田郡全町村）

合　計一、三三二、七七八円〇二銭

※損害額について、田畑及畜産養蚕は北秋田郡全町村であるが、山林は一部分に過ぎず、これに山林全部及鹿角、山本郡並に青森県を加えると少なくともこの倍額過ぎるものと推定される。

・人命への影響（呼吸器病患者）―公立大館病院取扱患者統計―

明治二八年～明治三二年総患者数　九、九三二人（一カ月平均数一、〇七二人）　一〇・七九％

明治三八年～明治三九年総患者数一〇、五一七人（一カ月平均数二、一六五人）　二〇・五九％

※一〇年前の五カ年平均呼吸器病患数と一〇年後の同数は総患者百分比において八割強の増加となっている。

・死者数

明治二六年~明治二七年（一カ年平均死者数　二二・五人）
明治三八年~明治三九年（一カ年平均死者数　三八一・五人）
一二カ年間の増加率一六・九六倍強増加
※北秋田郡役所の統計によるもので、郡全町村の数とされるが、明治四〇年以後の本統計は廃していることから知ることはできないが、益々増加傾向にあったことは推測される。
『大正元年以降鉱山煙毒関係綴二冊ノ中二』（県公文書館蔵）

明治四五年五月には、「除害に関する意見書」が北秋田郡会から県知事に提出された。この頃小坂鉱山は賠償契約更新の年で、各地域の交渉委員と鉱山側との間には交渉が重ねられ締結を迎えようとしていた。一方明治四三年に小林清一郎の経営に移った花岡鉱山は、事業拡張をはかり、四四年姥沢製錬所を設置し花岡鉱山の煙害のはじまりとなった。地元花岡村をはじめ釈迦内、下川沿、矢立の各村は小坂鉱山の煙害と二重の被害を受けることとなり、煙害の広がりを示す意見書となった。

大正に入り元年には、一〇月九日花岡村長から内務大臣、県知事に「花岡鉱山煙害に関する意見書」、一〇月一二日矢立村長から内務大臣、県知事に「花岡鉱山煙毒に関する意見書」、一二月九日下川沿村長から県知事に「花岡鉱山煙害に関する意見書」がそれぞれ提出された。それは花岡鉱山の事業拡張にともなう煙害による農作物の減収と、製錬継続により下内川、山田川、岩瀬川流域における森林の枯渇と土地の荒廃による水源枯渇の不安から、鉱業主に対する賠償責任と予防設備の設置、買鉱製錬の禁止、製錬所の移転等を求めるものであった。

大正二年には、三月二〇日北秋田郡会議長から内務大臣、県知事に「鉱煙毒被害救済に関する意見書」、四月二五日真中村長から県知事に「花岡鉱山煙毒に関する意見書」の提出があり、大正期に入り煙害問題も小坂鉱山から花岡鉱山に移りその範囲も拡大していることがわかる。

大正三年三月、錦木・末広・毛馬内の農民八名から県知事に提出された「小坂鉱山鉱毒に関する陳情書」は、農作物（玄米、大豆）の査定が市価より低く算定されている損害賠償額についての不満であった。三月六日小坂鉱山鉱毒除害期成同盟会が両院への請願（予防励行・除害方法の命令・調査機関の設置・被害の査定・損害賠償の法律制定）や内務・大蔵両大臣、農商務省、県知事、鉱山側への陳情（鉱因毒水調査結果の公表・鉱業者に対する除害方法命令）を目的に毛馬内の仁痩寺で集会を開き運動を展開する。五月一〇日「尾去沢、阿仁鉱山から米代川、阿仁川への鉱毒流出に関する意見書」で救済を求めている。

大正四年七月三一日、小坂鉱山煙毒被害地鹿角郡小坂町、七滝村、毛馬内町、大湯村、錦木村、柴平村の被害民一、二三五名が農商務大臣に「小坂鉱山に関する請願書」、八月七日小坂鉱山除害期成同盟会が農商務大臣・県知事に提出された「小坂鉱山煙害に関する請願」では、鉱業者に対する除害設備の設置命令、水稲開花期の製錬中止命令を要望。八月一一日小坂鉱山鉱毒除害期成同盟会が農商務大臣に請願（水稲出穂開花期の製錬中止）、八月一二日小坂鉱山鉱毒除害期成同盟会が鉱山事務所に要請（稲穂開花期の製錬中止）などが行われた。

大正五年一月大湯村の諏訪富多外二六一名が提出した「小坂鉱山の煙害に関する陳情書」の中では、「鉱業の国家経済上の重要性と同時に農業も等しくその重要性を認めお互いが感情に走ることなく心腹を払うことの大切さを主張。鉱山側も農業上の被害に対しても被害民と協議を重ね賠償の責に努め農作物の賠償締結に至り順次林木果樹についても調査し、賠償も誠意を以って進め責任を尽くそうとしている。未だ完全なる除害方法が見出されていない中にあって我々農民は将来においても親しく鉱山と協定を遂げ問題を円滑に解決しなければならない」としている。一月二〇日鹿角郡会議長から内務大臣への「意見書」で除害設備の設置命令、水稲開花期の製錬中止、また三月三日曙村長から鹿角郡長への「意見書」は、尾去沢鉱山に対する地元の賠償を求める最初の要望であった。

つぎに、これらの要望に対する県、国の対応であるが、煙害問題が表面化した翌年の明治三五年三月に国は「鉱毒調査委員会」を設置。一二月に行われた小坂の鉱毒現地調査は原料鉱石の分布、製錬鉱の調査、有毒瓦斯の分析が中心で、農作物への被害調査は行われず鉱山側に好意的な報告となった。明治三六年一月一四日煙突輩出瓦斯調査。明治三七年〜明治三九年には、国有林上長木事業区煙害調査及栗・松・杉等被害木の処分を行う。明治三九年一〇月三日〜七日まで農商務省山林技師二名が国有林長木事業区、国有林矢立事業区、小坂鉱山鉱業所施設、小坂・大湯

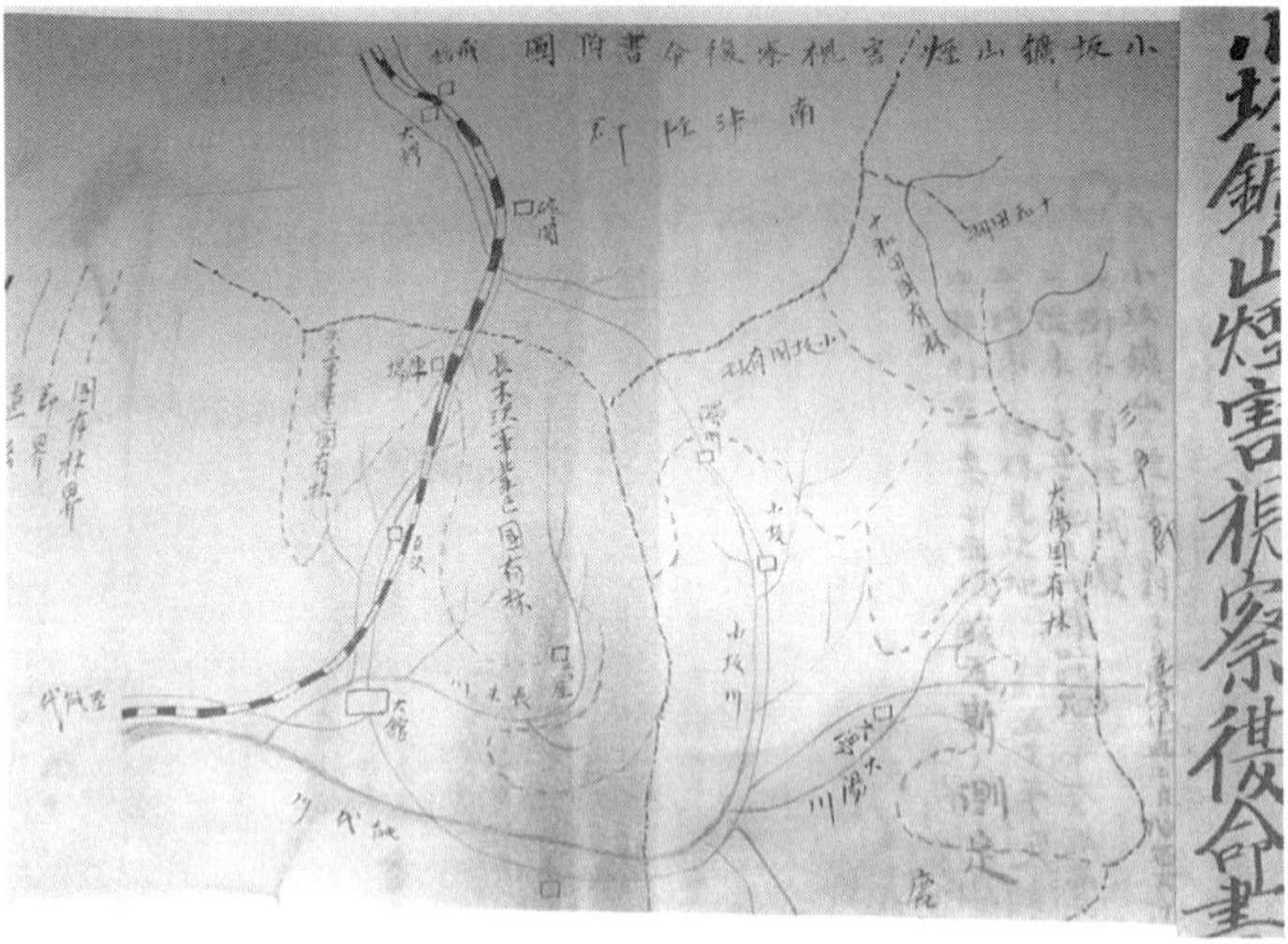

山林技師から農商務大臣への視察復命書／明治39年11月
（『明治40年重要煙害関係書類』公文書館蔵）

国有林・私有林等を巡回視察。植物に有害な亜硫酸瓦斯発散が多量で被害箇所も多く軽視できないとするとともに、坑内より湧出する鉱水については僅少。溶鉱炉増設の原因を買鉱製錬。煙突の高さを増したことによる煙毒の遠地拡大。鉱煙の播布状況は風向、地勢に因るもので小坂は西風が最も多く、次に東風で、南北風は最も少なく森林に対する煙害も東西方向は遠くに到り、南北には範囲が狭い。として、特に国有林の被害状況を詳細に報告している。

明治四〇年代には県による原因・被害調査も行われるようになる。九月の県農商課の小坂鉱山被害区域の鉱毒調査では、国有林の上下長木両事業区、小坂事業区、大湯事業区で行われる。十和田国有林の風向調査では、西風が多く、風のある時は十数里

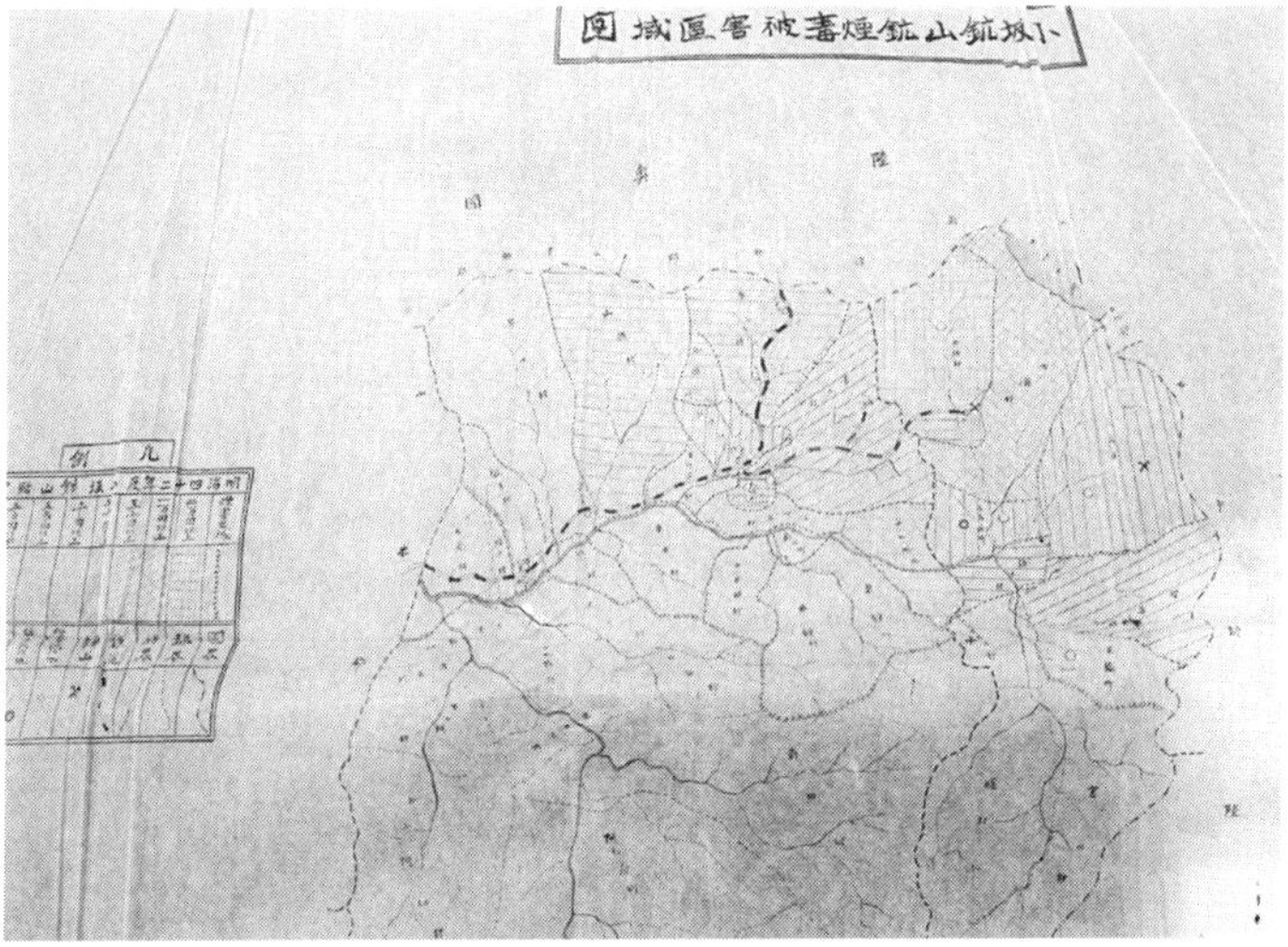

明治43年賠償額別に識別された小坂鉱山煙毒被害区域図
（『大正２年煙害関係書類　農商課』県公文書館蔵）

（五〇～六〇㎞）に伝播し、これらの方面が最も煙害が多かったこと。また、煙害に最も弱かった樹木として、松・椈・栗・胡桃。比較的被害が少なかった樹木として、楢・ミツキ・コシアブラ・センリキ・ヤマグワ・ホホノキなどが報告される。四一年には一六カ町村の田畑被害調査が行われる（次表）。また、五月には農商務省から鉱山・農務・山林の各局員からなる総合調査班が派遣され、原因・被害実態・防毒方法について調査・研究され、煙害被害の深刻さと被害範囲の拡大が指摘された。

【田地ノ部】北秋田郡煙害被害地一六カ町村田地損害計算表

町村名	反別（反）	明治三五年以前平年作収穫高	明治四一年収穫高	煙害ノ為減収額	減収額代価（損害額）
長木	三．五〇六	五．五七八石〇四六	三．〇九二石〇二二	二．四八六石〇二四	二九．八三二円二八八
釈迦内	五．四一一	九．五〇一石七一六	六．〇一六石六七七	三．四八五石〇三九	四一．八二〇円四六七
矢立	二．五〇四	四．〇四三石九六〇	二．七五九石二六五	一．二八四石六九五	一五．四一六円三四〇
大館	三．二七二	五．九七一石四〇〇	四．〇一七石九七六	一．九五三石四二四	二三．四四一円〇八八
花岡	二．六七三	四．五七〇石八三〇	三．三四七石四五九	一．二二三石三七一	一四．六八〇円四五二
山瀬	五．九一一	九．六五八石五七四	七．四五七石四一九	二．二〇一石一五五	二六．四一三円八六〇
下川沿	三．三五三	五．八六七石七五〇	四．七〇三石四三〇	一．一六四石三二〇	一三．九七一円八四〇
上川沿	三．一七三	五．五八七石六五三	四．五九〇石六四八	九九七石〇〇五	一一．九六四円〇六〇
早口	四．六九六	七．五六九石九五二	六．四四四石三〇〇	一．一二五石六五二	一三．五〇七円八二四
真中	四．一一三	七．三七〇石四九六	六．三四七石六一九	一．〇二二石八七七	一二．二七四円五二四
二井田	六．〇七七	一〇．五二五石三六四	九．二七三石二六七	一．二五二石〇九七	一五．〇二五円一六四
綴子	五．八五三	九．八五〇石五九九	八．八七四石一〇九	九七六石四九〇	一一．七一七円八八〇
鷹巣	一．七八〇	三．二八九石四四〇	二．九九五石九五六	二九三石四八四	三．五二一円八〇八
坊沢	二．二一七	三．八三三石一九三	三．五二九石二二一	三〇三石九七二	三．六四七円六六四

七座	三・〇八七	五・六三六石八六二	五・一三四石四七五	五〇二石三八七	六・〇二八円六四四
栄	二・五〇二	四・〇一五石七一〇	三・六九七石二六四	三一八石四四六	三・八二一円三五二
計	六〇・一二八	一〇二・八七一石五四五	八二・二八一石一〇七	二〇・五九〇石四三八	二四七・〇八五円二五六
【備考】	一、明治三五年以前平年作煙害前七カ年実収穫高の平均　一、収穫米価額は一石一二円として計算				

【畑地ノ部】北秋田郡煙害被害地一六カ町村畑地損害計算表

町村名	反別（反）	明治三五年以前平年作収穫高	明治四一年収穫高	煙害ノ為減収額	減収額代価（損害額）
長木	三・四四五	三・〇〇一石二八四	八四〇石三六〇	二・一六〇石九二四	一七・二八七円三九二
釈迦内	二・五四八	二・二〇四石七八四	七九三石七二二	一・四一一石〇六二	一一・二八八円四九六
矢立	一・七〇四	一・六一五石五六二	七九一石六二五	八二三石九三七	六・五九一円四九六
大館	二・二六四	二・一七七石五一五	一・〇六六石九八二	一・一一〇石五三三	八・八八四円二六四
花岡	一・四二〇	一・三〇七石九六二	七五八石六一八	五四九石三四四	四・三九四円七五二
山瀬	二・二七四	一・九五一石〇九二	一・二〇九石六七七	七四一石四一五	五・九三一円三二〇
下川沿	一・二八五	一・一四〇石〇五二	七八六石六三六	三五三石四一六	二・八二七円三二八
上川沿	一・二五六	一・一一九石七二四	七九五石〇〇二	三二四石七二二	二・五九七円七七六
早口	一・五九九	一・三五七石〇七一	一・〇一七石八〇三	三三九石二六八	二・七一四円一四四

真中	一・〇三二	八六四石三〇〇	六五六石八六八	二〇七石四三二	一・六五九円四五六
二井田	一・八六九	一・五七九石八六六	一・二三二石二九五	三四七石五七一	二・七八〇円五六八
綴子	一・八九五	一・五九九石九四九	一・二七九石九五九	三一九石九九〇	二・五五九円九二〇
鷹巣	五八三	五五二石六八四	四四二石一四七	一一〇石五三七	八八四円二九六
坊沢	一・一〇三	九五七石九五六	七七五石九四四	一八二石〇一二	一・四五六円〇九六
七座	一・一三四	一・〇一〇石八四八	八三九石〇〇四	一七一石八四四	一・三七四円七五二
栄	八三五	七四九石六六三	六二二石二一一	一二七石四五二	一・〇一九円六一六
計	二七・二六六	二三・一九〇石三一二	一三・九〇八石八五三	九・二八一石四五九	七四・二五一円六七二

【備考】
一、明治三五年以前平年作とは煙害以前七カ年実収穫高の平均　一、畑地収穫高は大豆で計算
一、大豆の価額は一石八円として計算

『大正二年煙害関係書類　農商課』（県公文書館蔵）より作成

四二年一月政友会県代議士三名現地視察。五月国庫に公害調査費が盛られ、それに不足額を県が三、〇〇〇円追補し北秋田・鹿角の五町村に水田試験地設置（一、佐藤喜代治所有地・花輪町下川原字家ノ下三番地。二、諏訪綱俊所有地・大湯村湯脇一七番地。三、田中虎次郎所有地・毛馬内町字中陣場三三番地。四、成田米松所有地　山瀬村山田字小三郎台地。五、工藤祐三所有地　大館町字有浦道上、大館町字壹宮）。七月横井時敬農学博士被害実地調査。九月北秋田郡が明治三九年～明治四二年の三三町村大字別鉱煙毒被害作付反別調査（煙害地稲作作付反別総計

三、四二九町歩、鉱毒地稲作作付反別総計二、五一六町）。一〇月鹿角郡が明治三九年〜明治四二年の六町村大字別煙害地稲作反別調査（煙害地稲作作付反別総計二、二三七町、鉱毒地稲作作付反別総計二三三町）。

四三年一月樹木の耐煙試験（針葉樹一七種、広葉樹三三種を小坂国有林と大湯国有林に植付、空気中の亜硫酸瓦斯の測定調査研究）等の対応がとられた。また、大正四年八月には、水稲開花期の製錬中止を農商務大臣に請願後八月一五日より一七日までの三日間大煙突の噴煙が停止されたものの一時的なものであった。

以上のように行政当局はこれらの調査・研究については、煙害の被害は深刻でその範囲も拡大しつつあることを指摘するも、官林への被害については鉱山側に賠償を求める考えもなく、溶鉱炉の移転についても消極的で鉱毒の撒布についてはその防止に努めるにとどめるとするなど、どちらかといえば企業側に好意的で、被害民の期待に副するものではなかった。このようにして、自治体を通しての運動（意見書・陳情・請願）では要求を達成するのは困難とみて直接行動をおこすことが表面化し、賠償交渉はすすめられることとなった。

2、煙害防止運動と損害賠償について

住民の直接行動は、明治四一年八月二三日仁叟寺で開催された毛馬内町民（農民・地主二三〇人）の集会がはじまりとなった。集会では、被害補償について小坂鉱山事務所との直接交渉を八月二六日に決めて直談判を実行するも、佐藤毛馬内分署長より治安維持法により解散させられる。

一二月には、煙害の実地調査と補償について不満を持つ一部の小作人が鉱山側に申出たり、七滝村芦名沢部落民が煙害補償で鉱山事務所へ押しかけるなどした。また、北秋田郡では釈迦内村、花岡村、大館町でも行動が起り、大館町では地主・農民が神明社に集まり、これまでの交渉では解決が困難であるとして、直接交渉に出向かんとして警察・郡吏に阻止される。山瀬村でも同様の行動で郡吏に阻止されるということがおこり、北秋田郡長前田復二郎が鉱山側を説得し両者の直接交渉が開かれた。この交渉で被害民は除害工事の早期完成と作物被害の賠償を要求したが、鉱山側はその被害を認めながらも、被害の程度と賠償金額についての一致点は見いだせなかった。しかしながら、このような大衆行動を通して、鉱山側を集団交渉の場に引出し、問題解決に導こうとした意義は大きく、このあと直接交渉方式が一般化していくこととなる。

こうしたなか明治四二年九月一三日毛馬内町長と小坂鉱山との間で、明治四二年～明治四四年までの三カ年補償協定が成立。しかし、この補償協定が成立しても、すべてが解決されたわけではなかった。特に被害の程度と、それに見合った賠償金の正当性については強く対立しており、穀物価格の変動による差額の支払い、賠償金の公表、被害民と鉱山双方の基礎資料による交渉などの問題もあった。

この三カ年補償契約が成立したことでこれについて毛馬内では反対派と賛成派に分裂することとなる。被害実態は一年毎に異なるもので一年更新の賠償を望む多くの反対する小作人がいた状況を受けて大正三年三月六日に結成されたのが「小坂鉱山鉱毒期成同盟会」であった。毛馬内の被害民数百名が被害同志大会を毛馬内仁叟寺で開催し、「小坂鉱山鉱毒除害期成同盟会」を結成。評議員一〇名を選出し、他は総て評議員に一任することを決定する。この会の主唱者は毛馬内町医師小笠原季治及山本幸蔵、豊口弁司外二三名であった。会場では内藤練八郎が座長となり、評議員には勝又平三、山本幸蔵、豊口弁司、豊口重太郎、内藤練八郎、大里巳代治、立山悌四郎、内藤順吉等が選出されるとともに、会長に秋田師範で内藤湖南と同期の内藤練八郎、副会長に小坂町長工藤茂太郎、幹事が後に県議会議長となる山本修太郎、その外、勝又次郎、豊口一蔵、石川正治、髙橋七郎兵衛、浅利成一がなる。

この同盟会は、ここに上がっている幹部の名前を見てもわかるように、毛馬内の地主たちによって立ち上げられたものであった。また、会員の農民の中には鉱山労働者もいることから、農民組合と労働組合の要素を含むもので、内容的には農鉱両立論の立場に立ながら、さらに人体への被害補償や稲の出穂期の製錬中止などの要求を掲げ、これら被害民一、二三五名の署名を得て、鉱山側や県、国に運動を行うこととなったのである。

しかし、同盟会のこうした動きも大正五年に入ると転機を迎えることとなる。郡・県など行政当局と結ぶ契約賛成派は毛馬内出身の学者内藤湖南に仲介を頼み、鉱山側との妥協を図ったのである。妥協の条件には同盟会を解散するとあり、小農民や一部地主の期待を受けて発足した同盟会も、幹部交渉によって指導層が切り崩され、解体へと導かれたのである。こうした同盟会幹部の行動に不満を懐いた小農民たちは別に各町村毎に集団をつくり鉱山側に対して直接交渉に赴くも警察によって阻止されることとなった。

次に賠償問題であるが、煙害が表面化し、それに対する賠償が行われるようになったのは明治三四年で、小坂村・七滝村の地域に限って被害者と鉱山側との交渉で単年度ごとに賠償、その他寄附見舞金の名をもって支払が行われていた。しかし作物の賠償については意見が一致せず、総代や有力者或は町村長及郡長等の列席で鉱山側と協議が進められてきた。明治四二年九月一三日鹿角郡長・毛馬内町長・七滝村長と小坂鉱山側との間で賠償協定が成立。煙害問題発生以来九年を経て継続性をもった統一的賠償協定が成立したのである。その内容は次のようであった。

第一、明治四一年の賠償金を以って明治四二年から明治四四年の三カ年間据置賠償金額とすること。

第二、本交渉は最近三カ年間における両村の状況を程度とすること。前項の程度において多少増減あるも相互に異議の申出をなさざること。

第三、田地灌漑用水にして余水の流入するものに対しては、小坂鉱山において小坂村字苦竹付近より別に引水の設備をなし、且費用の全部を負担すること。

第四、将来における利害に関する問題は総て相互において懇切平穏を旨とし解決するに留意すること。

これと同様の内容で柴平・錦木・小坂の各村との協定も成立し、北秋田郡の町村についても鹿角郡と同一扱いがなされたのではないかとされている。

明治四五年、賠償契約更新の年である。契約更新交渉では、鉱山側の申出を受け入れ、前回の明治四二年~明治四四年までの三カ年契約から明治四五年から大正五年までの五カ年契約に変えて「契約書」がつくられ、各町村或は各部落単位で交渉委員と鉱山側との間に交渉が重ねられた。大正二年七月一〇日小坂村・毛馬内村・七滝村が契約締結。八月一五日大館町の協定締結を最後に小坂鉱山煙害補償五カ年協定は被害各町村全部が結了となる。その契約内容と小坂鉱山煙害損害賠償契約を一覧に示すと次のようになっている。

第一条、五カ年間の農作物即ち田地並びに畑地における煙害賠償を請求しないものとする。
第二条、五カ年間の農作物煙害賠償金を計上し、町村の基本財産(産業組合基金、勧業奨励金)として寄付を為すものとする。
第三条、五カ年間、町村の農事奨励の為、農事試験場を一カ所、田地及畑地各一反歩限りとして設けるものとする。(村により本条欠くものあり)
第四条、五カ年間毎年時季に杉苗寄附すべし。(村により本条欠くものあり)

第一回小坂鉱山煙害賠償五カ年契約金額（明治四五年～大正五年）

No.	郡町村名	被害者数	五カ年契約金額	五カ年契約追加金額	合計金額
北秋田郡					
一	長木村	三五七	二、六四六円〇〇銭	五五〇円〇〇銭	三、一九六円〇〇銭
二	釈迦内村	四一四	一七、二一一円二五銭	九八八円七五銭	一八、二〇〇円〇〇銭
三	花岡村	二三五	五、三七五円〇〇銭	〇	五、三七五円〇〇銭
四	大館町	四〇五	一五、〇〇〇円〇〇銭	三、一七五円〇〇銭	一八、一七五円〇〇銭
五	矢立村	二五七	七、三〇〇円〇〇銭	〇	七、三〇〇円〇〇銭
六	上川沿村	二五〇	四、〇〇〇円〇〇銭	〇	四、〇〇〇円〇〇銭
七	下川沿村	三〇二	四、〇〇〇円〇〇銭	〇	四、〇〇〇円〇〇銭
八	真中村	二七〇	二、三九三円〇〇銭	〇	二、三九三円〇〇銭
九	山瀬村	四二七	九、〇〇〇円〇〇銭	〇	九、〇〇〇円〇〇銭
一〇	早口村	三三五	三、〇〇〇円〇〇銭	〇	三、〇〇〇円〇〇銭
一一	二井田村	一九七	二、七八五円〇〇銭	二一五円〇〇銭	三、〇〇〇円〇〇銭
	計	三、四四九	七二、七一〇円二五銭	四、九二八円七五銭	七七、六三九円〇〇銭
鹿角郡					
一二	大湯村	四六七	一八、九七一円二〇銭	〇	一八、九七一円二〇銭

一三	柴平村	四二〇	一〇、七七三円四八銭	〇	一〇、七七三円四八銭
一四	錦木村	一七三	七、五〇〇円〇〇銭	五〇〇円〇〇銭	八、〇〇〇円〇〇銭
一五	毛馬内町	三四七	一三、七八三円二四銭	二、〇〇〇円〇〇銭	一五、七八三円二四銭
一六	七滝村	三六五	四九、七五〇円〇〇銭	〇	四九、七五〇円〇〇銭
一七	小坂村	三七七	五四、六六一円三三銭	二、五〇〇円〇〇銭	五七、一六一円三三銭
計		二、一四九	一五五、四三九円二五銭	五、〇〇〇円〇〇銭	一六〇、四三九円二五銭
合計		五、五九八	二二八、一四九円五〇銭	一一、九二八円七五銭	二三八、〇七八円二五銭

【備考】一．各町村の契約金額は各町村内部落の合計額である。二．被害者数は他町村と重複する者も含めた延数である。

『明治四二年～大正五年　小坂鉱山煙害書類　農商課』（県公文書館蔵）より作成

なお大館町に関しては一、〇〇〇円を大館町農会基金にそして残額は大館町役場に交付し、町長・農会長が協議の上、これを地主に渡し地主から耕作者に交付されることとなる。明治三九年と比較して一〇倍以上増額され、北秋田郡一一町村、鹿角郡六町村の総合計額は二三八、〇七八円二五銭となっている。

補償契約を締結し補償五カ年分受領後も大正三年四月九日には毛馬内の一部地主や農民が牧畜養蚕・人体衛生上の被害を認めようとしない鉱山側に陳情するなど、また予想を超える煙害被害を訴える者もいた。特に大正四年には小坂村の砂子沢・細越地区や七滝村では被害調査の要求がだされたが、鉱山側では技術者が調査し、被害として認めがたいものとした。又契約締結後の権利の主張は困難であるとされるなどの問題もあったが、おおよそ平静が保たれた。二回目の煙害賠償五カ年契約の動きがでてきたのは大正四年七月下旬であった。小坂鉱山鉱毒除害期成同盟会の動きと、鉱山側との妥協を図る上で、仲介役に加わった内藤湖南は動向を心配する在京の衆議院議員で県北を選挙区として当選した国民党の中村千代松、同じく衆議院議員で民政党の後に文部大臣となった田中隆三、鉱山側の田村精一と四人で藤田組を訪れ、その解決方法を申出たのが交渉のきっかけとなった。藤田組としても、第二回目の五カ年補償契約の交渉も必要とされていた時期でもあり、湖南も交渉はすぐにでもできる旨を藤田組に伝えたことで、その交渉は八月二八日以降行われたといわれている。

交渉では、妥協の条件として一、妥協の前提として、同盟会を解散する事。二、今後の交渉は町村長を中心として委員を決めて交渉する事。三、今後五カ年の補償契約について本年度内に協定し現金で支払う事。四、これまで未補償であった山林・果樹についても速やかに補償する事。五、鉱山は同盟会の経費を支払う事。が上げられた。交渉に参加した田中虎次郎毛馬内町長の談によると双方は京都市で会見し、田中隆三、中村千代松、内藤虎次郎の仲介を以って妥協成立したとしている。なお、金円の収支は一切内藤虎次郎に一任し会員（農民）等に配布させることとした。以上の約定書は山本修太郎（同盟会）、田村精一（鉱山）、内藤虎次郎（仲介者）の三名においで調印されたとしている。このようにして湖南の仲介によって交渉は大きく進展したのであった（これについては拙文『湖南』第三五号「湖南の煙害と育英事業」。同三七号「内藤湖南生誕一五〇周年記念講演」で詳説）。大正五年三月六日には第二回目の五カ年契約（大正六年〜大正一〇年）が締結されるに至った。各町村と交わされた契約書（小坂の例）と契約金額は次のようである。

契約書

秋田県鹿角郡小坂鉱山煙害賠償ニ関シ鉱業権者合名会社藤田組ト同県鹿角郡小坂町小坂地内被害者小笠原忠太郎外貮拾参名代理人小笠原勇太郎トノ間ニ左記事項ヲ契約ス本契約書ニ於テハ合名会社藤田組ヲ甲トシ被害者小笠原忠太郎外貮拾参名代理人小笠原勇太郎ヲ乙トス

第一條　甲ハ大正六年壹月壹日ヨリ同拾年拾貮月参拾壹日ニ至ル迄五カ年分ノ乙ニ対スル秋田県鹿角郡小坂町小坂地内ノ農作物煙害賠償ヲ計上シ総額金六千九百弎拾九圓四拾七銭ヲ一時ニ支出スルモノトス

前項ノ賠償金ハ本契約締結ノ日ヨリ拾日以内ニ交付スベシ

第二條　乙ハ前條賠償金ニ付各自協議ノ上均衡ヲ失ハサル様配当ヲナスモノトス

前項ノ配当ニ付被害者相互ノ間ニ生シタル紛議ニ関シテハ甲ハ一切関知セザルモ

ノトス
第三條　乙ハ大正六年ヨリ同拾年ニ至ル迄五カ年間秋田県鹿角郡小坂町小坂地内ノ農作物煙害賠償ニ関シ何等ノ請求ヲナサザルハ勿論将来ニ於ケル甲乙間ノ利害問題ニ関シテハ相互ニ懇切ヲ旨トシ平穏ノ解決ヲ為スニ留意スルモノトス
第四條　本契約ノ有効期間ハ来ル大正拾年拾貳月参拾壹日限リトス
本契約ノ成立ヲ證スル為メ證書弐通ヲ作リ各壱通ヲ領置スルモノトス
大正五年三月六日
秋田県鹿角郡小坂鉱山鉱業権者合名会社藤田組代表社員　藤田平太郎
右代理人　齊藤精一
秋田県鹿角郡小坂町小坂被害者　小笠原忠太郎外貳拾参名
右代理人　小笠原勇太郎

第二回小坂鉱山煙害賠償五カ年契約金額（大正六年～大正一〇年）

No.	郡町村名	被害者数	五カ年契約金額	五カ年契約追加金額	合計金額
北秋田郡・鹿角郡					
一	長木村	四五三	三一、八〇八円九七銭	六五〇円〇〇銭	三二、四五八円九七銭

二	釈迦内村	五二七	二二、五〇〇円一〇銭	一、七五〇円〇〇銭	二四、二五〇円一〇銭
三	矢立村	三〇〇	九、五二五円七四銭	—	九、五二五円七四銭
四	大館町	四三七	一八、一七五円〇〇銭	三、〇〇〇円〇〇銭	二一、一七五円〇〇銭
五	花岡村	二一六	五、九四〇円二九銭	七〇〇円〇〇銭	六、六四〇円〇〇銭
六	上川沿村	二六六	四、〇〇〇円〇〇銭	五〇〇円〇〇銭	四、五〇〇円〇〇銭
七	下川沿村	二一六	七、五〇〇円〇〇銭	三、〇〇〇円〇〇銭	一〇、五〇〇円〇〇銭
八	真中村	二三〇	三、一〇〇円〇〇銭	三〇〇円〇〇銭	三、四〇〇円〇〇銭
九	早口村	四五七	三、〇〇〇円〇〇銭	三〇〇円〇〇銭	三、三〇〇円〇〇銭
一〇	二井田村	二六六	三、〇〇〇円〇〇銭	—	三、〇〇〇円〇〇銭
一一	山瀬村	七八五	九、〇〇〇円〇〇銭	五〇〇円〇〇銭	九、五〇〇円〇〇銭
	計	四、一五三	一一七、五五〇円一〇銭	一〇、七〇〇円〇〇銭	一二八、二五〇円一〇銭
一二	小坂町	四二六	六九、二八三円三三銭	一四、〇〇〇円〇〇銭	八三、二八三円三三銭
一三	七滝村	三九六	四七、一四七円一五銭	五、〇〇〇円〇〇銭	五二、一四七円一五銭
一四	毛馬内町	三五〇	一九、七〇七円三〇銭	三、五〇〇円〇〇銭	二三、二〇七円三〇銭
一五	大湯村	五三六	二七、六四三円五九銭	九〇〇円〇〇銭	二八、五四三円五九銭
一六	錦木村	三一八	一四、七九五円六二銭	一、四四七円四八銭	一六、二四三円一〇銭

一七	柴平村	五七一	一七、五八〇円七八銭	一、四四七円四八銭	一八、三七一円七八銭
一八	花輪町	六五	七六七円三一銭	—	七六七円三一銭
(外)	錦木村末広	一二二	四八〇〇円〇〇銭	大正五年以降八カ年分鉱水害契約	
計		二、六七二	一九六、九二五円〇八銭	二五、六三八円四八銭	二二二、五六三円五六銭
南津軽郡					
一九	碇ヶ関村	—	二、五〇〇円〇〇銭	二、〇〇〇円〇〇銭	四、五〇〇円〇〇銭
計		—	二、五〇〇円〇〇銭	二、〇〇〇円〇〇銭	四、五〇〇円〇〇銭
総合計		六、八二五	三一六、九七五円一八銭	三八、三三八円四八銭	三五五、三一三円六六銭

【備考】一．各町村の契約金額は町村内部落の合計額である。二．(外)錦木村末広の契約金額は、尾去沢鉱山の賠償額も含むことから合計額に含まない。三．被害者数は他町村と重複するものも含めた延数である。

『大正六年　小坂鉱山煙害賠償金調勧業課』(県公文書館蔵)より作成

このように、第二回五カ年契約では損害賠償金額が七二％増加。追加金額が六七％、全体合計額三五五、三一三円六六銭と全体で六三％の増加となっている。また小坂鉱山、尾去沢鉱山の廃水に基く鉱水害田地賠償の錦木村末広地域については、両鉱山と被害者（一二二名）との間で賠償総額四、八〇〇円（大正五年以降八カ年契約）を支給し、被害者各自協議の上均等に配布するものとして契約（大正六年一月一一日）。南津軽郡碇ヶ関村については協議の上、これまで小坂鉱山より煙害賠償金として一カ年金五〇〇円支給されてきたことで、大正七年〜大正一一年迄の五カ年分計二、五〇〇円を碇ヶ関村の基本財産として寄付することで、農作物煙害補償金を要求しないことで協定する（大正五年一一月二〇日）。なお、毛馬内町の契約金一九、七〇七円三〇銭は毛馬内、岡田、瀬田石部落の合計額であるが、毛馬内と瀬田石の被害民はそれぞれ二つに分かれて契約していることは他の町村には見られない異なった特徴を示している。これは毛馬内の地主たちによって立ち上げられた「小坂鉱山鉱毒除害期成同盟会」との関係で同盟会に加入している集団とこれに同調しない非同盟会員がそれぞれ分かれて協定したのではないかと考えられる。

このように第二回煙害賠償五カ年契約を終え農作物への補償は終えることとなり、大正五年から補償は山林、果樹へと進むこととなる。賠償交渉は部落毎に行われ一月には花輪町高屋部落に金一〇〇円（栗立木）、二月大湯村六、三〇〇円（二六二名に果樹補償）、三月柴平村三、九三四円四二銭（果樹）、錦木村は梨・梅等の果樹一本につき五銭から二円補償、毛馬内町・七滝村の果樹に補償（金額不明）、小坂町は雑木について交渉中で、補償金交付に際し鉱山側は条件として「小坂鉱山鉱毒除害期成同盟会」の脱会及び同盟会に関係していないこととしていたことから、脱会者も多く補償も進行したようである。同盟会幹部の地主の中には小作人に対し地主の承認を得ずして鉱山との交渉を禁じたがその効果もなかったようである。

3、補償問題の結了

明治に入り、主要鉱山は政府の経営から民間経営に移り近代的鉱業経営の道を歩むこととなった。明治一七年に藤田組に払下げられた小坂鉱山も明治後期には日本を代表する鉱山にまで発展し、大正期には第一次世界大戦の勃発とともに銅を中心として小坂鉱山は鉱業の大きな役割を担った。

鉱山の発展とともに発生したのが鉱煙毒の問題であった。小坂鉱山では明治三四年に北鹿の鉱山で最も早く煙害問題が表面化し、その影響は四郡（南津軽郡、鹿角郡、北秋田郡、山本郡）にまで広がることとなった。煙害が深刻化するとともに、小作人から減免要求を出された地主層も含めた反対運動は周辺に広がり多くの自治体から県や国に意見書や陳情・請願が提出されることとなった。

対応を迫られた国は鉱毒調査会を設置し研究を重ねるも技術上の防止解決を見るに至らなかったが、鉱業者と地方被害民との意思疎通を欠くことなく公正に利害の調和を図り鉱業と他産業の発達に努めるとする痛心の姿が伺えるものであった。しかしながら陳情者にとってはどちらかといえば鉱業者に好意的な対応が直接運動へ導かせる結果となった。そんな中で大きな役割を果たしたのが大正三年三月に結成された「小坂鉱山鉱毒除害期成同盟会」であった。これは毛馬内の地主たちによって立ち上げられたもので、会員の農民の中には鉱山労働者もいたことから農民組合と労働組合の要素を含む農鉱両立の立場に立ながら、鹿角郡被害民の半数を超える署名を得て主に被害補償や煙害防止を掲げ県や国への運動を通して鉱山側との直接交渉を引出した。

これら運動の広がりとともに鉱山側は明治三四年からの単年度毎個別に行われていた煙害賠償

を明治四二年からの三カ年補償、明治四五年からの第一回五カ年補償、大正六年からの第二回五カ年補償に変えるなどして補償を進めることとした。この補償交渉過程で協定締結に大きな役割を果たした「同盟会」の存在も大きいものがあった。内藤湖南を仲介者として地元出身の国会議員、同盟会幹部を交えた交渉は第二回五カ年契約の締結を導く役割を果たした。

農作物に対するこれら煙害補償は、第一回五カ年補償については村基本財産・産業組合資金・信用組合基金・農事奨励金等の名目指定用途として各町村に支給。第二回五カ年補償については大館町などの一部を除いて契約内容から町村（部落）の代理人に補償金は交付され、協議の上代理人から被害民に配当されたとされている（尚、毛馬内町について非同盟会員被害民虎渡半助外一二五名については契約及び賠償金の受取一切の権限を代理人豊口重太郎に委任し鉱山側との契約にしたがって配当されたことを契約書類等からも確認することができる。一方の同盟会員被害者については、妥協案からすれば同盟会側で処理されたものと考えられるがその詳細については不明である）。小坂鉱山側は田地作物の補償を終えるとともに、今後五カ年分の山林、果樹への補償も大正五年から部落ごとに進めた。農作物の補償とくらべこちらの補償は補償額が決まってもその標準（根拠）とするところは不明であることが多く、特に立木などは樹齢によるなど交渉継続中の部落もあるなど困難さを伺わせた。中には農鉱の調和を図り利害相済の途を拓くべき誠意を以って責任を尽くそうとしている大湯村被害民の姿も陳情から伺うことができた。

二、花岡鉱山

北鹿鉱山鉱煙毒被害についてその救済を求める、伊藤貞蔵北秋田郡会議長から原敬内務大臣、奏豊助秋田県知事宛の意見書がある（『花岡鉱山煙害書類一、二』県公文書館蔵）。この中で花岡鉱山について次のように述べられている。

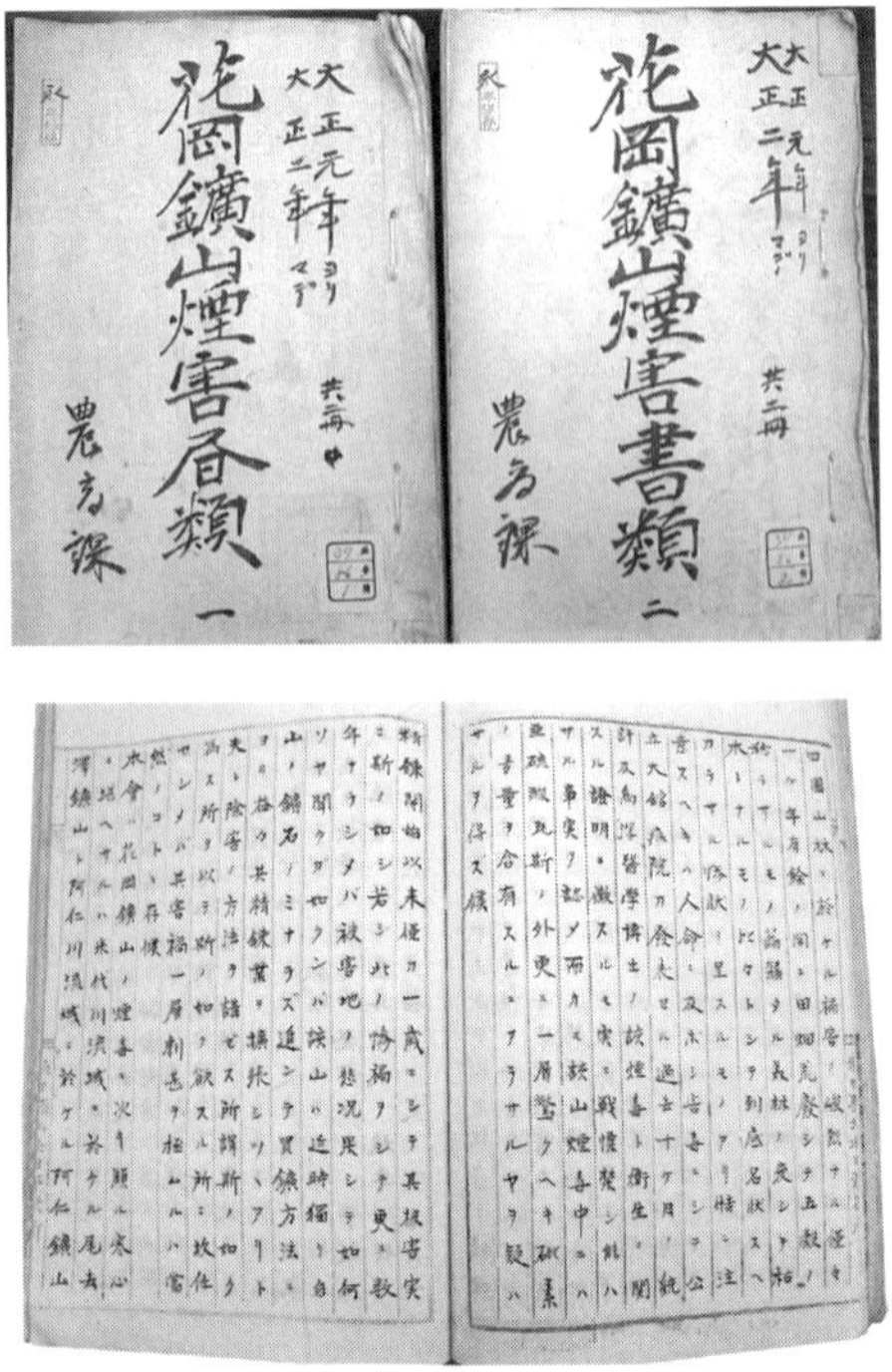

『花岡鉱山煙害書類一、二』(県公文書館蔵)

鉱煙毒被害救済ニ関スル意見書

「…小林花岡ハ本郡ノ北部花岡村ニ所在シ数年前マテハ極メテ小規模ノ採掘的経営ニ過キサリシヲ以テ従ツテ鉱煙毒ノ如キ問題ヲ惹起スルニ至ラサリシモ去ル明治四十四年中現鉱業主小林清一郎之ヲ買収シ俄ニ規模ヲ拡張シ同村大字姥澤ニ製錬場ヲ建設シテ盛大ニ事業ヲ開始スルニ至ルヤ其煙突ヨリ噴出スル亜硫酸瓦斯ノ他ノ毒煙ハ所在地タル花岡村ヲ中心トシ之ヲ囲続スル釈迦内、矢立、山瀬、大館、長木、上川沿、下川沿ノ数カ町村ニ跨リ日夜濛々トシテ襲来シ其状宛然遠ク火炎ヲ望ムカ如ク特ニ所在地附近ノ如キハ濃厚ナル毒煙瀰漫シテ天地ヲ掩蔽シ異臭紛々人畜ヲ悩シ其田圃山林ニ於ケル禍害ノ峻烈ナル僅々一カ年有余ノ間ニ田畑荒廃シテ五穀稔ラサルモノ蓊鬱タル義林ノ変シテ枯木トナルモ比々トシテ到底名状スベカラザル惨状ヲ呈スルモノアリ特ニ注意スヘキハ人命ニ及ボシ害毒ニシテ公立大館病院カ発表セル過去十カ月ノ統計及鳥潟医学博士ノ該煙毒ト衛生ニ関スル證明ニ徴スルモ実ニ戦慄禁シ能ハサルハ事実ヲ認メ而カモ該山煙毒中ニハ亜硫酸瓦斯ノ外更ニ一層驚クヘキ砒素ノ多量ヲ含有スルニアラサルヤヲ疑ハサルヲ得ス候　製錬開始以来僅カ一歳ニシテ其被害実ニ斯ノ如シ若シ此ノ惨禍ヲシテ更ニ数年ナラシメレバ被害地ノ悲況果シテ如何ソヤ聞クガ如クンバ該山ハ近時独リ自山ノ鉱石ノミナラズ進ンテ買鉱方法ニヨリ益々其製錬業ヲ拡張シツツアリトシ夫レ除害ノ方法ヲ講ゼス所謂斯ノ如ク為イ所ヲ以テ斯ノ如ク欲スル所ニ放任セシメバ其害禍一層激甚ヲ極ムルハ当然ノコトト存候……右郡制第三十二條ニ依リ意見書呈出候也　大正二年三月二十日　秋田県北秋田郡会議長伊藤貞蔵　内務大臣原敬殿」

花岡鉱山は明治元年日景沢、滝ノ沢に鉱脈が発見され、明治一八年浅利藤松氏らによって採掘がはじめられた。その後大館町の石田兼吉の手に渡り、更に明治四三年には東京市の小林清一郎の経営するところとなった。小林は事業拡張をはかり、明治四四年姥沢に製錬所を設置した頃から煙害問題が表面化することとなった。大正一年一〇月花岡村長、矢立村長、一二月下川沿村長、大正二年三月北秋田郡会議長から内務大臣、県知事に「花岡鉱山煙害に関する意見書」が提出され、公立大館病院の統計や鳥潟医学博士の煙毒の及ぼす影響の證明などを基に予防設備の設置・買鉱製錬の禁止・製錬所の移転・損害賠償等を訴え救済を求めている。

こうしたなかで鉱山側は田畑や樹木への煙害を認め、実態調査を踏まえた上で賠償交渉が進められることとなる。調査結果その賠償額が二八万四千円（花岡一〇万円、釈迦内八万、矢立五万、山瀬四万、下川沿一万四千）と計算された。しかし鉱山側は難色を示し大正元年一一月北秋田郡役所に於いて、農商課吏員・北秋田郡長・郡書記長・花岡鉱山鉱業主代理人・花岡鉱山庶務係長・村長（花岡、矢立、山瀬、下川沿）が出席し会議が開かれた。会議を経て提示された賠償金額基準は以下のようなものであった。

一、本年（大正元年）稲作収穫皆無に対する損害の賠償は田地の以下の三等に区別し其の推定収穫高に相当する金額を支払う。
一等（土地等級一等より七等まで、一反歩推定収穫高米二石五斗）
二等（土地等級八等より九等まで、一反歩推定収穫高米二石二斗）
三等（土地等級等外　一反歩推定収穫高米一石八斗）
一、六分作未満の田地は前項等級に基き減収高に相当する金額を支払うこと。
一、前項に該当せざる田地損害に就いては一反歩に付米一石五斗を大館市場相場に基き四等米及不合格米は三等米価格に依り一石に付金二円の割増金を附して買入れること。右買入を為さざるも割増金を支払うこと。小作納付米に就いては割増金を支払う。
一、収穫皆無に属する田地に対しては前項により賠償する。

そこで鉱山側から畑作物及び杉苗の損害に対し五〇、〇〇〇円支払うことを提案され、その配当について各村と交渉の結果花岡村二六、八〇〇円、釈迦内村一七、〇八〇円、矢立村三、五四〇円、山瀬村一、五六〇円、下川沿村一、〇二〇円とそれぞれ決まる。しかし杉苗木の補償については再交渉となり、花岡村が三、八〇〇円、一方矢立村、山瀬村、下川沿村は各部落毎の交渉は農民間の分裂を図るものとして反対し「花岡煙毒同盟会」を組織して交渉。賠償金の上乗せ、稲開花期の製錬中止、稲育成期の製錬量制限などを確定させ大正二年一月二〇日鉱山側と交渉が妥結し、四月までに賠償契約の大半が終了する。

花岡鉱山はその後大正四年に至って藤田組の所有となり、小坂鉱山の一支山として賠償問題もこのあと小坂鉱山との煙害問題に吸収されることとなる。

三、阿仁鉱山

阿仁鉱山は採鉱以来旧時焼釜で製錬し、毒害については僅か附近の土地に止まり被害も甚だしきものではなかった。明治に入り官営となるに及んで製錬の法方や設備も変わり複数の煙突が設けられるようになったことで、鉱煙毒の被害がでるようになった。

阿仁合町、前田村では栗梨等の枯損を始めとして雑木や雑草にも及び前田、米内沢、落合、上大野、下大野等阿仁川流域沿岸村の耕地は漸次鉱毒の侵潤を受け年々収穫が減少するに至った。その損害の程度は耕地の遠近灌漑用水の多少により一定しないものの一、二割の減少は下らず、多いところは五割以上に達する所もあった。また、河川の氾濫の際には沿岸耕地の殆どは収穫皆無となっていた。

これらの被害に関係住民は権利を主張するようになり、明治四三年阿仁合町吉田部落民が鉱毒被害に関する賠償を請求、鉱山側と交渉を重ね五年間鉱業用木炭の納付を高価で買受けることとなる。その製炭資本として一年間金四〇〇円（五年間二、〇〇〇円）を部落民に支払うことで解決している。また、同じ明治四三年阿仁合町小淵部落に於いても鉱山に対して同様の賠償請求をし、部落惣代より訴訟提起に至り鉱業所より金一、〇〇〇円が提供されて妥協成立し問題解決に至っている。

これらの趨勢は後に他の関係町村に広がり大正二年米内沢外三町村に於いて鉱毒被害賠償期成同盟会を組織し鉱山に対し救済方法を要求。数回の交渉結果大正三年迄の被害に対し金一、〇〇〇円の寄付を受取る契約を締結し一段落を告げるに至っている。

その時の要求と契約書は次のようであった。

阿仁鉱山鉱煙毒被害補償救済方法の要求

第一、瓦斯煙煤

製錬作業ニヨリ発生スル瓦斯及煙煤ハ銅亜鉛砒素硫黄等各種ノ有害素毒ヲ含有スルヲ以テ之レニ対スル除害方法ヲ講スルコト

（参考）足尾銅山ニ於テハ特ニ設ケタル煙道及煙室ニ於テ煙煤ノ大部ヲ凝結沈降セシメ然ル後脱硫塔内ニ於テ石灰乳ヲ雨下シテ亜硫酸硫酸等ヲ吸収シ而シテ比較的無害ノ瓦斯ヲ空気中ニ放散スルノ設備ヲナセリ此脱硫塔ハ其設備使用上頗ル多大ノ費用ト労力ヲ要スルニ拘ハラス充分ノ効果ヲ収メスト雖トモ飛散瓦斯ノ毒性ヲ減却セ

シムルニハ現時研究ノ程度ニ於テ最善ノ方法タルベシ

第二、坑水及送鉱排水

坑水及送鉱排水ハ其含有審カナラスト雖トモ多量ノ毒素ヲ有スルコト勿論ナルヲ以テ之ヲ石灰混和物ニ送リ適量ノ石灰ヲ混和シテ水中ニ含有スル硫酸銅硫酸亜鉛硫酸鉄等ヲ変シテ不溶解性ノ水酸化物トナシ沈殿池ニ於テ之ヲ沈殿セシメ更ニ濾過池ニ於テ浮遊物ヲ除去シタル後河流ニ放出スルヲ要ス然ルニ阿仁鉱山ハ単ニ小規模不完全ニル沈殿池ヲ設クルノミニシテ石灰混和物ノ設ケナリ又濾過池ノ設備ヲ欠クカ故ニ故ニ速ニ此点ニ対シ適当ノ除害方法ナカルベカラス

第三、沈殿池ノ泥渣

沈殿池泥渣ハ通常比較的多量ノ有害物ヲ含有スルヲ以テ之ヲ浚渫シテ乾燥シタル後悉ク一定ノ堆積物ニ輸送シ散逸セシムベカラズ

第四、堆積物

鉱物、鍰、捨石、泥渣等ノ堆積物ニハ素ヨリ多少ノ除害設備ヲ免ガレス特ニ堆積物ノ浸透水ノ流出ニ対スル設備ナカルベカラス

第五、毒素水ノ除害

阿仁鉱山ヨリ流出スル毒素ハ総テ阿仁川流域ニ於ケル耕地灌漑水ニヨリテ輸出致セラルルヲ以テ該沿岸用水路ニ対シ流量ノ調節スルニ足ルヘキ完全ナル樋門ヲ設ケサ

ルベカラズ然ラサレハ増水ノ場合ニ於ケル濁水ハ（濃厚ノ毒水ヲ含有ス）勿論平常ニ於テモ徒ラニ多大ノ水量ヲ流入セシメ有害物ノ耕地ニ侵入スル勢ヲ助長シ灌漑水ヨリ来ル被害程度ヲ劇甚ナラシムルモノアリ故ニ灌水取入口ヲ改良シ平時必要ノ水ヲ限リ之ヲ流通セシメ増水ノ際ハ其濁水ヲシテ用水路ニ入ル能ハサラシムルノ設備ナカルベカラス又洪水ニ当リ毒水耕地ニ氾濫スル箇所ニ対シテハ厳重ナル堤防ヲ築造セサルベカラス

第六、被害地農事ノ改良

被害地ノ地勢及土質ハ固ヨリ区々タリ又被害ノ程度同一ナラス故ニ鉱業者ハ適当ノ試作地ヲ設ケ土地ノ改良方法ヲ貸シ各地ニ適合スル物作ノ選定耕農法ノ研究等常ニ農事改良ノ指導タルヲ要ス

第七、農作物山林其他既往被害ニ対シテハ速ニ充分ノ調査ヲヲヲ遂ケ相当ノ賠償ナランコトヲ要求ス

契　約　書

米内沢町、上大野村、下大野村、落合村、四カ町村ト阿仁鉱業所トノ相助関係ニ関シ契約スル処左ノ如シ

一、阿仁鉱業所ハ四カ町村ノ公共事業ニ対シ壱千円ヲ寄附スルモノトス
一、四カ町村ハ相助関係ノ為メ大正三年迄ノ公害ニ対シ請求等遠慮スルコト

大正二年五月十一日

米内沢町長代理助役　石崎　石松
米内沢町有志惣代　木村亀太郎
上大野村長代理助役　松橋輿吉郎
上大野村有志惣代　工藤東十郎
下大野村長代理助役　工藤　清治
下大野村有志惣代　畠山　永吉
落合村長　高原　勇蔵
落合村有志惣代　庄司易五郎
古河合名会社阿仁鉱業所　経理係長　名酊夏司

続く大正五年には阿仁鉱山三ノ又貯水池の決壊により大きな鉱毒被害が発生した。この決壊は、大正五年四月二〇日融雪季の洪水に伴い阿仁鉱山所属の三ノ又貯水池堤防が決潰し泥土を押流して橋梁流出、小児が溺死するなど小様川沿岸（被害反別三町四反五畝二八歩、石垣二九五間、用水堰一五〇間、橋梁五カ所、その他道路、水受桶数カ所）に被害を及ぼした。

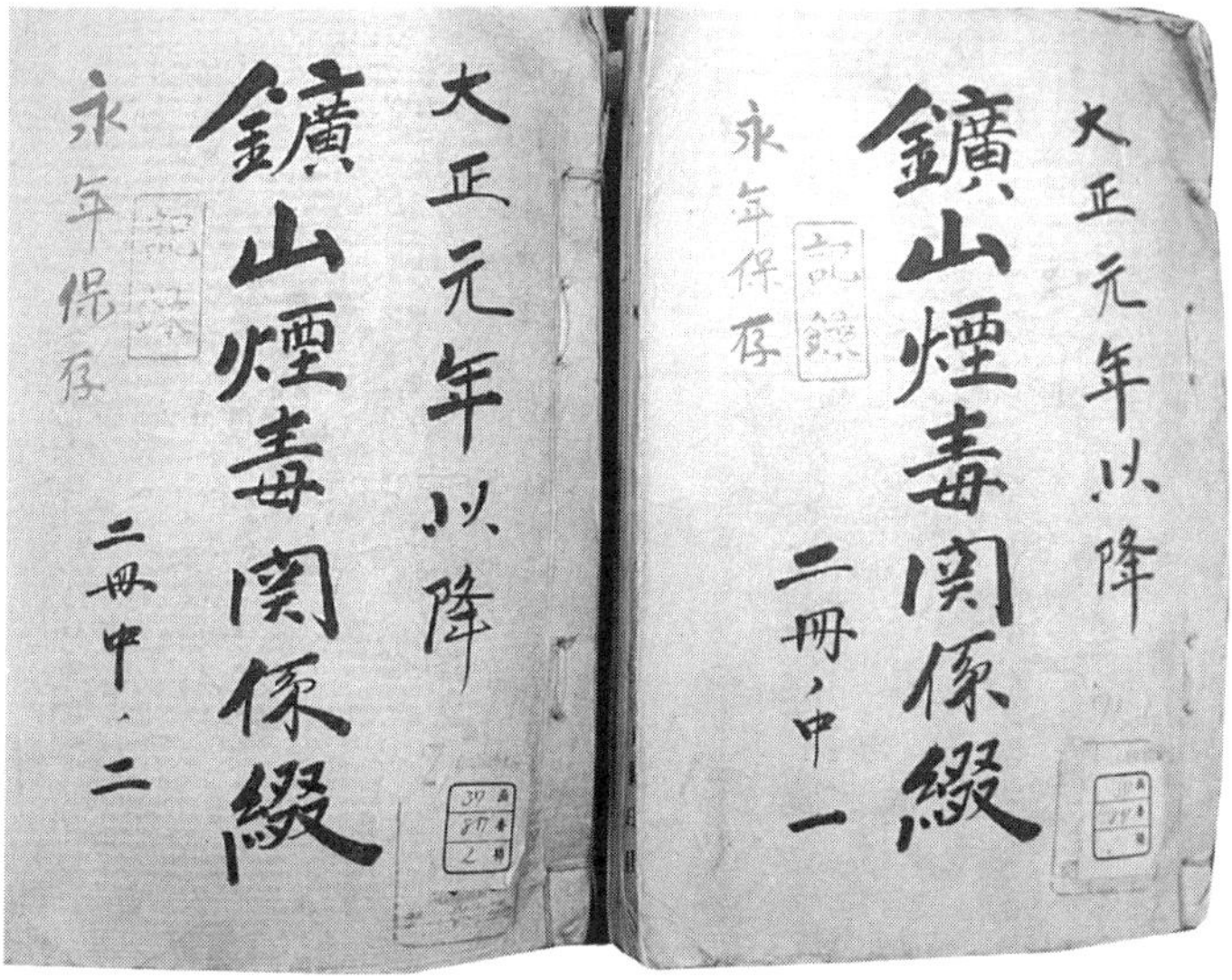

『鉱山煙毒関係綴』県公文書館蔵

また、稲苗の植付け時期も迫ってその復旧が急がれたことから被害反別に対して当事者間に於いて協定が結ばれた。泥土は除去されるとともに鉱業所より補助金（田地石垣等復旧手当一七二円、香典及手当一五円、橋梁材料三〇〇円）が交付された。補助金の支出割は反別に関係泥土侵入の程度により差等を付したもので、被害者二五名のうち補助金を受けた者は二三名であった。

これらの概要については、この決潰による鉱毒調査のため県から出張を命じられた秋田県鉱業技師神澤勝也の復命書（大正五年六月五日出発六月八日帰庁）から、また詳細については、北秋田郡吏員（成田重三郎、沼田淋治）が古川鉱業所及び小様部落を視察した復命書等（『鉱山煙毒関係綴―北秋田郡阿仁合町小様川洪水被害地調査

―』県公文書館蔵）から知ることができる。

この貯水池は阿仁合町より一三里（五二km）森吉山中腹に近い凹所を修築したもので、明治二二年頃の造築。萱草鉱区の原動力として使用していたもので、茶屋倉発電所が建設されてからは渇水に対する予備として十数年来殆ど注意が払われていなかった。

貯水池は長さ約二〇〇間（約三六〇m）、幅約一〇〇間（約一八〇m）、深さ約一五尺（約四・五m満水時）の巨大なもので堤防の破壊口は幅三間（五・四m）、広い所は七間（一二・六m）余りもあり、これより逸出した水勢は沿岸を崩壊して約三丁（約三七二m）下流に至り、ここで長さ六〇間（一〇八m）・幅六〇間（一〇八m）、高さ約一五〇尺（約四・五m）の一大崩壊を惹起する。附近の地盤は崩壊し易い火山灰及火山岩層からなっていたことに加え融雪季で地盤が緩んでいたことから激烈な水流となった。崩壊箇所は亀裂を生じて降雨その他変動あるごとに漸次防備が必要な状況であった。

阿仁鉱山七カ山の内三カ山が小様川上流にあり、小様川沿岸の一〇〇町歩以上の田地はその九割以上が小様川の鉱毒水を灌漑するものであった。しかしながら鉱山に雇われているものが多く（小様部落は二三戸を除く以外は総て鉱山使役人、または鉱山関係者であった）、鉱山側でも鉱毒についてはあまり注意を払っていなかった（この貯水池の決壊事故については拙文「阿仁鉱山三ノ又貯水池決壊事故―一〇〇年前におきた阿仁合町小様川の氾濫―」史友第三九号で詳説）。というように、北鹿鉱山にあって、煙毒よりも鉱毒水による被害が心配されたのが阿仁鉱山であった。

四、尾去沢鉱山

尾去沢鉱山で煙害問題が表面化するのは大正二年であった。それ以前からも煙害はあったと考えられるが、従来被害民の多くは尾去沢鉱山の労働者であり、煙害問題の話しを口にすることが少なかったようだ。周辺の山林、畑作に被害が拡大するに及んで、曙村民の間から賠償要求の声があがり鉱山側へ交渉に押しかけている。

また、尾去沢鉱山の鉱毒被害地であった花輪町字高屋地域と錦木村字神田地域について大正二年一月三〇日、この両部落に対し鉱山側では米代川からの灌漑以外に水源を得て灌漑用水を供給することが部落民の希望とするところであったことからそのための測定及設計を秋田県庁に依頼し調査を終え消雪後工事に着手する覚書が島村金次郎尾去沢鉱業長より渡邊達夫鹿角郡長にだされている。

このような対応がとられるようになったところで沈殿池の決壊事故が起きたのは大正二年六月二八日のことであった。鉱毒除害施設としてつくられた沈殿池（鹿角郡尾去沢鉱山字下タ沢）が決壊し鉱毒水が急拡し米代川に流れた（三ツ矢沢より米代川支流別所川、米代川へ流出）できごとであった。

この決壊は公益上重大な問題であるとして、調査を嘱託された郡書記と尾去沢鉱山、毒水氾濫の区域長によって調査された。これらの調査報告書と前田復二郎北秋田郡長から奏豊助秋田県知事への報告（『尾去澤鉱烟毒関係綴』県公文書館蔵）からその詳細を知ることができる。

その報告では、決壊事故を通して除害設備と除害方法の改善要求を認め、その被害に対しては収穫期に至るまでの間に充分調査し、相当の損害賠償すべしといている。

まさにこの決壊は、鉱山の平素の不注意に基因するものであった。元来尾去沢鉱山は鉱毒除外設備については頗る不完全で、沈殿池泥渣の処理は米代川に放流されていた。大正二年北秋田郡米代川沿岸の数町村はこれに対し除害及び賠償を要求する意を以て期成同盟会を組織しようとしている時であった（この決壊事故については拙文『大正二年尾去沢鉱山鉱毒除害沈殿池決壊について』上津野№四二で詳説）。

大正四年になると尾去沢鉱山の煙害について反対する動きもではじめる。九月には以前から心配していた曙村から鉱煙害防止の要望や交渉なども行われるようになる。大正五年一月には鹿角郡会で尾去沢鉱山より排出する鉱煙は多量の有毒瓦斯を含み農林産物、植物、人畜に害を及ぼし除害の方法を講じなければ全郡廃土と化すとして、除害設備や水稲開花期間の製錬中止を命ずる意見書を決議し、内務大臣に提出している。また、三月曙村長より鹿角郡長への意見書では、地元の住民による賠償を求める最初の要望も行われている。

また、小坂鉱山と尾去沢鉱山の廃水に基く鉱水害田地として被害を受けた錦木村末広地区は、被害者一二二名に対する損害賠償も進められ大正五年一月一日より大正一二年一二月三一日迄の八カ年分の補償総額四、八〇〇円についても協議の上均等に配布するものとして契約が大正六年一月一一日に締結された。

五、おわりに

北鹿四鉱山（小坂・花岡・阿仁・尾去沢）の鉱烟毒問題について、「意見書」や「請願書」、「陳情書」の中で一貫して主張されたことは、一、専門家による鉱害実態調査の実施と補償。二、鉱業者による除害設備の完備。三、除害不能の場合の特許取消（溶鉱炉の閉鎖）の三点であった。

特に最初に提出された意見書は、明治三八年二月一五日北秋田郡会から内務大臣・秋田県知事に出されたもので、それまで鉱山には地元から働きに出ている人が多く、鉱山と地元農民は親密であった。しかし、煙害の発生とともに、両者の関係は悪化し反対運動は広がりをみせていたことからこの意見書はその行動の第一歩となった。

煙害が表にでるようになったのは明治三四年頃からであった。国は翌年の明治三五年三月「鉱毒調査委員会」を設置し、現地調査に乗り出すことになるが、小坂の調査では、原料鉱石の分布・製錬高調べ・有毒ガス分析等が中心に行われ、農作物についての被害調査は特に行われなかった。続く調査は、明治三九年一〇月（農商務省山林技師万年信吉、望月常二名）、明治四〇年九月（農務課東条勝友技師）、明治四一年五月（農商務省鉱山・農務・山林の各局員からなる総合調査班）と三回行われ、加害原因・被害実態・除害方法・耐煙の強弱および防禦方法について調査・研究が行われた。

これらの調査では煙害の被害が深刻でその範囲も拡大しつつあることを指摘するも行政当局の打つ手は、せいぜい実態調査を実施する程度であった。また自治体の請願が煙害排除とするものに対し、県議会が知事に提出した意見書は鉱・農両立を基本とするもので、どちらかといえば鉱業者に好意的なものであり被害民の期待に副するものではなかった。

こうしたことから自治体を通しての運動では要求を達成するには困難とみる。これまで被害民が直接大衆行動に訴えるということはなく、未だ賠償に関する要求が強くだされていなかったのであったが、明治四一年八月二三日には毛馬内町民が集会を開くなど直接行動が表面化するようになった。

明治四一年一二月には、七滝村・釈迦内・花岡村・大館町・山瀬村等で大衆行動がおこなわれるようになる。これらの行動は、鉱山側を大衆の直接交渉の場に引出し、問題を有利に解決しようとする動きとなり、警察・郡吏に阻止されながらも集団交渉の場へ鉱山の責任者を引出した意義は大きく、このあと、直接交渉方式が一般化していくこととなる。

明治四一年一二月二九日両者の直接交渉で、被害民の要求は除害工事の早急なる完成と、作物被害に対する賠償の二点であった。後者については鉱山側もその被害を認めながらも、被害程度と賠償金額については農民側と一致点に達しなかったが、明治四二年九月一三日には、鹿角郡長・毛馬内町長・七滝村長と小坂鉱山との間で賠償協定が成立。同様の内容で柴平・錦木・小坂各村との協定も成立し北秋田郡内の町村についても鹿角郡と同一扱されたとしている。

単年ごとの賠償は明治三四年以来、限られた地域に行われていたのであるが、ここに至って継続性をもった、統一的賠償協定がはじめて成立したもので、煙害問題発生いらい実に九年経ってのことであった。

明治末期から大正初期の鉱烟毒問題と対応の動向を、公文書を通して具体的な数字で確認できたことは煙害問題を知る上で有益であったと考える。

【参考資料】

・『明治四十年　重要煙害関係書類　農商課』（県公文書館蔵・資料番号九三〇一‐〇六五九二）
・『明治四十二年　煙害関係書類　農商課』（県公文書館蔵・資料番号九三〇一‐〇六五九七）
・『明治四十二年ヨリ大正五年マデ　小坂鉱山煙害書類』（県公文書館蔵・資料番号九三〇一‐〇六五九三）
・『明治四十三年　煙害関係書類　農商課』（県公文書館蔵・資料番号九三〇一‐〇六五九九）
・『大正元年以降　鉱山煙毒関係綴　二冊ノ中一、二』（県公文書館蔵・資料番号九三〇一‐〇八一四六）
・『大正元年ヨリ大正二年マデ　花岡鉱山煙害書類一　農商課』（県公文書館蔵・資料番号九三〇一‐〇六五九四）
・『大正元年ヨリ大正二年マデ　花岡鉱山煙害書類二　農商課』（県公文書館蔵・資料番号九三〇一‐〇六五九五）

・『大正二年　煙害関係書類』（県公文書館蔵・資料番号九三〇〇三‐〇六六〇〇）

・『大正五年鉱煙毒関係事務簿　鹿角郡役所』（県公文書館蔵・資料番号九三〇一〇三‐〇一四〇〇）

・『大正六年　小坂鉱山煙害賠償金調　勧業課』（県公文書館蔵・資料番号九三〇一〇三‐〇八一五〇）

・『尾去澤鉱烟毒関係綴』（県公文書館蔵・九三〇一〇三‐〇八一四八）

コラム(4)

石川理紀之助と北鹿

大館市文化財保護協会研修会講話
平成二七年三月二一日

大館市文化財保護協会、三月の研修会ということで、担当させていただきます庄司です。今日は、石川理紀之助と大館・北秋、そして鹿角との関わりについて、お話しさせていただきます。

はじめに石川理紀之助について、これまでの調査と近年の話題についてであります。私が理紀之助に関心を持つようになったのは、二五年ほど前、鷹巣農林高校に在職した時からであります。当時農林高校には、学校付属の「農林博物館」という博物館法による正式の博物館がありました。一部二階建ての瀟洒《しょうしゃ》な造りで、広

撮影：北鹿新聞社

く一般にも公開されており私は、その博物館の担当をしておりました。学校では「総合学習の時間」が出始めてきた頃（平成一二年以降）であったので、小・中学生の見学も多かったし、生涯学習の団体や、大学の農学部の学生もみえられたりしてその対応もしておりました。

その博物館の資料の中で、特に私が関心をもったのは「石川理紀之助」に関する資料でした。この地域と理紀之助がどのような関わりをもっていたかを知りたいと思ったのがはじまりであります。

当時、理紀之助研究の第一人者は上川富三先生でしたので、いろいろ教えていただこうと思っていたら、先生もなくなられ（平成一九年二月九一才）ました。幸い「石川理紀之助資料館」の館長をされていた石川家第一六代当主の石川尚三さん（平成一五年死去、理紀之助の曾孫）が、資料館の書庫を自由に開放して下さいまして、平成九年から二年程資料館に通って見させていただきました。その中から特に大館・北秋・鹿角に関する資料をまとめて『鷹巣地方史研究』（鷹巣地方史研究会）をはじめとして『史友』（合川地方史研究会）、『おんこ』（鷹巣文化遺産保存会）、『上津野』（鹿角市文化財保護協会）などの研究誌に発表させていただいたところであります。

この扁額は鷹巣農林博物館所蔵であります。「田を作る　家の教えは　鋤鍬《すきくわ》を自らとるのほかなかりけり　於、北秋田農林学校　石川理紀之助」とかかれております。現在、北鷹高校の校長室に掲げられております。下の原稿は、鷹巣農林高校の前身であります郡立農林学校落成式での祝辞で述べられたものであります。それとその時の理紀之助六五才の写真であります。

また理紀之助は種苗交換会の創設者として、明治一一年の開催から休むことなく一三七年も続けられ今日に至っている農業団体のこのような会は、全国的にみても、世界的にみても珍しいのではないかと思っております。今年の開催は鹿角市の開催が決まったようであります。この種苗交換会と北鹿地域の関係についても、また後でお話しします。

また、平成二〇年一月福田赳夫（たけお）が総理になった時の施政方針演説の中に、石川理紀之助の言葉の一節があります。「……井戸を掘るなら、水がわくまで掘れ……明治時代の農村指導者である石川理紀之助の言葉です。疲弊にあえぐ東北の農村復興にその生涯を捧げた人物です。彼はどんな時も決して諦めることなく、結果を出すまで努力することの大切さを教えました。そして彼は、様々な事業において、何よりも得難いのは信頼である。進歩とは、厚い信頼でできた巣の中ですくすく育つのだ」と、最後まで諦めず努力することの大切さを述べられ、一躍「理紀之助」が全国に知られるまでになったのであります。この写真は、山田俊男議員（富山県選出）から手渡された石川理紀之助の講話集を見ているところの写真であります。

また福田総理は、古文書に関心のある方で、平成二〇年当時営林署の統廃合が進行し、国有林に関する重要な史料の多くが廃棄されるのを心配して、国有林の歴史資料を国立公文書館へ移管させて、総理に就任して二年目から公開させるようにしたことでも知られております。おかげで廃棄の危機から守られた青森、秋田管内の営林署の資料は国有林の歴史資料として大変貴重なものになっているわけであります。

次は、わらび座公演であります。一昨年わらび座がロングランで石川理紀之助を取上げ話題になったところであります。わたしも昨年三月上旬に行ってみてきましたが、中央地区の学校の生徒さんたちで小劇場は満員でした。今年度は、大館の沼館焼に関わったとされる平賀源内でした。来年度は、旧森吉町出身の成田為三を上演するということで、現在すすめられているようです。

次に草木谷の活動であります。理紀之助の精神を生かそうと、地域住民や教育関係者でつくる山田地域づくり推進協議会による事業が展開されています。教育交流事業では、明治三五年に理紀之助が宮崎県中霧島（現在の都城市山田町）で農民救済を行った地域の小中学校と教育交流が開始されるなど、注目されているところであります。

理紀之助と北鹿との関係は、『克己《こっき》』『救済日記』『耕読日記』等の日記を通して知ることができます。特に『克己』は、明治三一年から大正八年八月三一日まで毎日書かれ、大正八年九月八日理紀之助が七一才で亡くなる一週間前まで書かれております。最後の頃は、寝ながら仰向けのままで書かれたといわれております。その前のものでは、雑記ということで、明治四年から書いておりまして、当時を知ることのできる貴重な資料となっております。それによると県北地域との関わりの始まりは明治五年にさかのぼることができます。

明治四年四月の太政官公布の戸籍法による人口調査と戸籍調査（それまでの身分別による戸籍を改め住所を中心とした戸籍に改めるための調査）で理紀之助は県の役人と同行し、高調帳のまとめや清書の仕事をしております。

明治五年一月二三日から二七日までの五日間、米内沢の肝煎、松橋敬蔵、山崎直治宅（米内沢纏所御出張所）に泊まっての調査であったと記録されております。また、合川下大野の藤島為吉家には理紀之助の兄（周之助）の先妻の姉妹（マサ）が嫁いでいることでも知られているところであります。

また明治六年理紀之助は、県職員として等外二等（俸給九円）大館支庁詰辞令を受け、一年弱大館に勤務することになります。仕事は主に租税係となっておりますが、役人の人数が足りなく、いろいろな仕事を兼務していたことが、日記からも読み取ることができます。この当時大館は、戸数一、六〇八戸、人口七、五四九人で秋田第三の大きな町でありました。

大館支庁での役所勤めはどうであったかといいますと、税の事務を取扱う仕事で、担当者は二人でしたが、もう一人の平川智道という人は、理紀之助の長い歌友であった人でしたが、山林関係の仕事も抱えていて、理紀之助がほとんど一人でやらなければならなく、多忙であったこと。加えて、支庁内の職員の派手な私生活にも不満を持っていたようです。そんな中で、租税の徴収ミスを起こしてしまい、その対応も不十分であったということで、その責任をとったということであります。

次であります。理紀之助は、長男民之助の家出捜索のため、明治二〇年四月、約半月ほどこの地に足を運んでおります。家出の主な原因といわれているのは、東京に出て勉学を希望していた息子と、家業を継がせたいという親との考えの相違からといわれております。理解を得るのは難しいと考えた民之助は、独力で資金を稼いでそれを実現させようとしたのでしょうか。危険な鉱山で働こうとしたのも、高金額で手っ取り早く収入が得られるからでもあったのでしょうか。

理紀之助は明治二〇年四月二日民之助の捜索に出ております。出発して四日目には、県北に入り、小繋村・綴子村の宿屋、働き場所などを警察署、知人の協力を得て情報収集に努めながら捜し歩くわけであります。もしかしたら鉱山で働いているのではないかという情報を得て、五日から七日には、小真木鉱山、小坂鉱山、そして八日～一〇日には阿仁鉱山にまで足を延ばしております。そして一一日からは、阿仁鉱山から山を越えて小又に入り、鷹巣に泊まって、また大館に入って長走で宿泊して碇ヶ関から四月一五日には青森県に抜け、老之助が渡ったとされた国後に着いたのは、五月二九日でした。

しかしながら、その時はもうすでに老之助は、この世の人ではないことを知らされるわけであります。硫黄鉱山で働いた老之助は医者の診断ではチフスの病と闘いながら、明治二〇年二月一一日午後八時に病死したことを知らされたわけであります。そして、民之助の遺骨を持って帰宅したのが五月二三日でありました。

県北での捜索では、日記に地名や人名も多く記されております。そこからは、あらためて理紀之助の人のつながり、関係の広さを知らされるところであります。

次に「適産調」であります。これは、明治二九年から明治三五年までの七年間の歳月を費やして実施された理紀之助の大事業であります。その成果が七三一冊にまとめられました。実際は、同じものを二部作製して一部は調査村へ、一部は事務所保存用としてまとめられております。県北では、鹿角市の柴平、大館市の十二所、北秋田市の合川で実施されております。これについては後ほど詳しくお話ししたいと思います。

この調査は、明治二八年八月に開催された南秋田郡農会で理紀之助が提案したもので、郡農会などの賛同を得て実施されたといわれております。調査の目的は、土壌、耕作反別、戸数、人口、各種産物の生産高、小自作別、農作業、生活習慣等を調査し、町村の将来の指針と具体的実施の方法を説く農事調査と、人材育成であったといわれております。

調査は、大きく二つに分けられ、その一つは、前調査というもので、役場の了解を得て行うもので、役場資料から反別、人口、戸数、収穫、生産物、神社・仏閣等、一定の形式にしたがった調査であります。もう一つは、実地調査で、田畑、山林をまわり、土壌、樹木の生育状況、住民の生活状況の観察調査でありました。一般的に前調査は四、五名で一、二日。実地調査は三〇名ほどで一〇日ほどの日数で行われました。調査の時期は、田植えが終わってから盆前頃にわたって実施されております。

調査地は、郡や町村からの申請によって行われたようであります。その経費は、郡長へ申請されておりますが、経費等の記録をみますと、全経費の三割から四割位しか補助がなされておらず、郡農会や村費からも援助されていたのではないかと考えますが、ほとんどボランティアに近いかたちで実施されていたものと思われます。したがって食料、寝具、食器等は持参で移動し、寺や神社に寝泊まりしての自炊生活であったわけであります。

次に農林学校竣工式であります。明治四二年一一月七日鷹巣七日市に鷹巣農林学校が竣工しました。この写真がその当時の学校の全景であります。鷹巣農林高校の前身であります。秋田県で二番目に古い農業高校としてこの日の竣工記念式典に理紀之助が出席し、祝辞を述べられました。この時の演説概要が校友会誌二〇号に残されております。その中で理紀之助は、生徒たちに学校を卒業して世に出たら参考にして欲しいということで、自分がそれまで取り組んできた経済会組織の立ち上げから、農村再興の実践が話され、多くの聴衆を引きつけたといわれております。まさに農業学校の門出にふさわしいお話しではなかったかと思います。

理紀之助は、この式典に出席するために過した三日間を日記等に記しています。一〇月三一日出席の為の連絡を前田郡長宛に出しております。式典前日の一一月六日には、二時に起きて午後二時の汽車に乗って鷹巣七時に着いております。その日の宿泊は、太田の長谷川千蔵宅でした。この長谷川宅には、柴平・十二所の「適産調」で移動する時も、宿泊させてもらっております。その時は、小屋の二階の蚕部屋に泊まったといわれております。夜の夜学では、生活と倹約・貯蓄について講話されたとする記録もあります。そして、式典当日の一一月七日は、四時起床、九時に農林学校に着いて、一〇時三〇分から午後一時まで式典に出席して、祝辞を述べたあと、午後四時龍泉寺で行われた宴会に出て、長岐家（長岐貞治、老農長崎七左エ門）の墓参りをしております。この日は七日市の郵便局に泊まっております。夜には米内沢本城の金七助など、秋田県歴観農話連会員なども訪ねてきております。一一月八日は、四時に起床し、神成村長宅で朝食、七日市を出発して、途中沢口の沢口明神で講話して、六時の汽車で帰っております。この間、郡長も同行していたようであります。この三日間を追ってみても、理紀之助の交友の広さを伺い知ることができます。

右側の書は、この時、宿泊でお世話になった御礼として、太田の長谷川千蔵宛に送られた書であります。「長谷川千蔵君の家にやどりて　骨をかむちからのみつつ　やさしきは肉をくらわぬ心なりけり　明治四二年一一月　草木谷石川貞直」。当時長谷川家一〇代目の長谷川千蔵は栄村農会長として、また種苗交換会の品評会員として農業に貢献するかたわら、若年より和歌、俳句、書から絵、謡曲まで好み指導するほどであったという人でした。理紀之助と意気投合する面が多かったのではないかと考えます。

次に、凶作巡回講話であります。大正二年は、東北地方大凶作となります。県北部も平年の四、五分作といわれております。その凶作救済方法の講話であります。講話場所は主に、小学校の講堂やお寺でやられております。その規模や内容等については、学校の沿革誌などでも確認することができます。

大正二年には、一一月二七日に矢立小学校、花岡の寺で講話しております。この時の救済日誌には、一一月に入っても田圃には実の入らない稲がそのまま残されているのが多く目についたという記載や、釈迦内の日景弁吉がミノやケラを着て県内救済行脚をしている理紀之助の姿を見て時代遅れと批判したエピソードも残されているわけであります。この年の花岡、矢立地区は平年の七二％の大減収となり、地租を延期する対策などもとられるほどであったといわれております。大正二年は三六日かけて、二六カ所で救済講話しております。

また、大正三年には、阿仁地域に滞在して講話しております。大正三年三月二四日鷹巣から馬車で米内沢に入っております。木村旅館に泊まり、米内沢小学校で講話しております。翌日二六日には、本城と阿仁前田で行っております。阿仁前田では、当時は、刈り取った稲の稲架けがまだ一般的でなかった時代でしたが、庄司家では古蒸米といってモミのまま蒸して貯蔵する方法が長持ちしたということで行われておりました。理紀之助は、それを見学してその方法を本にまとめて巡回講話の時に奨励したといわれております。最終日の二七日には、阿仁小学校、荒瀬の耕田寺での講話を終えて、翌日阿仁川、米代川と舟で下り、二ツ井から汽車に乗り換えて帰っております。

県北部については、記録からこれらの講話が確認できるわけでありますが、風吹の峠を越えての移動など過酷な日程であったといわれているわけであります。

次に「適産調」についてであります。「適産調」が県北で初めて実施されたのは、鹿角の柴平であります。「適産調」の意義、実施方法については、前に触れた通りでありますが、土壌調査に基づく、適地適産の必要性と村の実態にともなう農業経営でなければ貧困から抜け出すことは困難であるという視点に立って、「適産調」実施の必要性を説いております。郡農会や郡長などの賛同を得て実施されたのがこの調査であるわけでありますが、この事業は、今日でいえば〈村の活性化〉のための調査のようなものでありました。講話などを通して、村の青年たちを指導し、人材育成をも兼ねるものであったことでも知られているところであります。

明治三一年七月三〇日から八月三日に渡って実施されております。調査人員は一九名。この中には十二所から四名（千葉幾之助・石井八十治・中山忠之助・千葉千代助）、下小阿仁から三名（成田久蔵・櫻田兵五郎・佐藤喜代治）、地元五名（関善八・児玉正次郎・兎澤繁・兎澤儀兵衛・豊田喜代七・豊田総太）が含まれております。事務所を兼ねた宿泊場所は、柴平大字柴内の萬松寺でありました。調査内容は、境界番地、社寺、墓地、山林原野、川堰湖沼、地質、道路、耕地、反別、地租、宅地、人口、苗字、労働人口、労働年齢、農作物、果樹、稲作収支、救荒予備、貯蓄、物価、民俗、習慣、貯蓄方法、節約、山林育成、個別ごとの借財返済方法でありました。これを見ると如何に幅広く調査されたものであったかがわかるわけであります。

この写真は、調査結果が整理されて清書されたものであります。当時はこのように、同じものを二部作製して、一部は事務所の保存用に、一部は、調査地の役場に届けられたわけであります。この写真にある柴平の『適産調調査報告書』は、花輪図書館に保存されているものであります。

調査の行動日程であります。明治三一年七月二八日塙川（山本郡）の調査を終了して、柴平に移動しております。二八日の夜は、鷹巣栄村の長谷川千蔵宅に泊まっております。小屋の二階の蚕部屋で泊まったといわれております。翌二九日は、途中下川沿の熊野神社、玉林寺等で休憩し、この日は、十二所の成章学校に泊まっております。調査員総勢二二名が柴平の事務所となった萬松寺に着いたのは、三〇日午前九時となっております。

実地調査は、七月三一日~八月三日まで八組に分かれて調査されております。そして、実施調査の最終日には、賞功式と理紀之助の講話が行われるのが、「適産調」の特徴であります。賞功式は、各方面で尽力している地元の人たちを讃えるものであります。柴平では六名の方々が表彰されております。講話には五〇名の地元の人たちが参加しております。

次の図についてであります。①は、柴平、平元地区の土質図面です。調査後の整理、清書はそれぞれ専門とする担当者があたっておりました。図面は、伊藤勘一、清書は伊藤与助が指揮をとってやらせております。理紀之助は、明治二三年から二カ年にわたって東京からきた東上平次郎という地質学者の技師に随行して県内の土壌調査をして知識を得たといわれており、その精度は現在の調査のものと変わらないといわれております。②は、「適産調」の新聞広告であります。「秋田日々新聞」ですから、明治一〇年から明治二〇年代に発行された新聞であります。「適産調」が当時、注目されていたことの証であります。③は、さぐり杖（探針）といって、土壌調査に使うもので、土にさして土の成分を調べる道具であります。これは、理紀之助が考案したものといわれておりまして、当時、五城目町の「羽黒山」という五城目町で最も古い鍛冶屋に特注していたようであります（この鍛冶屋は現在ありません）。調査が終わるとこのようにして手形をとって残しております。これは、鹿角郡柴平村平元、関善八二三才と書かれているのが分かります。また、④のように、その慰労を兼ねて、調査員がその思いを『杖のひか梨』という冊子に短歌で残しております。そこからは調査員のそれぞれの思いを知ることができます。

次に柴平の賞功式であります。「適産調」の最後には、村の発展に尽力した人や調査に貢献した人たちに感謝状を送っております。このように、柴平では、七名の人たちに贈られております。児玉正次郎は、総代戸長、役場職員、菩提野の開墾に着手、トンネルを通して水源の確保、暗渠等施して田畑二〇余町歩開墾、畑一〇町余りを田に換える。戸澤繁は、村の福祉、菩提野の原野を開墾しようと山を切り拓き米代川の上流から引水。戸澤儀兵衛は、防風、道路の修繕、橋の架設、山林の整備。豊田喜代七は、村の福祉、菩提野の開拓、米代川からの引水。木村丹右エ門は寺子屋を設け子弟教育、自費で原野の開墾にそれぞれ努めたとして、感謝状、賞賛状が贈られております。

次に、十二所での「適産調」であります。前日の八月三日柴平の「適産調」を終えて、十二所に移動。八月四日から九日まで調査しました。調査員は一三名で、この中には地元から石井八十二、柴平から戸澤徳蔵、賠償逸、錦木から柳澤善六、尾去沢から内田平三郎の四名が参加しております。八組に分かれて調査されておりますが、この組の組長になっている人たちは、「適産調」の本体となっている人たちで、理紀之助の見極めによる専門家といってもよい役割を担っている人たちであります。調査内容は、部落絵図、地質、地勢、そして旧跡考でありま す。また十二所は、この後明治二三年五月から二三日まで、同じく、一〇月八日から一一日までと、明治三四年六月一一日に補足調査が行われております。

次に十二所の「賞功式」で表彰されたのは、以上の一二名の方々であります。平沢慎蔵は、河辺の県立養蚕伝習所で研究し、製糸改良の研究と普及に貢献。畠山市之助は肝煎りとして村内の指導をするとともに、耕耘栽培、播種製肥に努め、収穫の増進に貢献。滝沢政吉は不毛の地の開墾、河川の整備、種苗交換会での好成績。本間銀兵衛は馬鈴薯栽培に成果。中山与四松は耕耘栽培で成果。中山重三郎は土崎・能代までの貨物業や、葛原村の開墾に貢献。石井祚景は漢学を志し県内屈指の碩儒と称せられ、明徳館及び郷校の教授に任ぜられ小学校教員となる。旧藩時代より没するまで数十年、子弟の教育に尽力。門下に有数の人士を出すに至る。佐谷直樹は漢学、詩書、俳道を志し、郷校の教授、成章学校教員として子弟の教育に尽力。月居忠綱は漢学を志し、郷校の教授として子弟の教育に尽力。佐藤喜太右エ門は家計を助け孝養に尽くす。平沢ちよは婦人の鑑として、佐藤巳之松は家計を助け孝養に尽くしたとして表彰されております。それから、①は十二所の「適産調」調査資料一〇冊分で、軽井沢の地勢・岩石・土壌の調査記録が書かれているものであります。②の十二所についての調査結果として、きちんと清書して製本されているのは、この『旧跡考』だけです。

十二所での調査日程を見ますと、このようになっております。基本的には八組というか、八班に分かれて、それぞれ担当の地域を調査するわけでありますが、これを見ますと、十二所の場合は日程の半分以上が天候に恵まれず、調査が難航していたことが記録から読み取ることができます。また、八日に七組となって一組減っているのは、この日、大館の聖農岩沢太治兵衛〈明治初期の秋田四老農〈高橋正作、糸井茂助、長谷川謙造〉〉の会葬のため成田久蔵が出席したためとされております。九日に調査は終了しておりますが、後に再調査が行われていることを考えると、この調査は十分な調査ではなかったと考えられます。右の写真は、『杖の光』に理紀之助が詠んだ歌であります。十二所適産調完結のよろこびとして「みちぬれば　欠くをわするな　ひととせの　月の数ある　里のさかえ越えも」と詠んでおります。このように、「適産調」の終わったあとは、調査員の気持ちをこのように『杖の光』に残したのであります。

次に下小阿仁村の「適産調」であります。県北では三番目となりますが、明治三一年八月一一日から八月一四日に実施されました。当初の計画では八月一三日からでありましたが、十二所が予定より早く終了したということで、三日早い調査となりました。事務所は、鎌ノ沢部落にある正法院というお寺でした。調査員は、地元出身の成田久蔵を含（地元から、桜田兵五郎、佐藤喜代治も参加）む一二名でしたが、八名が十二所から移動、残りの四名は、昭和町から一日遅れて合流しております。調査内容は、部落の基本調査を基に、農業経営の在り方に向けた指針となるような具体的な調査が行われております。ここに示した写真は、調査の原本と、それらの資料をもとに、整理して清書し製本された冊子であります。

調査日程であります。事務所となる正法院に午後一時に着いた調査員の一部は、さっそく「適産調」に着手。残りの調査員は夜到着します。八月一二日には、午前二時に起きて東根田、西根田、三里、芹沢の四部落を調査。八月一三日は、大内沢、鎌沢、八月一四日は八時より杉山田、雪田をそれぞれ調査しております。そして、午後一時からの救荒策講話では土壌について話されております。その後、賞功式、結了祝が行われております。また、『旧跡考』は、適産調が終了してから農閑期に役場に行って調査したものと思われます。

賞功式では、一二名と一部落が表彰されております。士濃塚長右エ門が西根田部落の開墾で感謝状。鎌沢部落は、明治二四年堰を通して四町歩余りの田地を開墾したことに対する賞賛状であります。加藤家の賞賛状は三代にわたった開墾。櫻田恒治は根田沢の開墾と家庭教育に尽力。長田宇吉郎は芹沢の灌漑と栗の栽植に尽力。鈴木末吉と福田勘九郎は開墾。御所野マツは家事と子育ての模範として。松橋久吉は家業の模範。櫻田萬太郎が従軍。福岡七兵衛が三二年間米内沢御役屋勤めに尽力。本間勇三郎が村の学術進歩に尽力。松橋東十郎が漆・桑・杉等の植林、勤勉貯蓄、救荒備穀の奨励などであります。

明治四三年五月三一日理紀之助は、県の生産米検査部長に任ぜられ県内の俵米検査を巡回することになります。これまで行われてきた米穀検査は、家の庭先で行われ、そしてそこで等級をつけられ、その後で小作米として出したり、販売されたりしておりました。特に小作米は契約数量を地主の所へ運んでしまえばよいというのではなく、俵装などにも注文が付加されるなど不満がもたれていたわけであります。理紀之助は、このような形式的な検査を改めなければならないとして、検査員養成のための講習と指導の必要性を強く感じ、その養成場として実習場の開設が県から許可されるわけであります。

この元木実習場は、理紀之助の娘婿である大久保村（現在の昭和町）の舘岡祐太郎の土地に建てられたもので、明治四五年三月一一日から三月二八日に開講されました。ここの研修生は、県内の横手・大曲・本荘・土崎・大館の五支部から各四人入場した米検査員でした。大館支部からは、花岡町土目内の大森多三郎と、同じく繋沢の髙橋松三郎の二名が講習を受けております。

その後、この実習場はその役目を果たし、明治四五年四月一日閉鎖となりますが、現在その実習場の一部が、潟上市の石川理紀之助資料館に移築され、「茶畑文庫」として保存されております。

元木実習場の役員名簿を見ると、場長の理紀之助を筆頭に、主任、監督、会計、庶務、組長となっております。監督伊藤甚一、庶務成田久蔵(下小阿仁出身)、それと佐藤市太郎などは、適産調の主要メンバーでありました。会計舘岡祐太郎は理紀之助の娘婿で、元木実習場の土地の提供者であります。

定規、日課については、一つ書きで十一書かれております。ここにその七つを上げております。一、公務ヲ精励スルハ勿論、長上ヲ尊敬シ、同僚互ニ信義ヲ以テ交ルベシ。二、公務及勉学時間ハ多弁慎ムベシ。三、就寝後ハ無言ノコト。四、炊事係ハ午前二時半起床、二人ヅツ三日間。五、室内清掃朝夕二回、水汲ミ一日二回ヅツ。六、飲食一汁一菜。七、風呂四日毎、順番ニ水汲ミ、薪割リノコト。またこのように、入浴の順番も決まっていたようであります。

さて花岡からの二名の研修生でありますが、繋沢の髙橋松三郎は三七歳、土目内の大森多三郎三九歳であります。髙橋は米穀検査所大館支所鷹巣出張所の生産米検査員として、大森は、大館支所坊沢村出張所の生産米検査員としてそれぞれ入場しております。実習場の資料も残されておりますが、入校性の手形が残されております。左側が髙橋松三郎、右が大森多三郎のもののであります。これを見ますと、明治四四年六月一日入場、七月一日まで一カ月間とかかれており、研修終了証書のようなものであります。

繋沢の高橋家では今でも、このように松三郎が記録した『手帳』などが残されていて、当時の実習場の様子を知ることができます。例えば一日の負担金が一五銭であったとか、午前三時から六時までが朝学問の時間であったとか、乾田・水田・畑での実習の様子などが細かく記録されております。また、自宅の襖には大きく和歌が書かれておりました。渓流という題では、「よこたわる　木にも石にもあらそわで　谷間ながるる水の一筋　貞直」とありました。

この貞直は、理紀之助の歌号であります。和歌の師匠である久保田の西善寺に住む蓮阿《れんあ》上《しょう》人《にん》から授けられたものです。もう一つの襖には馬という題で、「外国の　種もまじりて駒の背も　高くなりけるかな」と書かれております。年代が書かれておりませんが、高橋家に泊まった時に書いたものではないかといわれております。昔豪州産の馬が飼われていたということも伝えられているそうであります。掛軸は、「田を作る家のおしえは　鋤鍬をみずからとるの外なかりけり」と鷹巣農林高校に贈った扁額と同じ文書になっております。扁額は、「研ぎみがく　鉈鎌よりも　こと更に　先ずこころのさびをおとすべし」適産調の主要メンバーでありました佐藤敬治からのものであります。

大森多三郎家にも掛軸二幅が残されております。理紀之助は、明治七年に大館支所勤めをしていた時も、和歌を通して広く交流をしておりまして、今でも大館市の旧家では、理紀之助の残した和歌が多く残されております。理紀之助は、和歌を一日四〇首から五〇首も詠んだといわれるほど和歌が好きで、歌人との交流も多く克己という日記にでています。現在残っているものでも、一二万首といわれております。焼けてしまったものも含めると三〇万首にものぼるといわれているわけであります。

次に種苗交換会と理紀之助であります。昨年は、男鹿市が会場となりました。一三七回目の開催でありました。明治一一年から休むことなく継続され、一三七年も続けられ今日に至っている農業団体の種苗交換会というのは、全国的にみても、世界的にみても大変珍しいのではないかと思います。今年は、鹿角市での開催が決まっているようであります。

この種苗交換会は、石川理紀之助の呼びかけで、農産物の種、モミを交換して良い農作物の生産と増産を図り、安定した農業経営をねらいとしたものであります。創設当時の秋田は、クズ米が多く、極めて低い評価を受けて、理紀之助は、乾燥に問題があることを突き止め、新しい乾燥法と品種改良をするなどしたといわれております。そして、すぐれた作物の種や苗を譲り合いその技術を学び合うために、八橋で種苗交換会を開催したのが始まりであるといわれております。

ここに示した資料は、明治一四年に開催される種苗交換会の御達案《おたつあん》、今官公庁でやられている起案文書とその年に出品された農産物が記録されている勧業課農業掛の事務簿であります。県公文書館に所蔵されているものです。この三つの文章は、明治一四年一一月二八日から一二月四日、南秋田郡八橋村にある第一勧業場を会場にして行われる第四回種苗交換会及び勧業談話会に関するもので、当時県職員の勧業課農業掛として勤務していた理紀之助が起案した文書であります。この内容は、起案にあたっての概要説明と、起案の伝達文、つまり各郡役所と種苗交換会の役員である農区委員・自由試験場担当人・米改良係り向けの二種類で、出品する種苗を一一月二五日まで県庁に届けるようにという布達であります。

明治一四年の種苗交換会の開催に向けた理紀之助の御達案（起案）は、種苗交換会の草創期にあって、始めて談話会と種子交換会が一体化した種苗交換会の基礎が確立された年でもあります。出品数も一、〇〇〇点を超え、談話会も一五日間行われるなど、質・量とも著しく躍進した年でもあったわけであります。

次に種苗交換会と北鹿地域の関係を理紀之助の御達案文書と関係している明治一五年第五回種苗交換会の資料より見てみると、北秋田郡からの出品は稲の部六四種、雑種子の部、つまり芋とか豆類が一七三種、鹿角からは、稲、雑種の部併せて二〇二種で、合わせて四三九点が出品されております。これは、この年の出品総数は一、七五二点でありましたので、全体の二五％を占めたことになります。

これらの出品は、郡役所で集約されております。出品人の多くは、自由試験場担当人であました。この自由試験場は、当時全県で三七カ所ありまして、その地域にあった作物の育成ということで、実験にあたらせていた場所であります。鹿角では三カ所、北秋では、五カ所あり、それぞれ担当者が配置されておりました。その人たちの出品が多かったということであります。

品評成績は、優等が三一点で全出品数の一・八％で厳しいものであったようであります。受賞の半数は、稲で、大館北秋からは四等二人、鹿角からは四等七人であったようです。ちなみに一等は、五円。四等五〇銭であったようですが、草創期の品評は、優良種苗の交換が主であって受賞そのものは副次的なものであったようであります。

次に交換会の役員であります。北鹿関係では以上のようになっております。千葉・成田・野呂は自由試験場担当人。安部は篤農家。岡村・神田・山口・中津山も自由試験場担当人。岩谷は篤農家。岩沢は農区委員（全県四名）。小林は自由試験場担当人。長谷川は勧業係。菊地は自由試験場担当人。髙橋・祖田は篤農家。というようになっております。

明治一〇年前後には、種子交換会や農談会は全国的に流行っていたといわれております。しかし、この両者の一本化は他県ではほとんど例はなかったといわれております。明治一五年は、種子交換会と勧業談会（談話会）が統合されます。第五回種苗交換会からは、種苗交換会と談話会が表裏一体のものとして継続されることとなりその必要性と意義が確固たるものとなります。また、役人主導から農民主導の交換会に転換がはかられた時期でもあるわけであります。

最後になりましたが、理紀之助は、疲弊にあえぐ東北の農村復興に、その生涯を捧げた人物であります。彼はどんな時でも決して諦めることなく、結果を出すまで努力することの大切さを教えてくれました。そして彼は、様々な事業において、「何よりも得難いのは信頼」である。進歩とは、厚い信頼でできた巣の中ですくすく育つのだとも述べております。

今年は、没後一〇〇年にあたり、今尚輝きを失うことなく理紀之助の残した記録は、郷土の歴史・民俗・産業等の理解に役立つ貴重な資料ともなっていること。そして、「寝て居て人を起こすことなかれ」を生涯の信念として貫き通した精神は農民にかぎらず、広く人々の心の中に深く残されていくのではないかということをつけ加えさせていただきまして、講話の最後とさせていただきます。ありがとうございました。

あとがき

前二著『庄司博信 北鹿地方史論考集』の続編である。研究誌『湖南』（内藤湖南先生顕彰会）、『鷹巣地方史研究』（鷹巣地方史研究会）、『史友』（合川地方史研究会）、『上津野』（鹿角市文化財保護協会）、『おんこ』（鷹巣文化遺産保存会）等に掲載したものを中心に一部加筆し集成したものである。

これら拙文の多くは公文書（県公文書館所蔵）を利用したもので、貴重な原資料として史実を紐解くには魅力的な資料であった。明治以降の記録をたどりながら地域の歴史に目を向けてみると、これまで語られてこなかった出来事が多く存在していることに気づかされた。

湖南の研究に加え、北鹿三地域（北秋田・大館・鹿角）の歴史と文化の証を残すため具体的数字の提示に努めた。また、内藤湖南生誕一五〇年（平成二八年）、石川理紀之助没後一〇〇年（平成二七年）、そして和井内貞行については十和田火山大噴火一一〇〇年・十和田湖国立公園指定八〇周年（平成二八年）ということで、話題性にも注目してみた。
不十分な点は今後の課題とし、身近な郷土の歴史に少しでも関心をもっていただければ幸いである。

平成二十九年八月

庄司　博信

初出一覧

Ⅰ 内藤湖南と郷土

1 綴子小学校辞職、そして上京—書簡から読み取る湖南の心境—（『湖南』第三六号　内藤湖南先生顕彰会　平成二八年三月）

2 三等訓導内藤湖南の月俸について（『湖南』第三七号　内藤湖南先生顕彰会　平成二九年三月）

3 湖南在学時の秋田師範学校寄宿舎（『湖南』第三八号　内藤湖南先生顕彰会　平成三〇年三月）

■コラム(1)　煙害問題と湖南の育英事業（内藤湖南先生誕一五〇周年記念講演　平成二八年一〇月八日）

Ⅱ 北秋、鷹阿に刻んだ歴史の証

1 阿仁合町銀山鍰売却事件（『史友』第三八号　合川地方史研究会　平成二七年一二月）

2 阿仁鉱山三ノ又貯水池決壊事故—一〇〇年前におきた阿仁合町小様川の氾濫—（『史友』第三九号　合川地方史研究会　平成二九年一月）

3 郷社「森吉神社」について（『おんこ』第二七号　鷹巣文化遺産保存会　平成二七年一〇月）

4 前田森林鉄道史考（『おんこ』第二八号　鷹巣文化遺産保存会　平成二八年一〇月）

5 明治一三年　庄司家の前田小学校新築寄贈について（『おんこ』第二八号　鷹巣文化遺産保存会　平成二八年一〇月）

6 阿仁前田小作争議考—『昭和一二年小作調停書類』より—（『鷹巣地方史研究』第七一号　鷹巣地方史研究会　平成二七年一一月）

■コラム(2)　阿仁三窯（阿仁焼・米内沢焼・浦田焼）について（森吉大学開講式講演　平成二六年四月八日）

7 明治七年米内沢村市場におきた問題—明治一二年勧業課庶務掛事務簿を通して—（『鷹巣地方史研究』第七二号　鷹巣地方史研究会　平成二八年一一月）

8 大野岱開拓前史—御料地払下げと関係町村の苦悩—（『史友』第四〇号　合川地方史研究会　平成三〇年一月）

9 県北木炭史考—鷹巣木炭倉庫建設を中心として—（『おんこ』第二九号　鷹巣文化遺産保存会　平成

二九年一〇月）
10．栄村摩当山分割事件―明治四二年　六町村共有原野の分割問題―（『鷹巣地方史研究』第七三号　鷹巣地方史研究会　平成二九年一一月）
■コラム(3)　鷹巣・阿仁地域の馬産について（鷹巣地方史研究会講話　平成二四年七月二一日）

Ⅲ　大館、地域社会の歴史と生活

1　羽後・大館銀行合併についての考察
2　矢立村粕田山事件―粕田部落山林売却問題について―
3　森の狩人―大館地区猟友会大館支部の仲間たち―

Ⅳ　鹿角、伝記と鉱山の歴史

1　「和井内貞行」ヒメマス放流記（『上津野』第四一号　鹿角市文化財保護協会　平成二八年五月）
2　幻の軽便汽車鉄道―明治二八年小坂鉱山鉱業用軌道布設について―（『上津野』第四二号　鹿角市文化財保護協会　平成二九年五月）
3　大正二年尾去沢鉱山鉱毒除害沈殿池決壊について（『上津野』第四二号　鹿角市文化財保護協会　平成二九年五月）
4　北鹿煙害史考―明治・大正期の小坂鉱山を中心として―（『上津野』第四三号　鹿角市文化財保護協会　平成三〇年五月）
■コラム(4)　石川理紀之助と北鹿（大館市文化財保護協会研修会講話　平成二七年三月二一日）

著者略歴

庄司博信（しょうじ　ひろのぶ）・元高等学校長

1951年	秋田県北秋田郡森吉町（現北秋田市）生まれ
1976年	関東学院大学大学院修士修了
現　在	秋田県文化財保護協会・大館市文化財保護協会 鹿角市文化財保護協会・鷹巣文化遺産保存会 内藤湖南先生顕彰会・鷹巣地方史研究会 合川地方史研究会　各会員 大館市文化財審議委員会・小坂町文化財審議委員会 小坂町康楽館運営協議会・『新編　小坂町史』編集委員会　各委員
著　書	『知性の社会と経済―湘南学派への模索―』時潮社　1997年（共著） 『庄司博信　北鹿地方史論考集』無明舎出版　2011年 『私の学級通信1985～2011』無明舎出版　2012年 『続　庄司博信　北鹿地方史論考集』無明舎出版　2014年　など
住　所	〒017－0042　秋田県大館市字観音堂613番地25

続々　庄司博信 北鹿地方史論考集

定価〔本体二五〇〇円＋税〕

二〇一七年八月三十日　初版発行

編著者　庄　司　博　信

発行者　安　倍　　甲

発行所　㈲無明舎出版

秋田市広面字川崎一一二―一

電　話／（〇一八）八三二―五六八〇

ＦＡＸ／（〇一八）八三二―五一三七

製版　㈲ぷりんてぃあ第二

印刷・製本　シナノ

ISBN978-4-89544-638-9

庄司博信の本

北鹿地方史論考集

四六判・三四六頁
定価（二五〇〇円＋税）

北鹿地方と関わりのある内藤湖南、石川理紀之助、あるいは遊里、大地主、セリ場や浦田焼などの地方史論考を一冊に集成する！

続　北鹿地方史論考集

四六判・三四〇頁
定価（二五〇〇円＋税）

好評を博した前著に続き、北鹿地方における近代の「売薬」問題や農業経営事情、幻の大館馬車軌道、さらには内藤湖南研究までを集成した一冊！

私の学級通信 1985〜2011

四六判・二七七頁
定価（一八〇〇円＋税）

生徒や保護者、職員から地域社会にいたるまで、四半世紀以上にわたって年間二〇〇号を超える「学級だより」を出しつづけた、ある教師の記録！